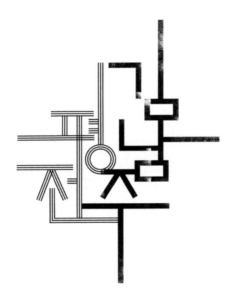

김남주 평전

ⓒ강대석, 2017

초판 1쇄 2017년 6월 12일 발행

지은이 강대석
펴낸이 김성실
책임편집 김진주
표지 디자인 민진기
본문 디자인 채은아
제작 한영문화사

펴낸곳 시대의창   **등록** 제10-1756호(1999. 5. 11)
주소 121-816 서울시 마포구 연희로 19-1
전화 02)335-6121   **팩스** 02)325-5607
전자우편 sidaebooks@daum.net
페이스북 www.facebook.com/sidaebooks
트위터 @sidaebooks

ISBN 978-89-5940-639-5 (03990)

잘못된 책은 구입하신 곳에서 바꾸어드립니다.

이 도서의 국립중앙도서관 출판예정도서목록(CIP)은
서지정보유통지원시스템 홈페이지(http://seoji.nl.go.kr)와
국가자료공동목록시스템(http://www.nl.go.kr/kolisnet)에서 이용하실 수 있습니다.
(CIP제어번호: CIP2017009674)

강대석 지음

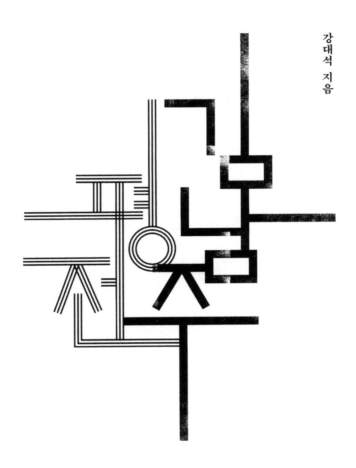

시대의창

일러두기

1. 이 책은 《김남주 평전》(한얼미디어, 2004)을 개정하여 출간한 것입니다.
2. 故 김남주 시인의 시와 산문은 저작권자와 출판권자의 허락을 받아 수록했습니다.
3. 시를 제외한 인용문에서 의미가 손상되지 않는 한 맞춤법과 띄어쓰기를 수정했습니다.
4. 외래어 표기는 국립국어원의 외래어 표기법에 따르되, 일부 고유명사는 지은이의
   표기에 따랐습니다.
5. 단행본, 잡지명 등은 《 》, 신문명, 시 제목, 글 제목 등은 〈 〉로 표기했습니다.

머리말

이 책은 김남주의 문학과 사상이 지니는 특성을 파헤쳐보려는 시도 가운데 하나다. 김남주의 삶과 문학을 사랑했던 저자는 김남주에 관한 책을 써보고 싶은 어떤 사명감과 의무감을 느끼고 있었다. 그것은 실천 활동을 게을리한 지식인이 느끼는 양심의 가책 때문인지도 모른다.

이 책은 하나의 전기와 같은 성격을 띠지만 일반적인 전기가 아니고 일종의 '철학적 전기'다. 다시 말하면 김남주의 세계관에 초점을 맞추었다. 김남주에 있어서 삶과 예술과 세계관은 하나로 통일되어 있으므로 이를 분리하여 어느 한쪽만을 기술한다는 것은 김남주의 본질을 비껴가는 일이 될 것이다. 그럼에도 불구하고 이 책은 김남주의 세계관에 더 많은 비중을 두었다. 특히 제2부에서는 그것이 두드러진다. 왜 저자가 이러한 저술방식을 택했는가를 독자들은 이 책을 읽으며 점차 이해하게 될 것이다. 또한 예술과 철학의 본질이 무엇이며 그것이 인간의 삶에 어떤 영향을 미치는가를 알고 싶어 하는 독자들은 이 책에서 흥미로운 논쟁거리를 발견하게 될 것이다.

우여곡절 끝에 2004년에 출간된 《김남주 평전》은 예상 밖으로 독자들의 많은 호응을 얻었다. 출간된 지 10일 만에 2쇄가 나왔다. 그와 함께 이 책에 대한 찬사와 비판도 나타났다. 이 책은 2004년 문예진흥원 평론부분 우수작품에 선정되었으나 2008년에 국방부가 선정한 불온서적 23권 가운데 하나로 지정되기도 했다. 그 가운데는 김남주 시집도 포함되어 있었기 때문에 저자는 국방부의 지정을 오히려 고맙게 생각했다. 그 이유는 첫째로 그것 때문에 대중이 이 책에 더 많은 관심을 돌리게 된 것이고, 둘째로 김남주 시집과 이 평전이 동시에 지정된 것은 평전이 시인의 문학과 사상을 비교적 충실하게 서술했다는 것을 증명해주기 때문이다. 둘 가운데 하나가 빠졌다면 둘은 서로 어긋나거나 평전이 불충분하다는 말이 될 것이다.

《김남주 평전》이 나온 지 어언 10여 년의 세월이 흘렀다. 그 사이에 정세도 많이 변했다. 가장 큰 변화는 6·15 선언과 10·4 남북 공동선언을 통해 남북화해의 기운이 조성되었다가 다시 그 정신이 퇴색하고 남북관계가 악화된 것이다. 매우 안타까운 일이다. 그러나 우리 민족은 지혜를 발휘하여 결국 분단을 극복하게 될 것이고 김남주의 문학정신도 그것을 지향하고 있으므로 통일의 그날까지 우리는 김남주의 시를 멀리할 수 없다는 생각에 개정판을 내게 되었다.

이번 개정판에서 저자는 초판의 미비점을 상당부분 수정했다. 너무 과격한 표현들을 부드럽게 손질했고 어색한 표현들을 바로잡았으며 불필요한 부분을 삭제했다. 시詩를 제외한 인용문에서 의미가 손상되지 않는 한 맞춤법과 띄어쓰기를 저자의 의도에 따라 수정했다. 그러나 책의 근본 의도와 내용에는 큰 변화가 없다.

끝으로 어려운 독서 여건에도 불구하고 개정판 출간을 기꺼이 맡아준 도서출판 시대의창에 진심으로 감사를 드린다.

대전에서 강대석

차례

제2부 투쟁의 무기

김남주 시인 주요 연보

1946년	10월 16일 전남 해남군 삼산면 봉학리 535번지에서 아버지 김봉수, 어머니 문일님의 둘째 아들로 태어남.
1964년(18세)	광주제일고등학교 입학. 입시위주의 교육에 반대하여 이듬해 자퇴.
1969년(24세)	대입 검정고시를 거쳐 전남대학교 문리대 영문과 입학. 3선 개헌 반대운동과 교련 반대운동에 참여, 반독재민주화운동을 이끎.
1972년(27세)	유신헌법에 맞서 친구 이강과 함께 전국 최초의 반유신투쟁 지하신문 《함성》지 제작.
1973년(28세)	전국적인 반유신투쟁을 전개하기 위해 지하신문 《고발》지 제작. 반공법 위반 혐의로 구속. 징역 2년 집행유예 3년을 선고받고 복역 중 8개월 만에 석방. 대학교에서 제적됨.
1974년(29세)	고향에 내려가 농사를 지음. 《창작과 비평》 여름호에 〈진혼가〉, 〈잿더미〉 등 7편의 시를 발표하면서 작품 활동을 시작. 이듬해 광주에 사회과학서점 '카프카' 개설.
1977년(32세)	해남농민회를 결성(이후 한국기독교농민회의 모체가 됨). 광주에서 황석영·최권행과 함께 민중문화연구소 개설.
1978년(33세)	상경, 남조선민족해방전선 준비위원회에 가입, 남민전 전위대 전사로 활동. 수배 중 프란츠 파농의 《자기의 땅에서 유배당한 者들》(청사) 번역 출간.
1979년(34세)	남민전 조직원으로 서울에서 활동하던 중 구속됨. 이듬해 이 사건으로 징역 15년을 선고받고 광주교도소에 수감됨.

1984년(39세)	첫 시집 《진혼가》(청사) 출간.
1987년(42세)	제2시집 《나의 칼 나의 피》(인동), 일본에서 시집 《농부의 밤》 일본어판 출간.
1988년(43세)	제3시집 《조국은 하나다》(남풍), 하이네·브레히트·네루다 번역 시선집 《아침 저녁으로 읽기 위하여》(남풍) 출간. 12월 21일 형집행정지로 투옥생활 9년 3개월 만에 출감.
1989년(44세)	1월 29일 광주 문빈정사에서 박광숙과 결혼. 옥중서한집 《산이라면 넘어주고 강이라면 건너주고》(삼천리), 시선집 《사랑의 무기》(창작과비평사), 제4시집 《솔직히 말하자》(풀빛) 출간.
1990년(45세)	광주항쟁시선집 《학살》(한마당) 출간. 1992년 12월까지 민족문학작가회의 민족문학연구소장.
1991년(46세)	제5시집 《사상의 거처》(창작과비평사) 출간. 제9회 신동엽창작기금 받음. 시선집 《함께 가자 우리 이 길을》(미래사), 산문집 《시와 혁명》(나루)출간. 하이네 정치풍자시집 《아타 트롤》(창작과비평사) 번역 출간.
1992년(47세)	제6시집 《이 좋은 세상에》(한길사), 옥중시선집 《저 창살에 햇살이 1·2》(창작과비평사), 김남주 아포리즘 《길 떠난 길 위에서》(제3세대) 출간. 제6회 단재상 문학부문 수상.
1993년(48세)	제3회 윤상원상 수상. 여의도 여성백인회관에서 '김남주 문학의 밤' 개최.
1994년(49세)	2월 13일 새벽 2시 30분 췌장암으로 별세. 광주 망월동 5월 묘역에 안치. 유족으로 부인 박광숙 여사와 아들 김토

일 군이 있음. 문학에세이《불씨 하나가 광야를 태우리라》
(시와사회사) 출간. 제4회 민족예술상 수상.

1995년   유고시집《나와 함께 모든 노래가 사라진다면》(창작과비평
          사) 출간.

1997년   김남주기념사업준비위원회 주최로 김남주를 기리는 고향
          그림 전展〈고향유정〉이 광주에서 열림.

2000년   김남주기념사업회에서《김남주 통신1》을 발간. 5월 광주
          비엔날레동산에 대표작〈노래〉시비가 건립됨.

2003년   광주광역시 북구에서 주최하여 광주·전남민족문학작가회
          의 후원으로 북구향토문화센터 내 자미갤러리에서 '민족
          시인 김남주—그 문학과 삶' 전展이 열림. 해남군에서 주
          최하고 민족시인 김남주해남기념사업회의 주관으로 해남
          군 문화예술회관 전시실에서 '민족시인 김남주—그 문학
          과 삶' 전展이 열림.

2007년   김남주 시집《꽃속에 피가 흐른다》(염무웅 엮음, 창작과 비
          평사) 출간.

2014년   《김남주 시선집》(염무웅, 임홍배 엮음, 창작과 비평사) 출간.

제1부

격동기의 삶

인간은 시대의 산물이다 ───────

김남주의 생은 1946년 10월 16일 전라남도 해남군 삼산면 봉학리 535번지에서 아버지 김봉수 씨와 어머니 문일님 여사의 3남 3녀 가운데 차남으로 태어나면서 시작되었다.

모든 인간은 저 나름대로 역사 발전에 영향을 미친다. 역으로 그 시대의 산물이기도 하다. 다시 말하면 모든 인간은 시대의 영향을 받아 자기를 형성한다. 김남주도 시대의 영향을 받으며 태어났고 성장했다. 그가 태어날 무렵인 1940년대의 시대적 상황은 어떠했는가? 이는 김남주를 이해하는 데 필요한 첫 번째 열쇠가 된다.

우리나라는 김남주가 태어나기 바로 얼마 전까지 일본 제국주의의 긴 식민 지배를 받았다. 일제는 36년간 지배를 통해 조선 민중을 경제적으로 수탈했을 뿐 아니라 정신적으로도 짓밟았다. 일제의 식민지배로 인해 조선의 농촌은 이루 말할 수 없을 정도로 황폐해졌다. 그 구체적인 과정을 추적해보자.

일제는 1910년 3월 14일 '토지조사사업령'을 제정한 뒤 계속된 토지조사사업을 통해 조선인 소유의 토지를 대량으로 빼앗아갔다. 이렇게 수탈된 토지는 조선에 온 온갖 부류의 일본인에게 분배되었으며 이들은 식민지 특권계급이 되어 조선 민중 위에 주인처럼 군림했다. "토지조사사업을 거치면서 자기 소유지를 빼앗긴 농민의 수는 200만 명 이상이나 되었다."[1]

농업에서뿐만 아니라 상공업 부분에서도 조선을 노예화하기 위해서 일제는 1910년 10월 29일 '조선회사령'을 공포했고 그 결과 조선의 민족자본이 점차 파괴되었다. "1917년의 조선 내 공업회사 공칭 자본금의 민족별 구성을 보면 일본인 자본이 75퍼센트인데 비해 조선인 자본은 겨우 14.6퍼센트에 지나지 않았다."[2] 해가 지날수록 조선인 자본의 비율은 점점 낮아졌고 1945년에는 거의 소멸되다시피 했다. 민족자본을 근간으로 하는 일반산업은 위축되었고 그 결과 땅 없는 농민들은 계속 농촌에 머물며 굶주리지 않을 수 없었다.

조선 농민들의 비참한 상황은 이루 말할 수 없었다. "총독부의 보고에 의하면 1938년 약 300만 농가와 농촌 인구의 80퍼센트가 소작인이었다고 한다. 이들 소작인은 대부분 최고 9할에 이르는 고율의 소작료와 각종 고리대로 인해 일본인과 친일 조선인 지주로부터 극단적으로 착취당하고 있었다. 그리하여 농민들은 1년 내내 끼니조차 잇기 힘들었으며 이른바 보릿고개라고 불리는 '춘궁기'가 되면 곳곳에서 굶어죽는 사람들이 속출했다."[3] 전쟁 말기에 일제는 침략전쟁을 지속하기 위해 조선 전역에서 강제적인 공출을 실시했다. 기록에 의하면 이러한 공출제도로 일제는 "쌀 생산고의 43.1퍼센트(1941년), 45.2퍼센트(1942년), 55.7퍼센트(1943년)를 강탈했으며 1944년에는 그 수치가 63.8퍼센트에까지 이르게 되었다."[4]

경제적인 착취와 더불어 일제는 조선 민중의 생명과 자존심을 파괴했다. 일제는 조선 청년들을 마구잡이로 강제 징용하여 군수공장이나 토목공사장으로 끌고 가 식민지 노예로 부렸고 태평양전쟁이 막바지에 이르렀을 때 전쟁의 총알받이로 내몰기도 했다. 또한 일제는 수십만 명의 조선 여성을 정신대라는 이름 아래 전장으로 끌고 가 일본인 병사를 위한 성노예로 삼았다. 나중에는 황국신민화정책의 일환으로 조선인의 모국어를 금지시키고 창씨개명까지 실시하여 조선 민중의 고유한 뿌리까지 말살하려 했다.

어느 시대, 어느 곳에서나 일신의 안녕과 영달을 위해 조국과 민족을 배반하는 무리들이 있기 마련이다. 일제시대에도 외세에 기대어 민족을 배반하고 조선민중의 수탈에 동참한 친일파 무리가 적지 않았다. "일본 제국주의의 조선 민중에 대한 가혹한 수탈과 탄압은 일부 친일파들의 적극적인 협력과 지원 아래 자행되었다. 친일파들이란 한마디로 대다수 민중의 참혹한 고통에는 아랑곳없이 식민통치에 기생하여 호의호식하던 지주, 매판자본가, 일본군경과 총독부의 말단하수인 등 민족을 배신한 자 들이었다. 이 밖에도 체제에 안주하여 개인적 안일만을 추구하고자 했던 비양심적인 종교인, 학자, 문인 등도 친일파의 무리에 가세하고 있었다."[5]

친일파들과 정반대로 조국과 민족을 사랑하고 파시즘과 제국주의에 대항해서 목숨을 걸고 용감히 투쟁했던 애국자들도 있었다. 이들은 개인적으로 혹은 집단적으로 투쟁했는데, 물론 효과적인 투쟁은 조직을 통해서였다. 이러한 조직 가운데서도 가장 활발한 활동을 전개한 진영은 사회주의 계열이었다. "1925년 4월 17일에 서울에서 노동자, 농민계급의 전위당인 조선공산당이 창건되었고 그 이튿날 고려공산청년회가 결성되었다."[6] 그러나 이렇게 조직된 조선공산당이 일제의 가혹한 탄압을 받아 파괴되고 항일투쟁의 중심지가 만주로 넘어가게 된다. "만주에서 조선인 공산주의자들은 1920년대부터 항일 빨치산 투쟁을 활발히 전개했다. 그 상황을 보면 1924년부터 1929년까지 참가인원은 17,348명, 전투횟수는 1,094회를 상회한다. 1930년대에 들어와 만주국이 들어서자 중국공산당의 지도하에 각지에서 조·중 연합유격대가 조직되었고 다시 이것은 동북인민혁명군으로 개편·발전했다. 동북인민혁명군은 중국공산당의 1935년 8·1선언에 따라 1936년 봄에는 동북항일연합군으로 명칭을 바꾸었다. 이 과정에서 조선인 이홍광(여), 최현, 김일성 부대가 결성되어 활발하게 투쟁했다."[7]

일본의 식민지로 농촌이 피폐화하고 친일파들에 맞서 민중의 항쟁이 줄기차게 계속되던 역사를 배경으로 하여 태어난 김남주는 자라면서 또다시 비극적인 격동의 역사를 맞는다. 국토가 분단되고 마침내 동족상잔의 전쟁이 발발하게 된다. 이러한 비극은 해방이 지니는 모순 속에 이미 배태되어 있었다고 말할 수 있다.

우리나라의 해방은 우리 자신의 힘에 의해서라기보다 외세에 의한 것이었다. 다시 말해 2차 세계대전을 일으켰던 일본·독일·이탈리아의 동맹국이 프랑스·영국·미국·소련 등의 연합국에 패배했기 때문이었다. 물론 우리나라의 해방이 단순하게 '주어진 것'만은 아니다. 우리 민족의 항일무장투쟁이 우리나라가 해방되는 데 많은 기여를 했다. 그러나 결정적인 계기는 역시 식민지 종주국이었던 일본의 패망이었다.

일본을 패망시킨 강대국들은 일본이 차지하던 먹이를 그냥 놓아둘 리 없었다. 특히 제국주의 국가들은 새로운 식민지를 차지하기 위해 동분서주했다. 그것은 2차 세계대전이 발생한 원인과도 맞물린다. 관념론적인 역사가들, 또는 제국주의의 본질을 은폐하려는 역사가들은 2차 세계대전이 발생한 원인을 정치지도자의 오류에서 찾으려 한다. 예컨대 히틀러의 파괴적인 성격이나 주변 인물들의 모험심에 전쟁의 주된 책임을 돌리려 한다. 그러나 역사는 몇몇 사람의 잘못된 성격이나 모험주의에 의해서 변화되고 결정되는 것이 아니다. 그것들은 역사 발전의 한 현상에 속할 뿐이다. 이러한 현상들의 배후에서 작용하고 있는 본질을 파악하는 것이 과학적인 역사 이해의 과제이다.

얼핏 보면 역사를 움직이는 것이 인물이나 이념 혹은 우연인 것 같다. 그러나 역사는 인간의 활동에 의해서 이루어진다. 인간의 활동 가운데 가장 중요한 것이 의식주를 해결하기 위한 생산 활동이다. 배가 부른 뒤에 도덕이 있고, 배가 부른 뒤에 종교가 있으며, 배가 부른 뒤에 학문과 예술이 있다. 다시 말하면 인간의 모든 정신 활동은 물질생활을 기초로 하여 이루어진다. 이러한 사실을 부정하는 사람은 공중에 떠 있는 인간과 같다. 개인의 생활에서 기초가 되는 것이 물질인 것처럼 사회생활의 기초가 되는 것도 물질, 다른 말로 말하면 생산관계이다. 그것은 또한 역사발전의 결정적인 요인이 되기도 한다.[8]

2차 세계대전은 결코 히틀러의 성격적 결함 탓에 발생한 것이 아니었다. 히틀러를 지지한 자본가들이 만든, 다시 말해 자본주의의 모순에서 나오는 필연적인 결과였다. "제국주의 체제의 모순으로부터 30년대 말 제2차 세계대전을 야기한 원인이 비롯되었다. 자본주의의 위기라는 조건하에서 제국주의 열강들의 불균등한 경제적 및 정치적 발전이 증대했고 영향권, 원료원 및 유통시장을 둘러싼 투쟁이 격화되었다. 특히 첨예한 모순이 파시스트 블록과 프랑스-영국 블록 사이에 형성되었다. 비록 소련을 패망시킨다는 목표에 있어서는 양 제국주의 세력의 이해관계가 일치했지만 주도권을 쟁탈하려는 경쟁에서 이들의 갈등이 심화되었다. 그렇게 서구 제국주의 블록 사이의 전쟁이 발발했다."[9]

2차 세계대전을 일으킨 독일 및 일본의 파시스트들은 자본가계급의 이익을 대변하고 자본가계급에 의해서 지지를 받았던 가장 보수적이고 공격적인 무리들이었다. 자본주의의 본질을 은폐하려는 반동적인 역사가들과 정치학자들은 파시즘과 사회주의를 전체주의라는 범주 안에 묶어 동일시하고 사회주의가 마치 하나의 독재체제인 것처럼 선전한다. 그러나 이는 사태의 본질을 잘 파악할 수 없는 일반대중을 현혹시키는 속임수에 불과하다. 2차 세계대전을 일으킨 제국주의적 파시즘과 사회주의 국가는 본질적으로 상반된다. 하나는 자본가계급의 이익을 대변하는 무자비한 폭력집단이고, 다른 하나는 자본가계급을 무너뜨리고 평등한 소유관계에 의해서 민중의 이익을 대변하려는 민주집단이었다. 실제로 나치의 파시즘에 대항하여 생사를 건 투쟁을 전개한 것은 사회주의를 지향하는 노동계급이었으며 항일투쟁을 철저하게 전개한 것도 사회주의 계열의 빨치산이었다. 나치의 정권은 유대인 못지않게 공산주의자들을 박멸하려 했다. 우리는 그 이유를 잘 파악해야 한다. 역사를 조금만이라도 올바르게 고찰하려는 사람은 히틀러 치하에서와 똑같은 상황이 일본 군국주의 아래서도 일어났다는 사실을 쉽게 간파할 수 있다. 민중 희생의 대가로 자본가계급의 욕구를 충족시키려는 전쟁에 일본 공산주의자들이 용감하게 저항했다. 그때마다 일본 군국주의자들은 가차 없는 탄압을 자행했다. 이러한 탄압은 대부분 민족 우선이라든가 민주주의의 수호라는 기치 아래 이루어졌지만 그것은 일종의 기만이었다. 역사의식이 투철했던 김남주는 자본주의, 제국주의, 사회주의, 민주주의, 군사독재의 본질과 그들의 관계를 잘 파악했으며 이는 김남주의 문학과 세계관을 이해하는 데 두 번째로 중요한 열쇠가 된다.

사회주의 국가가 형성되면 일반적으로 프롤레타리아 독재가 나타난다. 프롤레타리아 독재는 민중혁명을 다시 무너뜨리려는 자본가계급을 견제하기 위한 일종의 과도적 현상이다. 그것을 군사독재와 혼동하거나 동일시하려는 것은 의도적인 기만이 아니면 현상과 본질을 혼동하는 데서 나오는 무지의 소치이다.

온 민중이 바라던 해방이 삼천리강산에 다가왔다. 친일파를 제외하고 이 해방을 기뻐하지 않은 조선 사람이 있었던가? 그러나 우리의 기쁨은 너무 빨랐다. 우리의 힘으로 얻어내지 못한 해방을 강대국들은 다시 이용하려 했다. 결국 우리 민족에게 천추의 한이 되는 분단의 비극이 다가오고 말았다. 2차 세계대전이 끝난 뒤 독일, 베트남, 조선 3개국이 분단되었다. 독일은 전범자이며 그 분단은 어쩌면 당연한 것인지도 모른다. 그런데 전쟁에 대해서 아무런 책임도 없고 제국주의의 전쟁으로 커다란 피해를 입은 우리나라가 약소국이기 때문에 강제적으로 분단되는 비극을 맞게 되었다. 더구나 이 분단을 스스로의 이익을 위해서 이용하려는 무리들이 우리 민족 안에서 나타났다.

우리는 같은 피와 언어, 같은 문화를 가진 단일민족이다. 이렇게 평화로운 단일민족과 조그만 땅덩어리를 양쪽으로 갈라놓는다는 것은 어떤 이유를 대고 어떤 변명을 하더라도 용서받지 못할 전대미문의 범죄였다. 이는 히틀러 정권의 범죄보다도 더욱 잔학한 만행이었다. 인류의 양심에 입각했다면 오히려 전범자였던 일본을 갈라놓는 것이 마땅했다. 우리 민족의 사활이 걸린 강대국의 만행에 우리는 모두 죽을 각오로 저항했어야 했다. 그러나 나라의 운명이 풍전등화와 같았는데도 권력을 잡기 위해 서로 싸우고 죽이고 고자질하고, 우리 민족을 분단시킨 원수들을 우방이니 자유의 수호자니 민주주의의 선구자니 입에 침이 마르도록 부추겼던 무리들이 나타났으니 나라를 망친 이른바 신종 매국노들이었다.

결국 갈라지고 말았다. 제국주의자들의 비인간적 만행, 조그만 이익에 눈이 어두웠던 신종 매국노들의 준동에 의해 우리 민족은 허리가 두 동강 난 불구자가 되었다. 강약의 법칙에 따른 어쩔 수 없는 일이라고 체념하는 사람이 있었는가 하면 분단을 자유 수호를 위한 부득이한 조치라고 떠들어대는 무리도 나타났다. 대부분 이전의 친일 매국노들이었다. 친일 매국노들이 자유 투사로 둔갑하여 새로운 제국주의자들의 하수인 노릇을 하기 시작했다. 김남주가 네 살 되던 해에 한국전쟁이 일어났고 전쟁의 결과로 분단은 이제 철벽처럼 굳어졌다. 미국에 붙어살던 이승만이 대통령이 되어 반공의 기치 아래 진보적인 세력을 축출했고 친일파들이 얼굴을 바꾸어 다시 착취계급으로 군림했다. 미국 물을 먹은 얼간이들은 미국에 이용당하는 줄도 모르고 자유의 투사로, 반공주의자로 날뛰기 시작했다. 이러한 상황에서 김남주의 역사의식은 자라났고, 그 속에서 그의 투쟁도 구체적인 모습을 띠기 시작했다.

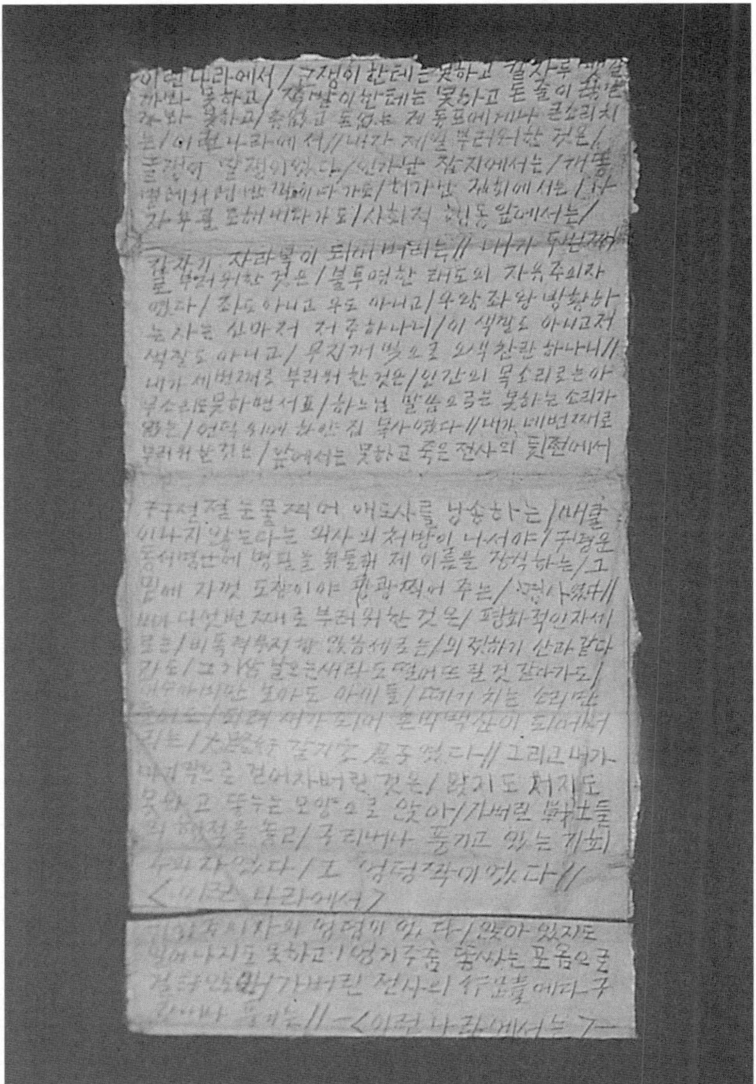

집필의 자유가 허용되지 않은 감옥에서 칫솔을 날카롭게 갈아 은박지 위에 새긴 시.

그래 그랬었다, 그는 ─────────

"나의 아버지는 이완용 등 친일매국노들과 제국주의 일본이 을사조약이라는 매국조약을 체결하던 치욕의 1905년에 태어나셨다."(《시와 혁명》, 185쪽) 당시는 강대국들이(더 정확히 말하면 강대국의 자본가들이) 조선의 땅덩이를 집어삼키기 위해 혈투를 벌이던 시기였다.

김남주의 아버지는 끼니를 잇기 위해서 남의 집 머슴살이로 들어갔다. 1년 내내 지주의 집에서 종처럼 일하고 연말에 노임을 받아오는 머슴살이가 땅 없는 농가의 아들들 사이에서는 흔한 일이었다. 가장 힘세고 일 잘하는 이른바 상머슴이 1년 노임으로 벼 10섬 정도를 받았다. 머슴살이는 자유로운 계약에 의해서 이루어졌으므로 봉건시대의 노비제도와는 달랐다. 그러나 계약은 자유로웠지만 일단 계약이 이루어진 뒤에는 노비와 다를 바 없었다. 노동자가 자본가와 자유로운 계약을 맺지만 일단 계약이 이루어진 뒤에는 자본가의 경제적 노예가 되는 것과 마찬가지였다. 머슴은 주인과 구별되는 곳에서 주인과 구별되는 음식을 먹었고, 들일은 물론 주인마님이 시키는 대로 집안일까지 해야 했다. 그러나 때때로 머슴이 주인보다 뛰어난 경우가 있었다. 이른바 헤겔이 말하는 주인과 노예의 변증법이 자연스럽게 실현되는 것이다. 이 경우 머슴은 주인집 딸과 결혼하여 독립하고 더 많은 토지를 획득한 뒤 이제 주인이 되어 다른 머슴을 거느린다. 봉건사회가 무너지면서, 다시 말하면 노비제도가 폐지되면서 자본주의 사회로의 이행 과정에서 발생한 새로운 형태의 노비제도를 김남주의 아버지는 철저하게 체득해갔다. 그는 한쪽 눈이 성치 않은 주인집 딸과 결혼하고 장인이 된 주인으로부터 손바닥만 한 땅뙈기를 물려받는다. 그는 밤낮으로 뼈가 빠지게 일하여 점차 농토를 늘려나갔다. 슬하에 세 아들과 세 딸을 두었는데, 둘째 아들인 성찬(김남주 어릴 적 이름)이가 남다른 모습을 보였다.

　땅의 주인이 되었다 하지만 김남주의 아버지는 대지주가 아닌 소농에 불과했고 다른 농사꾼들처럼 더 많이 가진 자와 더 힘 있는 자들의 압제와 수모를 받으며 살 수밖에 없었다. 당시나 지금이나 시골에 사는 농부들은 힘없는 물봉에 지나지 않았다. 온 나라 사람을 먹여 살리는 곡식을 생산하는 시골 농부들이 가장 천대받고 무시당하는 세상, '농자천하지대본'이라는 구호가 명절 때나 등장하는 속임수가 되어버린 세상에서 농민들의 꿈은 하루빨리 농촌으로부터 탈출하는 것이었다. 해방 이후 지금까지 줄곧 얼마나 많은 농촌의 아들딸들이 돈을 벌기 위해, 그리고 인간 대접을 받기 위해 무작정 서울로 서울로 올라갔던가! 그리고 이렇게 상경한 아들딸들이 얼마나 많이 깡패나 창녀로 전락했던가! 아는 사람은 모두 다 알고 있다. 시골에 남아 있는 농부들의 유일한 희망은 자식 중 하나가 억누르는 자의 계급으로 상승하는 것이었다. 김남주의 아버지도 그랬다. 그는 먼저 조금이라도 더 재산을 모으는 데 온 정력을 쏟았다. 농사짓는 데 가장 중요한 역할을 하는 소를 자식들보다 더 귀하게 여겼다. 소가 봄에 힘을 잘 쓸 수 있도록 겨울에 비싼 산 낙지를 사다 먹이는 일이 예사였다. 아버지에 관한 김남주의 시 〈아버지〉를 읽어보자.

> 그래 그랬었다 그는
> 새벽이면 날이 새기가 무섭게 나를 깨워 재촉했다
> —해가 중천에 뜨겠다 어서 일어나 소 띧끼러 가거라
>
> 그래 그랬었다 그는
> 지각할까 봐 아침밥 먹는 둥 마는 둥 사립문을 나서면 내 뒷통수에
> 대고 재촉했다
> —학교 파하면 핑 와서 소깔 비어라이 길목에서 놀았다만 봐라 다

리몽댕이를 분질러 놓을팅게

　그래 그랬었다 그는
　방금 전에 점심 먹고 낮잠 한숨 붙이려는데 나를 깨워 재촉했다
　—해 다 넘어가것다 어서 일어나 나무하러 가거라

　그래 그랬었다 그는
　저녁먹고 등잔불 밑에서 숙제 좀 하고 있으면
　벌써 한숨 자고 일어나 재촉했다
　—아직 안 자냐 석유 닳아진다 어서 불끄고 잠자거라

　그래 그랬었다 그는
　소가 아프면 읍내로 약을 지으러 간다 수의사를 부르러 간다 허둥
지둥 바빴으되
　배가 아파 내가 죽는 시늉을 하면 건성으로 한 마디 할 뿐이었다
　—거시기 뭐냐 뒤안에 가서 물꼬시나무 뿌리 좀 캐서 달여 멕여

　그래 그랬었다 그는
　공책이란 공책은 다 찢어 담배말이 종이로 태워버렸고
　책이란 책은 다 뜯어 밑씻개로 닦아 버렸다

　그래 그랬었다 그는

내가 학교에서 상장을 타오면

이놈의 종이때기는 왜 이리 빳빳하냐면서

담배말이 종이로는 밑씻개로는 못쓰겠다면서

여기저기 구멍난 창구멍을 바르거나 도배지로 벽을 발라버렸다

그래 그랬었다 그는

지푸라기 하나 헛반데 쓰지 못하게 했다

어쩌다 내가 밥퇴기 한 알 바닥에 떨치면 죽일 듯이 눈알을 부라렸다

그래 그는 머슴이었다

십년 이십년 남의 집 부자집 머슴살이였다

나이 서른에 애꾸눈 각시 하나 얻었으되

그것은 보리 서 말에 얹혀 떠맡긴 주인집 딸이었다

그는 내가 커서 어서 어서 커서

면서기 군서기가 되어주기를 바랬다

손에 흙 안 묻히고 뺑돌이의자에 앉아

펜대만 까닥까닥하는 그런 사람이 되어주기를 바랬다

그는 금판사가 되면 돈을 갈퀴질한다고 늘 부러워했다

금판사가 아니라 검판사라고 내가 고쳐 말해주면

끝내 고집을 꺾지 않고 금판사가 되면 골방에 금싸라기가 그득그
득 쌓인다고 했다

그는 죽었다 홧병으로
내가 부자들의 모가지에 칼을 들이대고
경찰에 쫓기는 몸이 되었을 때
그는 죽어가면서 유언을 남겼다 한다
진갤논 일곱 마지기는 두째놈한테 띠어 주라고
성찬이 한 번 보고 죽었으면 싶다고.

—〈아버지〉 전문, 《조국은 하나다》

또 김남주는 아버지에 대해서 다음과 같이 말한다.

"아버지는 이렇게 무섭게 사셨다. 종이때기 하나 쌀 한 톨 버리지 않고 소중히 여기며 부를 일구셨다. 그러나 땅의 주인이 되어도 걷어 채이기는 역시 매일반이었다. 일제시대에도 면서기, 산감, 순사들에게 빼앗기고 걷어채이더니 해방이 되고 일본으로부터 나라를 되찾았다고 말은 그래도 면서기, 산감, 순사들은 땅 파먹고 버러지처럼 일하는 농투산이들을 발길질하고 걷어차고 빼앗아갔다. 아버지도 여기에서 예외는 아니었다./ 아버지는 원통하고 설움에 복받칠 적마다 주먹을 부르르 쥐었고 커가는 아들에게 당부에 당부를 했다. 너는 커서 '사람'이 되어라. 면서기 군서기가 되어, 순사가 되어 아버지 당신의 원통함을 갚아 주고 당신의 땅을 온전히 지켜줄 것을 소원했다. 군서기 면서기가 되면, 아니 그보다 더 높은 검판사가 되면 손에 흙 안 묻히고 살면서 펜대만 까닥해도 온갖 사람이 와서 허리를 굽신거리고, 그래서 일 안 하고도 돈더미를 무

전남 해남군 삼산면 봉학리 535번지, 김남주 시인의 생가.

릏 위에 수북히 쌓아놓고 살게 될 그런 아들이 되어야 한다고 생각
했다."(〈마침내 땅의 주인이 되신 아버지〉, 《시와 혁명》, 187쪽)

　　여기서 나타나는 것처럼 자본주의 사회에서는 생산노동자들이
아예 사람 취급을 받지 못한다. 순박하고 역사의식이 없는 피착취
자들은 착취제도를 뒤바꾸어 인간이 인간답게 살 수 있는 세상을
만들려고 노력하는 대신 스스로 착취계급으로 올라서서 다른 사람
들을 착취해보는 것이 소원이었다.

　　　　그러나 나는 잘된 일인지 못된 일인지
　　　　그 무엇이 되어 그들의 원을 들어주지 못했다

판검사는 커녕 면서기 근처에도 가지 못했다

적어도 내가 면서기쯤 되어 있다면 지금쯤

들에 나가 반말에 삿대질깨나 써가며

콩심어라 팥심어라 유신벼에 통일벼 심어라

내 아버지뻘 되는 농부에게 반말에 삿대질깨나 하고 있을 게다

정말로 내가 판검사가 되어 있다면

이놈 네 죄를 네가 알렸다

빵 한 조각 훔쳐 먹은 열세 살 소년에게

호통깨나 치고 있을 게다

—〈이야기〉 부분, 《시와 혁명》

김남주는 아버지가 바라던 그런 사람이 되지 못했다. 그는 검판
사들이 가진 자의 하수인이 되어 힘없고 못 가진 자를 억누르고 있
다는 사실을 너무나도 잘 알고 있었다. 개인이나 가정이 착취자의
위치로 올라선다 할지라도 인간이 인간에 의해서 착취되는 사회에
서는 착취자나 피착취자나 모두 인간다운 삶을 누릴 수 없다는 사
실을 너무나도 잘 알고 있었다. 그는 가난한 집안에서 태어난 머리
좋은 아들들이 보통 꿈꾸는 것처럼 착취자의 대열에 끼거나 이들
의 하수인 노릇을 하는 것을 단호하게 거부했다. 그는 수탈과 착취
가 사라지고 인간다운 삶이 이루어질 수 있는 평등한 세상을 앞당
기기 위해서 험난하고 고통스러운 투쟁의 길을 택했다.

고등학교를 자퇴하다 ——————

어렸을 때 서당에서 한문을 조금 배운 김남주는 집에서 약 10리쯤 떨어져 있는 삼화국민학교(삼화초등학교로 바뀌었다가 폐교되었다)에 들어갔다. 논길을 따라 학교를 오가며 자연을 배웠고 또한 시골 사람들의 가난과 가난 속에 깃든 인정을 배웠다. 딱지치기나 구슬치기를 잘하는 놀이대장이었지만 공부도 잘하여 6년간 줄곧 우등상을 받았고 글 솜씨가 뛰어났다. 그러나 5학년 때 글짓기 대회에서 쓴 글 때문에 선생에게 톡톡히 창피를 당한 그는 더 이상 대회에 나가지 않았다. 가난한 삶을 자연에 빗대어 쓴 시가 자연의 아름다움을 더럽혔다는 것이 심사하는 선생의 강평이었다. 땅딸막한 키에 거무튀튀한 얼굴을 한 그에게 사람들은 짱뚱이(뻘 속에 사는 바닷

고기)라는 별명을 붙여주었다.

김남주가 국민학교를 졸업하고 중학교에 입학하던 해인 1960년에 4·19 혁명이 일어나 미국이 세워놓은 이승만 독재정권이 무너졌다. 사람들은 이 땅에 민주화의 봄이 돌아오리라는 희망에 부풀어 있었다. 그러나 이듬해에 군인 박정희는 군사 쿠데타를 통해 이러한 희망을 군홧발로 무참히 짓밟아버렸다. 이 두 사건은 어린 김남주에게 커다란 역사적 교훈을 심어주었다. 아무리 포악한 독재정권도 단합된 민중의 힘에 의해서 무너질 수 있으며, 그러나 철저하지 못한 민주혁명은 또다시 무력을 가진 지배계급에 의해서 파괴된다는 것이다. 그러한 예는 역사상 허다하다. 남미의 칠레에서도 그와 같은 일이 일어나 많은 혁명가가 살해당했다.

박정희는 민중운동을 탄압하기 위하여 이승만이 제정한 국가보안법에 더해 또다시 20세기의 가장 수치스러운 악법인 반공법을 제정하여 조국과 민족을 위해 헌신하는 애국지사들을 마음대로 감옥에 가두고 죽이기 시작했다.

김남주는 광주에 있는 중학교 입학시험에 합격했으나 장학생이 되지 못하여 포기하고 뒤늦게 읍내에 있는 해남중학교에 입학했다. 당시 시골에서는 10리, 20리 되는 학교 길을 걸어 다니는 것이 보통이었는데, 김남주도 먼 길을 걸어 다니면서 조국의 운명을 생각하기도 했고 또 상급학교에 가기 위해 학교에서 늘 강조하여 가르치는 영어 단어를 외우기도 했다.

이 시기에 일생 동안 민주화 운동의 이념적 동지가 된 죽마고우

이강을 만난다. 입학금 관계로 이강도 김남주처럼 뒤늦게 학교에 입학했다. 둘은 마치 불합격한 뒤에 들어오는 보결생처럼 되었고 그것은 오히려 둘 사이의 우정을 더욱 강하게 만들었다.

"그래서인가. 두 사람 사이에 본격적인 교우관계를 맺어 주게 되는 계기는 너무나도 쉽고 자연스럽게 와버렸다. 하대성이라고 하는 세계사 선생님의 수업내용에 두 사람이 완전히 매료되어 버림으로 해서였다. 하대성 선생님의 세계사 시간은 청순한 시골 소년들의 가슴에 꿈과 이상주의의 불씨가 지펴지느라 뜨거운 화로 속과 같았다. 선생님은 그리스 로마 신화, 플루타크 영웅전, 단테의 신곡, 셰익스피어의 4대 비극, 동양의 사기열전 등 시대마다 있었던 대표적인 고전들을 이야기해주고 중요한 대목은 낭송해주거나 원문을 칠판에 적어주었다. 이강과 김남주는 여기에 흥분하고 감격하며 한 소절도 놓치지 않으려고 거의 다 외우다시피 했다. 두 사람은 역사적인 이야기에 특별히 더 깊이 빠져들었으므로 선생님에게 배웠던 것들에 대해 짬짬이 토론하곤 했다. 특히 역사시대를 통해 드러난 당대의 대표적인 시대정신에 주목하고 감동받는 습관을 이렇게 터득하게 된 것이다. 공부는 남주가 조금 더 잘했지만 서로 역사와 현실에 대한 토론이 되었으므로, 아니 영어나 한문 등 학문적인 영역에는 남주가 더 밝았지만 역사와 사회현실의 문제 따위에는 오히려 강이 더 앞섰으므로 두 사람의 교분은 나날이 내용을 더 깊이 해 가고 정을 더 두터이 쌓아갔다. 그리하여 3학년 겨울방학을 앞두고는 그간 삼산면에서 통학을 했던 남주가 아예 읍내 강의 자취방으로 옮겨와 3개월가량이나 같이 생활하게 되었다."[10]

해남중학교를 졸업하고 둘은 광주제일고등학교 입학시험에 응시했으나 이강은 합격하고 김남주는 불합격했다. 수학에 관심이 없었던 이유도 있었지만 앞에 나온 시 〈아버지〉에서 엿볼 수 있는 것처럼 김남주는 공부다운 공부를 거의 하지 못한 것 같다. 더구나 그는 흔한 참고서 한 권 사보지 못했다. 농촌의 학생들과 도시의 학생들에게 시간이나 경제적인 면에서 결코 균등한 기회가 주어지는 것이 아니다. 김남주도 그것을 알아차리고 짐을 꾸려 광주로 갔다. 공부다운 공부를 해보기 위해서였다. 1년간 입시 준비를 하여 다음 해에 김남주는 광주제일고등학교에 무난히 합격했다. 부모님은 말할 것도 없고 온 마을이 기뻐했고 특히 해남중학교는 이를 특별한 자랑거리로 삼았다. 당시 시골 중학교를 졸업하고 광주제일고등학교에 들어간다는 것이 하늘의 별 따기만큼이나 어려웠기 때문이다. 동네 사람들과 친척들에게 축하를 받은 김남주의 아버지는 마치 검사의 아버지나 된 것처럼 마음이 우쭐해졌다. 어떤 일이 있더라도 이 아들을 대학교까지 보내고 출세를 시켜 자신도 한번 관리들에게 인사도 받고 푹신푹신한 회전의자에 앉아 보라고 권유도 받는 그런 사람이 되고 싶었다.

1964년 봄에 김남주는 기다렸던 광주제일고등학교 교복을 입게 되었으나 학교생활은 그의 아버지나 그가 생각하지 못했던 변화를 가져다주었다.

폭력으로 나라를 빼앗은 박정희 군사정권은 국민의 의사를 무시하고 제멋대로 헌법을 고쳐 국회를 장악한 뒤 한일회담을 강행하려 했다. 한일회담은 일제의 식민지배 아래서 조선 민중이 받았던 피해를 일본이 보상한다는 전제 아래 한일 양국의 국교를 정상화한다는 내용을 골자로 했다. 원칙적으로 일본이 조선에 대한 식민지배를 사죄하고 보상하려 했다면 분단된 남한뿐만 아니라 북한과도 협상했어야 했다. 한·일·미의 공조 아래 북한을 고립시키려는 의도가 분명히 담긴 한일회담의 시도는 이승만 정권 아래서도 있었다. 그러나 민중의 완강한 저항에 부딪혀 성사되지 못했다. 1960년대에 들어와 미국은 경제적인 위기를 맞았고 대한경제 원조를 일본에 떠맡기려 했다. 그리고 한국전쟁을 통해 독점자본주의의 틀을 마련한 일본은 다시 한국에 영향력을 행사할 기회를 호시탐탐 노리고 있었다. 일본육사 출신으로 과거 일본 천왕에게 충성을 맹세했던 박정희는 일본으로부터 더러운 얼마간의 돈을 구걸하여 정권을 유지하려 했다. 이러한 내막을 간파한 한국 민중의 저항은 대단했다. 재야 정치인, 언론인, 일반시민, 청년학생, 노동자, 농민 등 일말의 민족적 양심을 가진 사람은 모두 거리로 뛰쳐나와 "굴욕외교를 즉시 중지하라!", "일본제국주의를 박살내자", "제2의 이완용을 총살시키자"라고 규탄하며 과감한 투쟁을 전개했다. 그러나 정권연장에만 관심이 있었던 박정희는 부하 김종필을 일본에 파견하여 굴욕적인 한일회담을 계속 추진했다. 이에 대한 학생들의 투쟁도 만만치 않았다. "이 투쟁에 참가한 학생 수는 175개교의 20만 7,000명에 달하여 4·19이후의 최대 수였다."[11]

다급해진 박정희 군사정권은 남한 전역에 비상계엄령을 선포하고 군대를 동원하여 민중의 의지를 가혹하게 짓밟았다. 시위는 전국으로 확산되었고 중·고교생들도 시위에 가담했다. 투쟁이 계속되면서 많은 희생자가 나왔고 경찰들에게 피살되거나 쥐도 새도 모르게 행방불명되는 학생도 많았다. 김남주는 광주에 와서 처음으로 거리 투쟁을 목격했다. 시위대를 뒤따라가며 싸우기도 했다. 집에 돌아오면 이러한 시위가 벌어지게 된 원인을 나름대로 규명하는 데 열중했다. 그는 차분하게 우리나라의 역사를 분석하고 알아갔다.

한국 민중의 절대적인 반대에도 불구하고 박정희 정권은 1965년 6월 22일에 드디어 한일협정을 체결했다. 을사보호조약이 체결된 지 겨우 60년이 지난 뒤였다. 매국노 김종필은 "내가 제2의 이완용이 되는 한이 있더라도 기어이 한일회담을 끝내겠다"고 공언했다. 그리고 그는 실제로 박정희와 함께 제2의 이완용이 되었다.

박정희 정권의 매국정책은 일본에만 국한되지 않았다. 이들은 그해 1월에 미 제국주의의 침략전쟁인 베트남 전쟁에의 참전을 결정하고 우리의 아들들을 몇 푼 안되는 달러를 받고 '더러운 침략전쟁'(프랑스 철학자 사르트르의 표현)의 총알받이로 팔아넘겼다. 베트남 전쟁에의 참전은 평화를 사랑하는 우리 민족의 얼굴에 똥칠을 하면서 한국도 남의 나라를 침략하거나 침략을 도와줄 수 있다는 나쁜 선례와 오명을 남겼다.

김남주는 고민하기 시작했다. 우리나라가 이대로 가서는 안 된다. 나라를 구하기 위해서 의로운 청년들이 나서야 한다. 그는 학교에서 쉬는 시간에 급우들과 이야기도 해보았다. 그러나 머리가 좋다는 급우들은 대부분 이러한 상황들을 강 건너 불 보듯 했다. 쉬는 시간이면 영어 단어 하나 더 외우기 바빴고 일류 대학에 들어갈 궁리만 했다. 수업시간에 그는 선생님들에게 우리나라가 돌아가는 상황에 대해서 물었지만 교사의 권위를 내세워 정부를 옹호하는 사람이 대부분이었고 간혹 양심 있는 교사들은 문제의 핵심을 피했다. 김남주는 슬펐다. 옳은 것을 옳다고 말하지 못하고 눈치만 살피는 선생님들이 측은하게 느껴졌다. 성적 올리기와 일류대학 입학에 혈안이 되어 있는 수재들의 모습이 안타까웠다.

해방 후 우리나라에는 미국식의 실용주의 교육이 천편일률적으로 실시되고 있었다. 실용주의는 현대 미국인들의 생활과 이념을 이끌어가는 철학으로 이 철학이 발생한 배경에는 서구인의 식민지 개척이 자리 잡는다. 더 정확히 말하면 17세기 후반부터 시작된 유럽인의 아메리카 개척 정신이 이 철학에 반영되어 있다.[12] 좋게 말하면 그것은 남아다운 '개척정신'이다. 그러나 실제로 그것은 남의 나라(인디언의 나라)를 무자비하게 빼앗는 강탈정신이었다. 광활하고 자원이 가득한 나라를 빼앗는다는 것은 빼앗는 사람에게는 매우 유쾌하고 신이 나는 일이다. 무수한 인디언을 학살하는 기고만장한 서부활극의 주인공이 바로 그러한 기분을 잘 나타낸다. 그러나 빼앗기는 사람에게는 커다란 비극이다. 1644년에서 1666년 사이에 학살된 인디언 수가 약 30만 명에 이르렀다고 한다. 1846년에 미국 정부는 인디언 가죽 하나에 50달러씩 주는 법령을 발표했다. 침략자들은 어떤 권리로 그렇게 많은 인디언을 살해할 수 있었는가? 이들은 유감스럽게도 기독교를 믿는 신자들이 대부분이었다. 이들은 표면상 만인을 사랑한다는 기독교의 진리를 내세웠지만 실제로는 강한 자가 이긴다는 동물적인 약육강식의 원리를 실천하고 있었다. 빼앗는 자에게는 이기는 것이 곧 진리이다. 모든 수단을 다하여 이기는 것이 유용한 것이며 유용한 것이 바로 진리이다. 실용주의의 핵심은 바로 "유용한 것이 진리다"라는 명제에 있다. 여기에서는 인간 보편적인 것, 양심적인 것, 정의로운 것이 아무 쓸모없게 된다. 그러므로 실용주의의 이념에 따라 외교정책을 수행하는 미국인들에게 불쌍하고 힘없는 한민족을 갈라놓는 것은 비인간적인 처사라고 아무리 호소해봤자 소귀에 경 읽기다. 한반도를 분단하는 것이 자기들에게 조금이라도 이익이 된다면 그것은 실용주의적인 진리관에 입각하여 정의로운 일이다. 남이야 어떻게 되든 상관없다. 어떤 주한 미군 사령관의 표현처럼 '들쥐와 같은' 한국인을 위해 머리칼 하나 상할 필요가 없다.

모든 수단을 다해서 이기는 것만이 유용하고 유용한 것이 바로 진리라는 실용주의적 사고가 해방 후 우리나라에 물밀 듯이 밀려왔다. 우리 민족의 고유한 정신과 결코 어울리지 않는 실용주의의 본질이 무엇인지, 그것이 어떤 과정에서 어떻게 발생했는지도 모른 채 미국에서 공부한 학자라는 사람들이 우리의 교육계를 장악하면서 아무런 비판도 없이 미국식 교육으로 이끌어갔다. 미국에서 공부한 학자들이 무조건 '민주교육의 선구자'로, 학문의 최첨단에 서 있는 '권위자'로 우대받고 있는 것이 우리의 현실이다. 침략을 위주로 하는 미국식 교육을 우리가 답습하고 있는 것이다. 반세기에 걸친 실용주의 교육이 우리에게 남긴 결과는 무엇인가? 실용주의 교육은 우리의 청소년들을 반쪽이로 만들었다. 실용주의 교육은 우리의 청소년들에게 조국과 민족을 위하여 올바른 사회, 민주적이고 협동적인 사회, 평등한 사회를 건설하려는 생각 대신 개인의 이익과 출세를 위하여 수단과 방법을 가리지 않는 이기심을 생활습관으로 만들었다. 아무런 주저도 없이 다른 사람을 팔꿈치로 밀어버리고, 자기 혹은 자기와 비슷한 부류만 잘살면 된다는 반사회적인 생각을 심어주었다. 좋은 대학에 입학하기 위해서 입시 지옥에서 매일 신음하는 학생들이나 자기 자식들을 좋은 대학에 입학시키기 위해서 교사들을 매수하거나 시험지 유출 등 온갖 부정을 서슴지 않는 학부모들이 얼마나 조국의 장래를 걱정하고 민족을 구하기 위해서 노력하겠는가? 성적이 떨어지거나 대학 입시에서 낙방하여 스스로 목숨을 끊는 학생들의 수가 얼마나 많은가? 1990년대 후반 서울에서 유산을 빨리 상속받기 위해서 자신의 부모를 잔인하게 살해한 대학생이나 교수 모두 미국에서 실용주의 교육의 세례를 받지 않았던가? 그러나 이들의 범죄가 근본적으로 실용주의 교육의 영향 때문이라고 해설하는 신문은 드물다. 모두가 이들의 잘못된 성격이나 주위 환경 탓에 생긴 일이라고 말한다.

도덕교육이 부족하여 그런 일이 발생했으니 도덕교육을 강화해야 한다고 떠들어대는 시대착오적인 학자들도 있다. 그것은 오염된 공기로 가득 찬 도시에서 맑은 공기 마시기 운동을 벌이자는 것과 다를 바 없는 환상적인 발상이다. 그것보다는 차라리 '참교육'을 부르짖으며 실용주의 교육이 가져온 병폐를 고쳐보려는 교사들의 운동이 훨씬 더 현실적이다. 그런데 이러한 교사들은 대거 해직되기도 했다.

우등생, 일류대학 입학, 일류회사 입사, 승진, 진급 등의 각종 경쟁을 부추기면서 미국 정부와 한국 정부, 그리고 이를 지원하는 언론들이 노리는 것은 무엇인가? 이는 청소년들의 역사의식을 마비시키는 일이다. 경쟁 때문에 지치거나 시간이 없어 청소년들은 조국이나 민족의 장래를 생각할 겨를이 없게 된다. 동시에 조국의 장래와 연관하여 청소년들이 파악하지 않으면 안 될 자본주의의 모순 문제, 미 제국주의의 본질 문제, 우리나라의 자주·민주·통일 문제 등이 교과서식으로 해명되어 이들에게 주입된다. 결국 경쟁에 혈안이 된 청소년들은 비판적인 사고의 능력을 잃게 된다. 그러나 김남주는 이러한 체제 속에서 자신의 비판력을 상실할 만큼 어리석지 않았다.

고등학교 2학년이 되었을 때 김남주는 심각한 고민에 빠졌다. 일류 고등학교에 입학한 그에게 거는 주위의 기대는 너무 컸다. 그에 못지않게 학교 교육에 대한 그의 실망도 컸다. 학교에서는 아름다운 우리의 모국어보다도 영어를 더 많이 가르치고 중시했다. 물론 김남주는 영어 공부에서 결코 남에게 뒤지지 않았다. 중·고등학교 시절에 영어는 항상 일등이었고 고등학생 때 벌써 미국 문화원에서 훔쳐온《들어라, 양키들아》를 원서로 읽었다. 이 시절을 회상하면서 쓴 시를 읽어 보자.

고등학교 2학년 때의 일이야
어쩌다 나는 영어 시험에서 일등을 했지
그때 우리 담임 선생님이 날더러 뭐라 했는 줄 알아
육사에 가라는 것이었어 군인이 되라는 것이었어
그래야 돈 없고 빽 없는 나 같은 놈에게도
출세 길이 훤하게 열린다는 것이었어
지금도 달라진 게 없지만 하기야 그때만 해도
총구가 대통령을 만드는 그런 시절이었는지라
군인들 끗발이면 누르지 못할 것이 없었지
그러나 나는 잘된 일인지 못된 일인지
그 끗발 좋다는 군인의 길로 들어가지 않았어
만약 그때 선생님 말씀대로 군인이 되었더라면
나는 어떤 사람이 되어 있을까 지금쯤
달라에 팔려 용병으로 월남 같은 나라에 가서
제 민족의 해방을 위해 싸우는 베트공깨나 작살냈을
역전의 용사가 되어 있을지도 모르지
공수부대에 편입되어 광주 같은 도시에 가서

자유 달라 벌린 시민의 입에 총알깨나 먹이고

훈장을 받은 국가 유공자가 되어 있을지도 모르고

　　　　　　　　　—〈그러나 나는 잘된 일인지 못된 일인지〉 전문, 《이 좋은 세상에》

　김남주는 영어 공부에 열정을 쏟으며 시간을 허비할 때마다 스스로에게 물었다. 도대체 내가 무엇 때문에 이렇게 외국말에 열정을 쏟아야 하는가? 김남주가 가장 좋아했던 과목은 국어와 역사였다. 그는 글쓰기를 좋아했고 우리 민족이 어떻게 살아왔는가를 국문학이나 역사를 통해서 열심히 익혔다. 그는 소박하기 그지없었던 조선 민중들이 받았던 고통과 핍박을 보고 한없이 가슴 아파했다. 그는 형이 보던 진보적인 잡지 《사상계》를 들추어 보면서 글의 힘이 칼보다 클 수 있다는 것을 깨달았다. 같은 도시에 살고 있던 이강과 논쟁하면서, 선배들의 말을 듣거나 이들이 권하는 책을 읽으면서, 그는 학교 교육이 잘못되고 있음을 깨달았다. 그는 밤을 새우며 고민했고 때로는 수업시간에 선생님에게 당돌한 질문도 했다. 예컨대, 공산주의란 무엇이며 왜 북한 사람들은 모두 공산주의가 되었는가, 왜 국어 교과서에는 노천명이나 서정주와 같은 친일파 문학가들의 작품이 실려 있는가를 물었다. 선생님들의 대답은 그를 만족시키기는커녕 오히려 실망하게 했다. 평소에 말이 없었던 그는 마음속으로 선생들을 조소했고 학교교육 전반을 불신하기 시작했다. 그는 수업에 관심이 없었고 나이 어린 동급생들을 꾀어 함께 데모에 참가하는 데서 더 많은 보람을 느꼈다.

마침내 김남주는 어려운 결정을 내렸다. 그렇게도 들어가고 싶어했던 광주제일고등학교, 그렇게도 부모님을 기쁘게 하고 자부심이 들게 했던 이 학교를 자퇴하기로 결심한 것이다. 그의 마음은 매우 착잡했다. 스스로의 결단이 너무 성급하지 않았나 하는 후회도 했다. 부모님을 대할 면목이 없었고 어떤 말로 이해시켜야 할지 막막했다. 친구 이강이나 담임 선생님의 만류도 있었다. 그러나 그는 더 이상 교실에 앉아서 미국 식민지의 아들로 길들여지는 것을 용납할 수 없었다. 그는 미련 없이 학교를 그만두었다. 한 번 마음먹은 것은 어떤 일이 있어도 실행하며 주위의 눈이나 제도상의 인습에 얽매이지 않는 것이 김남주 가문의 전통이었다.

"내가 그 학교를 그만둔 것은 그해 10월이었는데(데모 때문에 방학이 10월까지 연장되었음) 이유가 있었다고 한다면 학교 공부란 것이 나와 무관한 것이었기 때문이었을 거예요. 무슨 말이냐 하면 나는 뭣이 되는 것을 싫어했어요. 뭣이냐 하면 관리 같은 것이, 무슨 회사 직원 같은 것이 맘에 들지 않았어요. … 나는 확신해요. 관리들은 그들의 주인이 누구이건 기름(봉급)만 주면 기계처럼, 기계의 톱니바퀴처럼, 톱니바퀴의 톱니처럼 돌아갈 것이라고. 주인이 뙤놈이건 왜놈이건 양놈이건 아프리카의 어디의 식인종이건 상관하지 않을 것입니다. 종교인들이 신을 믿듯이 나는 이것을 믿어요! 계급 사회에서 관리는 지배계급의 기계예요. 그들은 인격을 갖춘 인간이 아니어요."(〈나는 왜 남민전에 참가했는가〉, 《불씨 하나가 광야를 태우리라》, 120쪽)

생가에 있는 그의 방. 여기에서 그는 어린시절을 보냈고 이후 고향에 내려와 농사를 지으며 《창작과 비평》에 〈진혼가〉와 〈잿더미〉를 발표했으며 해남농민회를 결성하기도 했다.

　입학시험에서 떨어진 것, 권위적인 교육에 반발하고 학교를 그만 둔 것, 민주사회의 건설을 위해서 투쟁한 것, 군인을 싫어한 것 등 에서 김남주는 독일의 유명한 물리학자 아인슈타인과 닮은 점이 많았다. 아인슈타인도 권위주의적이고 군국주의적인 뮌헨의 고등 학교를 자퇴하여 부모를 실망시켰으며 취리히 공과대학 입학시험 에 낙방하고 다시 고등학교를 다녀야 했다. 파시즘의 기운이 일기 시작한 조국 독일에 대항하여 투쟁했고 조국을 떠난 뒤 미국에서 살았지만 미 제국주의의 본질을 파악하고 미국을 증오했다.

실망과 좌절의 세월 ─────────────

고등학교를 자퇴한 김남주는 이 사실을 부모님에게 바로 알릴 수 없었다. 그는 계속 자취방에 머물며 친구 이강과 자주 만났다. 독학으로 고등학교 교과과정을 익힌 그는 1966년 대입검정고시에 합격했고 서울대학교 독문과에 응시했으나 실패하고 다시 재수를 하여 1969년 23세에 전남대학교 영문과에 입학했다. 친구 이강도 같은 대학 법학과에 입학했다. 재수를 하는 동안 그는 폭넓게 독서를 했고 특히 러시아 문학에 심취했다.

고등학교를 자퇴한 그가 대학에 들어간 이유는 대학에서 민주화 투쟁이 가장 잘 이루어지고 있기 때문이었으며 영문과에 들어간 이유는 외국의 진보적인 책들을 직접 읽어보기 위해서였다. 당시만 해도 제국주의를 반대하거나 사회주의를 지향하는 외국 서적들이 번역되지 않았다. 기껏해야 일본어로 된 번역본을 숨겨가며 읽을 정도였다(김남주는 영문과에 들어간 이유로 이 과에 전남여고 졸업생이 많기 때문이라고 농담 삼아 말하기도 했다). 김남주는 이강과 자주 만나 정치, 문학, 철학 등에 관해서 대화를 나누었다. 이강의 고등학교 선배인 박석무를 찾아가기도 했다.

"나와 이강이 그와 처음 대면한 곳은 학기 초의 어느날 그의 하숙방에서였는데, 내가 박 선배를 '인물'이라 지칭한 까닭은 그날 밤새도록 그가 우리에게 입 밖으로 토해낸 이야기의 내용으로 판단할진대 당시 천학비재하고 세상물정에 까막눈이었던 나에게 그는 백과전서였기 때문이다. 한문학, 우리 고전문학, 여러 문사들의 거명과 작품 소개, 4·19이후의 학생운동의 전개과정, 한일회담 반대투쟁 당시 자신이 겪은 경험담, 쿠바혁명 지도자의 한 사람인 체 게바라에 관한 전설적인 무용담 등 모르는 것이 없었고, 당시 내로라하는 사람들 중에서 모르는 사람이 없었다."(〈암울한 대학생활을 비춘 시적 충격〉, 《불씨 하나가 광야를 태우리라》, 22쪽)

그해 가을에 이강은 3선 개헌 저지투쟁을 하다가 강제로 군에 끌려갔다. 김남주는 도피하여 강제 입영을 모면했다. 혼자 남은 김남주는 자주 박 선배를 찾아가 문학 애기를 나누었다. 김남주는 영어로 된 파농이나 루카치의 책을 구해 읽었고 《창작과 비평》에 실린 네루다의 시를 읽고 감동받기도 했다. 이때 알게 된 네루다가 평생 동안 그의 사랑하는 시인이 된다.

김남주가 대학에 들어가던 시기에 박정희 정권의 민중 탄압은 계속되었고 정국은 날로 어지러워졌다. 굴욕적인 한일회담, 수치스러운 베트남 참전, 야수와 같은 민중탄압 등으로 현대 한국사를 얼룩지게 했던 박정희 정권은 떨어져 나가는 민심을 수습하고자 온갖 술책을 동원했다. 노동운동을 억압했고, 학생들을 맹목적으로 추종하는 얼간이로 만들기 위해 일제 때의 군사교육을 강제로 도입했으며, 농민들을 우롱하기 위해 새마을운동을 전개했다. 1968년 6월에는 민중의 저항을 무디게 하고 공포분위기를 조성하기 위해 '통일혁명당 지하간첩단' 사건을 발표한다. 이 사건이 김남주가 앞으로 전개할 투쟁과도 간접적으로 연관되기 때문에 우리는 이 사건을 좀 더 자세히 살펴볼 필요가 있다.

민중의 지지를 받지 못하는 독재정권은 그 권력을 유지하기 위해 전쟁이라는 수단으로 국민의 눈을 외국으로 쏠리게 하거나, 엄청난 사건을 만들어 저항의 예봉을 피하려 한다. 박정희 정권도 이러한 속임수를 잘 터득하고 있었다. 멋모르고 반공 이데올로기에 주입된 국민을 공포로 몰아넣어 마음대로 지배하기 위해 독재정권은 필요에 따라 수시로 간첩단 사건을 조작했다. "한일협정의 체결과 차관에 의한 '경제건설'을 추진하는 과정에서 온 민중의 분노와 저항에 부딪힌 박 정권은 인민혁명당 사건(1964년 8월 14일), 동베를린 간첩단 사건(1967년 7월 8일) 등 명백한 조작사건을 만들어 학생들의 시위를 배후에서 조종하는 '좌경용공 불순분자'들이 있다고 민중에게 공포감을 심어주었다."[13]

박 정권의 발표에 따르면 인민혁명당 사건에 혁신계 정치인, 언론인, 대학교수, 학생 등 57명이 연루되었다. 대표적인 인물이 민주민족청년동맹 경북도 간사장이었던 도예종과 대구 매일신보 서울주재 기자였던 이재문이었다. 1965년 1월 20일의 선고 내용을 보면 도예종이 징역 3년, 나머지는 징역 1년 혹은 집행유예로 풀려났다. 북한 노동당의 지령을 받고 학생데모를 배후조종하여 현 정권을 타도하고 국가변란을 음모하려 했다는 처음 발표와는 거리가 먼 판결이었다. 이러한 판결을 내리면서 재판부는 당국의 '아량'을 강조하는 것을 놓치지 않았다. 국민들을 불안하게 해서 좋고 독재 정권의 아량을 과시해서 좋은, 일석이조의 효과를 얻은 셈이다.

　동부베를린 간첩단 사건을 통해 박 정권은 국민의 숨통을 다시 한 번 조일 수 있었지만 국제적으로 톡톡히 망신을 샀다. 정규명과 정하룡 씨에게 사형이, 서독에 거주하던 세계적인 작곡가 윤이상 씨와 프랑스에 거주하던 화가 이응로 씨 등에게 실형이 최종 확정되었지만 국제적인 항의와 압력에 굴복하여 박 정권은 이들을 모두 석방시키지 않을 수 없었다. 이들의 죄목은 북한 사람을 만나고 북한을 방문하고 북한의 지령에 따라 움직였다는 것이다. 윤이상 씨가 별안간에 정보부원에 붙들려 한국으로 끌려가고 재판과정에서 사형이 구형되자 가족들은 절망에 빠졌다. 특히 고등학교에 다니던 큰아들은 마약에 중독되었다고 한다. 감옥에서 풀려나 다시 독일로 간 윤이상 씨는 치료를 위해 할 수 없이 아들을 북한으로 보냈고 북한에서 무사히 치료를 받은 아들은 북한 인민배우 출신의 아리따운 여성과 결혼하여 지금 베를린에서 잘 살고 있다.

독일과 한국이 다 같이 외세의 강압에 의해 분단되었지만 독일 사람들은 우리보다 훨씬 더 잘 대응했다. 계속 서로 방문했고 편지를 자유롭게 교환했으며 심지어 간첩을 잡아도 서로 죽이지 않고 교환했다. 서독 사람들은 미국 사람보다 동독 사람들을 더 좋아했고 동독 사람들은 소련 사람보다 서독 사람을 더 좋아했다. 그렇게 하여 결국 통일을 이뤄냈다. 그런데 어찌된 일인지 우리나라 사람들은 서로 철천지원수가 되어 있다. 강대국이 시키는 대로 잘 놀아나고 있는 셈이다. 우리 스스로가 이념을 만든 것이 아니라 이념도 대부분 외세에 의해서 주입되었는데 이를 하늘에서 떨어진 보물인 양 움켜쥐고 있다. 우리 민족의 소원인 자주·민주·통일에 위배되는 이념은 과감히 팽개치고 우리 민족이 주체적으로 살 수 있는 이념을 고수해야 하지 않을까? 솔직히 말해서 미 제국주의의 이념인 실용주의적 생활방식이 우리의 자주독립에 얼마나 많은 도움이 되는가? 그것은 오히려 우리 민족을 신식민지적 상황 속에 묶어놓는 족쇄의 역할을 하고 있지 않은가? 김남주도 훗날 이런 문제들을 깊이 통찰했고 때때로 그의 시에서도 표현했다.

대학에 들어온 김남주는 이미 고등학교에서 경험한 것처럼 제도적인 교육에 별로 의미를 두지 않았다. 그의 성격은 과묵했고 필요한 말 이외는 절대로 하지 않았다. 그는 열심히 공부하여 교수들에게 잘 보이고 졸업 후 적당한 취직자리나 얻으려는 평범한 학생이 아니었다. 그에게는 보다 큰 꿈이 있었다. 그는 모든 것을 다 바쳐서라도 병든 조국을 구하고 싶었다. 이제 그의 꿈이 조금이라도 실현될 수 있는 공간이 마련된 셈이었다. 그는 강의를 듣는 일에는 별로 관심이 없었다. 강의를 듣는다는 것은 오히려 식민지의 종속 이념을 주입받는 것 같아 마음이 괴로웠고 항상 분노를 삼키며 강의실을 나왔다. 그가 대학시절에 실제 수강한 과목 수는 모두 합쳐 네다섯 개뿐이었다. 그는 이제 자신이 해야 할 일을 분명히 알고 있었다. 지금까지와 달리 구체적인 투쟁에 들어서는 일이었다.

그는 가장 가까운 문제에서부터 출발했다. 독재정권의 충실한 복종자들을 키우기 위해 만들어진 대학 교련교육에 반대하는 운동을 주도했다. 그는 교련교육에 한 시간도 참석하지 않았다. 당시 분단 상태에서 서로 대치하던 서독에서도 대학에 교련교육이란 존재하지 않았다. 히틀러 치하의 파시즘에서나 있을 수 있는 일이었다. 일본 제국주의의 사관학교를 졸업한 박정희가 대학의 본질을 이해할 수 있겠는가? 대학에서 반정부 운동이 치열해지자 박정희는 대학 몇 곳을 없앨 수도 있다고 엄포를 놓았다. 박정희에 아부하던 어용교수들은 순진한 국민들을 속이기 위해서 '한국적 민주주의' 혹은 '민족적 민주주의'라는 말까지 지어내었다. 이는 실제로 외세를 등에 업고 매판자본에 의지하는 가장 포악한 '반민족적 독재주의'였다. 독재자들도 스스로를 독재자라고 부르지 않는다. 항상 '민중의 벗'으로 위장한다. 히틀러가 그랬고 프랑코가 그랬다. 그러나 이들의 본질은 결국 드러나기 마련이다.

박정희 정권은 한일회담과 베트남 파병을 통해서 벌어들인 외화를 이용하고 외국 자본을 끌어 들여 군대식으로 나라를 공업화하려 했다. 노동력의 착취를 통해서만 외국과의 경쟁에서 이길 수 있다는 사실을 파악한 박정희는 노동자들의 권리를 모두 박탈하고 노예처럼 일하도록 강요했다. 그 결과 수출이 증가했고 외화가 불어났다. 이런 현상을 두고 독재정권에 기생해서 살고 있는 사람들은 '한강의 기적'이라고 떠벌리는가 하면, 박정희는 독재자이기는 했으나 나라를 선진국 반열에 올려놓은 위대한 정치가라고 칭찬하기도 한다. 이것은 역사의식이 조금도 없는 참으로 후안무치한 아부꾼들의 변명이다.

어떤 외국기자가 표현한 것처럼 같은 개발 도상에 있던 대만이 1970년대에 부민정책을 추진한 반면 한국은 부국정책을 추진했다. 좋게 말해서 부국정책이지 사실은 부자정책이었다. 가난한 자들을 착취하여 부자들과 외국 자본가들을 살찌게 하는 매판자본정책이었다. 겉으로는 부국이 된 것 같지만 기초가 박약하고 내실이 없는 위험한 나라가 바로 1970년대의 한국이었다. 호화롭고 값비싼 온갖 외제품이 가득해 보는 사람마다 놀라게 했던 삼풍백화점과 조금도 다를 바 없었다. 거대한 외국의 빚더미 위에서 값싼 노동력으로 생산된 물건들을 많이 판다고 나라가 갑자기 강해지고 부자가 되는가? 가장 강한 나라는 하층민중이 중심이 되고 이들을 위해서 모든 정책을 펴가는 나라이다.

1970년대의 한국에서 과연 얼마나 많은 민중이 정치적인 주체가 되었고 얼마나 많은 경제적 혜택이 노동자들에게 돌아갔으며 얼마나 많은 사람이 인간다운 삶을 영위했던가? 돈과는 아무런 상관없이 아픈 사람은 마음대로 병원에 갈 수 있고 공부하고 싶은 사람은 마음대로 공부할 수 있고 실업 걱정이나 노후 걱정이 없는 나라에서만 만인의 인간다운 삶은 가능하며 실제로 그러한 삶이 가능한 나라가 이 세상에는 많이 있다. 그것은 돈이 많은 나라에서 가능한 것이 아니라 빈부의 차이가 많이 나지 않고 서로 함께 나누며 살아가는 나라에서만 가능하다. 미국이 아무리 돈이 많다 해도 착취하는 자와 착취당하는 자로 갈라져 있는 이상 그것은 불가능하다. 박정희의 공업화 정책으로 살찐 사람들은 당시 어떤 저항시인이 〈오적〉에서 잘 표현한 것처럼 재벌, 국회의원, 고급 공무원, 고급 군인, 장·차관들이었다.

1970년 11월 13일에 박정희의 독재정권이 지니고 있던 치부를 드러낸 중요한 사건이 발생했다. 노동자가 비참하게 착취당하는 현실을 목격하고 노동조건 개선을 요구하며 평화시장 노동자 전태일이 분신자살한 것이다. 빚더미 위에 올라앉은 박 정권은 경제성장이라는 장밋빛 환상을 내걸고 노동자들을 다그쳤으며 이들이 어떤 상황에서 살든 알 바 아니었다. 불만을 터뜨리는 자는 폭력으로 억압했으며 그래도 말을 듣지 않는 자는 불순분자로 몰았다. 그리고 노동자들의 노동삼권을 여지없이 짓밟았다. 미국이나 일본 등 강한 자에게는 한없이 머리를 숙이고 노동자나 농민 등 약한 자에게는 더할 나위 없이 잔인한 독재정권의 본질을 유감없이 발휘했다. 전태일과 그의 동지들은 평화시장 앞에서 "일주일에 한 번만이라도 햇빛을 보게 해달라!", "우리는 기계가 아니다!"라고 외치며 시위하려 했으나 기동경찰대에 의해 강제로 해산당했다. 그 순간 전태일은 온몸에 휘발유를 붓고 거리로 뛰쳐나가 몸을 불태우며 한국 민중이 살아 있다는 것을 온 천하에 보여주었다. 노동자를 착취하여 가진 자들을 살찌게 했던 박정희 정권은 이 사건을 계기로 노동운동이 되살아날까 겁을 냈으며 사태의 본질을 은폐하기에 급급했다. 그러나 전태일의 유언처럼 그의 죽음은 결코 헛되지 않았다.

전태일의 죽음으로 김남주는 커다란 충격을 받았다. 하나밖에 없는 목숨을 바쳐 비참한 노동자의 상황을 개선하고 병든 조국을 구하려는 전태일의 용기가 부러웠다. 김남주는 느슨해져가는 마음을 스스로 다그쳤다. 그렇다. 나를 위해서 싸워야 하고 부모님을 위해서 싸워야 하고 이웃을 위해서 싸워야 하고 조국과 민족을 위해서 싸워야 하고 인류를 위해서 싸워야 한다. 안일한 삶에 빠지려 할 때마다 김남주의 눈앞에는 불타는 전태일의 모습이 아른거렸다. 김남주는 효과적인 투쟁을 위해서 지식인과 노동자가 단합해야 된다는 사실을 깊이 깨달았다. 그는 아들의 분신자살을 계기로 노동운동 및 민주운동의 투사가 된 전태일의 어머니를 고리키의 소설 《어머니》에 나오는 주인공과 비교했고 이제 우리나라에서도 혁명이 잉태되기 시작했다고 마음속으로 기뻐했다. 그는 한일회담 및 교련반대운동, 3선 개헌 저지투쟁, 노동 삼권 보장운동 등에 앞장서서 싸웠으며 박정희 정권이 위수령을 발동하여 학원가를 짓밟고 동료 학생들을 감옥으로, 군대로 끌어가는 모습을 목격하고 한없이 격분했다. 그는 데모에 가담하여 싸우다가 경찰들의 곤봉에 맞아 시퍼렇게 멍든 채 교수를 찾아가 차비를 빌려 고향으로 도망해 오는 경우도 있었다. 그러던 중 대학 2학년 때 징집 영장을 받고 훈련소로 끌려가다가 도망쳤는데, 그 때문에 김남주의 아버지는 많은 돈을 써야 했다.

1972년에 박정희 정권은 깜짝쇼를 벌여 통일을 염원하던 국민을 속였다. '7·4남북공동성명'을 발표한 것이다. 남북의 화해를 목표로 하는 이 성명은 그 자체로 매우 바람직한 내용을 담고 있었다. 그러나 군사독재정권이 이를 실행할 의지가 있는지가 문제였다. 순박한 민중은 마치 통일이라도 된 것처럼 기뻐하며 마음이 들떠 있었다. 그때까지 박정희가 저지른 죄악을 용서하고 박정희를 영웅 취급하는 사람도 있었다. 그러나 박정희의 본성과 군사독재의 본질을 잘 알고 있던 김남주는 이러한 쇼 뒤에 무슨 꿍꿍이 속셈이 숨어 있으리라는 것을 예감했다. 아니나 다를까 공동성명 발표 직후 박 정권은 '대화 있는 대결'이 성공하기 위해서는 '안보체제의 견지'와 '힘의 뒷받침'이 필요하다고 강조했다. 천둥을 알리는 번갯불과 같은 위협이었다. 결국 남북공동성명을 발표한 뒤 3개월이 채 못 되어 박정희 정권은 전국에 비상계엄령과 함께 10월 유신을 선포했고 그해 12월 27일에 영구집권을 보장하는 유신헌법을 국회에서 날치기로 통과시켰다.

암울했던 대학 생활에 대한 김남주의 고백을 들어보자.

"1972년 10월 초순 늦은 오후의 교정은 스산했다. 대학을 4년 동안 다녔으되 졸업장을 받을 형편이 못된 나에게는 가을의 풍경이 황량하기까지 했다. … 수업이 없을 때나 점심시간 때면 하릴없이 누워서 또는 앉아서 잡담을 하여 시간을 죽이고는 했던 문리대 앞의 푸른 잔디밭도 잿빛으로 변해 있었다. 이따금씩 알 만한 학생들이 건물 입구에서 나와서는 도서관 쪽으로 난 돌계단을 내려갔다. 아마 그들은 취직 시험을 대비하기 위해서 그곳으로 갈 터이다. 영문과 동기생들은 한 사람도 눈에 띄지 않았다. 나를 제외하고 모두가 교직과목을 이수했는지라 지금쯤 그들은 시내 여기저기 중학교, 고등학교에서 교생 실습을 하고 있을 터이니까. … 지는 해의 잔광을 옆으로 받으며 나는 법대 쪽으로 어슬렁어슬렁 발걸음을 옮겼다. 농대 쪽으로 갈라지는 황톳빛 샛길에는 벌레 먹은 가랑잎이 한 잎 두 잎 떨어지고 있었다. … 벌레 먹은 가랑잎, 그렇다. 난 흠집 하나 없이 미끈한 잎새의 질긴 삶보다 네게 더 가까워지고 싶다. … 나는 무등산과 광주 시내를 한눈으로 조망할 수 있는 법대 앞의 가파른 언덕에 자리 잡고 있는 한 무덤가에 기대어 팔베개를 하고 누웠다. … 나는 지그시 눈을 감았다. 주마등처럼 지난 4년 동안의 일들이 어둠 속에서 껌벅껌벅 빛나다가 자취도 없이 사라져갔다. … 대학생활 4년, 그것은 실망과 좌절의 세월이었다. 1, 2학년까지 이른바 교양과목이라는 것이 있었는데, 이를테면 영문학 교수는 영미 작가의 단편소설이나 시를 교단에 서서 한 문장 한 구절씩 해석하는 것이 고작이었고 학생들은 그 해석을 한 자도 빠뜨림 없이 그대로 노트에 베끼는 것이었다. 그것은 문학수업이 아니었다. 번역수업이라고도 할 수 없었다. 남의 나라말을 그냥 읽고 해독하는 것일 뿐이었다. 독문학 수업의 내용은 더욱 한심한 것이었다. 고등학교 1학년 초에 배우던 독어교과서의 수준을 넘지 못했다. 교양 국어라는 것이 있었는데, 담당교수의 수업은 대학 입학시험에 대비하기 위해서 이골이 나도록 외우곤 했던 〈처용가〉, 〈동동〉, 〈정과정〉 등이라든가 〈청산별곡〉, 〈가시리〉, 〈만전춘〉 따위를 자구풀이하는 데 그치고 있었다. 이런 류의 수업이라면 고등학교에서 신물이 나도록 받은 바가 있어서 나는 여간 실망하지 않았을 뿐만 아니라 대학교육 자체에 대해 회의를 갖기까지 했다. 그러나 그 어떤 것보다도 나를 실망시키고 한심하게 했던 것은 영어회화 수업시간이었다. 이 과목의 담당자는 미국의 문화를 주로 제3세계에 전파하는 것을 목적으로 미국 정부에서 파견되었다고 하는 이른바 '평화봉사단'의 요원들이었다. 그들은 대체로 대학 휴학생이거나 갓 졸업한 사람들로서 내가 적을 두고 있었던 영문학과에만도 서너 명이나 배속되어 있었는데, 그들이 학생들을 상대로 하는 수업 내용이란 게 미국식 생활양식과 용어를 기계적으로 외우게 하거나 문답형식의 문장을 입으로 주고받고 하는 것이었다. 스물서너 살의 늙은 대학생이었던 나에게 그들은 애송이들이어서, 그런 그들과 영어로 수작하는 것도 과히 모양 좋은 편이 아니었고 영어회화를 해서 어디 써먹을 데도 있을 것 같지 않다는 내 나름대로의 판단이 있고 해서 그들이 하는 수업시간에 한두 번 나가다가 그

만두어 버렸다."(〈암울한 대학생활을 비춘 시적 충격〉,《불씨 하나가 광야
를 태우리라》, 18~20쪽)

　김남주는 학교 다닐 때부터 '괴짜' 노릇도 했다. 2층에서 강의하
는 미국인 강사에게 눈덩이를 던지기도 하고 어여쁜 한국 아가씨
와 팔짱을 끼고 걸어가는 미국 청년의 뒤로 달려가 갑자기 엉덩이
를 발로 차고 달아나버리기도 했다 한다. 남의 나라에 와서 주인
처럼 행세하는 미국인들에 대한 적개심이 몸에 베인 것 같다. 그는
같은 이유 때문에 군에 가는 것을 끝끝내 거부했고 그것을 자랑스
럽게 생각했다. 그의 시 〈자랑 하나〉를 읽어보자.

　　　나 자랑 하나 있지

　　　암 있고 말고

　　　두 쪽으로 동강 난 나라

　　　하나로 이어지면 그날

　　　손주놈들에게나 들려줄

　　　자랑 하나 있지

　　　나 북녘에 대고

　　　하늘에 가슴에 대고

　　　총 겨눈 적 없었지

　　　부자들 총알받이 된 적 없었지

　　　골백번 죽어도 없었지

백골이 진토가 되어도 없었지

남의 나라 식민지

나 군인 된 적 없었지

나 군인 된 적 없었지

—〈자랑 하나〉 전문, 《솔직히 말하자》

《함성》과《고발》 ──────────────

1972년 가을, 김남주는 형식적으로 4학년 졸업반이 되었고 법대에
다니는 친구 이강은 군에서 제대하여 다시 1학년으로 복학한다. 김
남주는 친구에게 이 시기의 정치적 상황, 사회적 변화 그리고 대학
가에서의 움직임을 상세하게 얘기해준다. 믿음직한 동지들을 소개
하는 일도 잊지 않았다. 그리고 김남주는 "나는 4학년 말이라서 학
생운동과는 어차피 정리해야 할 형편인데, 이제 1학년 복학생인 강
이 네가 잘 맡아서 잘하길 바란다"[14] 라는 당부를 남기고 고향으로
떠나갔다. 김남주는 독재정권에 대항하는 대학생들의 미지근한 방
법에 실망했다. 불의가 정의를 압도하는 것 같아 다소 체념하기도
했다. 그는 차창 밖으로 가을이 오는 것을 느끼며 대학가에서의 움

직임을 반성했다. 지금까지의 운동은 대부분 즉자적이고 공개적이었다. 그것은 지속성이 없으며 준비된 탄압의 먹이가 된다. 효과적인 투쟁을 위해서는 비공개 비밀조직이 있어야 한다.

"광주에서 버스를 타고 두세 시간 달리면 해남읍에 도착한다. 거기서 완도로 가는 국도를 한 시간 정도 걸으면 외로 꺾이는 샛길이 나온다. 거기서 밭과 밭 사이로 또는 솔밭과 솔밭 사이로 난 길을 한 10여 분 걷다보면 야트막한 산자락에 길다랗게 자리 잡은 마을이 한눈에 들어온다. 우리집은 그 마을 가운데쯤에 있다./ 대학교 1학년 여름 어느날의 일이다. 방학을 해서 고향을 찾아 마을로 들어서는데 밭에서 김을 매던 늙수그레한 동네 아줌마가 일손을 놓고 일어서더니 머릿수건을 벗고는 "유순이 오빠 오시오"하고 공손하게 절을 하는 것이었다. 나는 엉겁결에 "예"하며 맞절은 했지만 여간만 당황한 게 아니었다. 또 얼마쯤 가다가 길가에서 풀을 베고 있는 마을 어른도 벌떡 일어서더니 "어이 오신가, 방학해서"라고 공대말을 하는 것이었다. 나는 너무 무안해서 대답도 제대로 못하고 그 자리를 피해버렸다. … 이전과는 달리 나를 대하는 그들의 태도에 나는 여간만 곤혹스럽지가 않았고 부끄럽기까지 했다. 흙이나 파먹고 사람대접도 받지 못하는 무지렁이들이라고 늘 자기를 비하하며 살고 있는 그들의 눈에 대학생인 나는 딴 세상의 사람으로 보였던 것일까?/ 이런 당황스럽고, 무안하고, 부끄러운 장면을 피하기 위해 나는 그 후 고향을 찾게 되면 주로 밤을 이용했다. 피하지 못할 사정이 있어 낮에 고향에 갈 경우에는 마을 앞길로 해서 가지 않고 야트막한 뒷산을 넘어 대숲 사이로 난 좁다랗고 가파른 길을 택해 우리집으로 들어갔다."(〈반유신투쟁의 대열에 서서〉, 《불씨 하나가 광야를 태우리라》, 34~35쪽)

고향이 가까워지자 그의 눈앞에 실망하실 부모님의 얼굴이 떠올랐다. 자신에게는 아무 쓸모없지만 부모님을 위해 대학 졸업장이라도 있었으면 좋겠다는 생각이 들었다. 그는 가짜 졸업장이라도 하나 구하고 싶은 심정이었다. 그러나 이내 마음을 텅 비웠다. 이런 김남주에 관해서 박석무는 말한다.

"남주는 느슨하다. 늘 허리띠를 풀어 놓고 매인 데 없이 사는 사람이었다. 결단력이 없어 늘 흔들리고, 모질지 못하여 언제나 만인의 호구로 통하였다. 맺힌 데가 없고, 타이트한 점이라고는 눈꼽만큼도 없었다. 좋은 일이건 궂은 일이건, '아! 하!'라고 크게 웃어버리면 처음도 없고 끝도 없으며, 되는 일도 없고 안 되는 일도 없었다. 혹자는 천성의 시인이라고도 평했다. 그의 아호는 내가 지어준 '물봉'이어서 대부분의 경우 '물봉선생', '물봉형'으로 호칭되었다. 참으로 격에 맞는 호라고 즐겨 불렀었다. 그러나 크게 반대하지 않으면서도 이견을 가끔 제시하였다. 그는 '(어둑새벽) 물' '(별) 봉'이라고 하여 새벽의 별이지 그냥 물봉은 아니라는 거였다."[15]

김남주는 시골에서 부모님의 농사일을 도와드리며 책이나 읽을 생각이었다. 그러나 독재정권은 한 양심 있는 젊은이로 하여금 조용히 시골에 앉아 사태를 관망할 여유를 주지 않았다.

그해 10월 17일 오후 7시에 박정희는 이른바 '대통령 특별선언'

을 발표한다. 특별선언에 따라 국회는 해산되고 정당 및 정치활동도 중지되었으며 헌법의 일부 기능이 중지되었다. 이에 대한 민중의 저항을 억누르기 위해 박정희는 전국에 비상계엄령을 선포했다. 이러한 폭거는 분명히 제2의 쿠데타였다. 라디오를 듣던 김남주는 긴장했다. 올 것이 오고야 만 것이다.

"'이런 싸가지 없는 새끼가 있나' 나는 속으로 이렇게 중얼거렸다. 박정희에 대해서 나는 좋지 않은 감정을 평소에 가지고 있었는데 그것은 아주 단순한 데서 왔다. 그는 일제 때 우리 독립군을 잡으러 다니고 죽이는 것을 일삼았던 일본군 장교였다. 이런 자가 한 나라의 대통령으로 앉아 있다는 사실은 나에게 치욕이었다. 그는 또 수많은 청년 학생들의 희생으로 이승만 정권이 무너지고 들어선 지 얼마 안 되는 민주당 정권을 폭력으로 때려눕힌 자였다. 그는 쿠데타로 정권을 강탈하면서 사회가 안정되면 다시 군인으로 돌아가겠다고 약속해놓고 그것을 깨뜨린 자였다. 그는 정권의 부당성과 정치의 잘못에 대해 야당이나 학생들이 항의한다거나 저항하면 그것을 탄압하는 수단으로 위수령, 비상사태 선포를 밥 먹듯이 했으며 걸핏하면 휴교령, 조기방학 등을 통해 학생들의 시위를 중단시켰다. 그는 영구집권을 위한 3선 개헌을 국회별관에서 날치기 통과시키고, 오만가지 사건을 조작하여 진보적인 인사들을 투옥시키고 죽이기까지 했다. 한마디로 말해서 그는 한 나라의 대통령이기 이전에 민족의 반역자였고, 정치인이라기보다는 사기꾼, 협잡꾼, 폭력배의 두목 격이었다. 적어도 나에게는 그렇게 보였다.

이런 그가 다시 정치적인 폭거를 자행했던 것이다. 나는 방송을 듣고 이 폭거에 저항하지 않고는 참을 수가 없었다. 이것은 한 인간으로 자존심의 문제였다."(〈반유신투쟁의 대열에 서서〉,《불씨 하나가 광야를 태우리라》, 41~42쪽)

그는 곧 결단을 내렸다. 아무 말 없이 일하시는 부모님에게 죄송했지만 그러나 감상에 젖어 있을 때가 아니었다. 조국의 운명이 풍전등화와 같다. 이제 과감하게 일어나서 싸워야 한다. 그는 투쟁의 방법을 생각하면서 밤을 새우다시피 했다. 날이 새자 간단히 짐을 싸들고 광주행 버스를 탔다. 그는 곧 이강의 집으로 갔다.

"10월 18일 고뇌와 분노로 일그러진 남주가 시골에서 광주에 있는 나에게로 왔다. 우리는 만나자마자 즉시 반만년 민족사에서 민족역량이 최대로 조직되고 폭발되었던 갑오농민혁명 전적지 순례에 나섰다. 우선 녹두장군의 생가(정읍군 이평면 조소리)에 들러 이웃집 94세 할머니의 가슴 속에 새겨진 이야기를 들으며 혁명적 민족영웅의 살아 숨 쉬는 영원한 기념비가 이런 것이구나 싶어 가슴이 뜨거워졌다."[16]

이어 둘은 농민 혁명군의 전승지인 백산에 올랐다. 산에 오르니 녹두장군과 민중의 함성이 들려오는 것 같았다. 둘은 전주 남문을 지나 시내로 들어가고 서점을 뒤졌으나 외래 양키문화를 선전하는 책들만이 가득한 것을 보고 크게 실망했다. 둘은 마지막으로 동학혁명 기념탑 앞에서 머리를 숙이고 녹두장군의 노래를 부르며 자신들이 죽창이 될 것을 다짐했다.

"두려움과 망설임을 벗어 던지고 우리는 즉시 민족의 부름에 순명할 것을, 녹두장군과 갑오애국농민의 영령 앞에서 맹세하는 간단한 의식을 가졌다. 주저와 공포를 이겨낸 위대한 결단과 결의를 간직한 채 우리는 마이산으로 들어가 천지신명에게 우리의 소망, 민족의 염원을 빌었다."[17]

다소 낭만적인 방법으로 결단한 뒤 이들은 서둘러 광주로 돌아왔다. 결단을 행동에 옮기기 위해서였다.

김남주와 이강은 반파쇼투쟁의 일환으로 먼저 지하신문을 만들기로 했다. 이들은 먼저 1929년 광주학생항일운동 당시의 지하신문과 러시아 혁명기의 지하신문을 연구했다. 만들려는 신문의 이름을《함성》으로 정했다. 김남주가 신문 문안 작성과 배포를 맡았고 이강은 학생들의 반응에 따른 후속작업 및 조직화를 책임지기로 했다. 신문의 제작에 필요한 경비는 이강의 전세방을 사글셋방으로 바꿔 남는 차액으로 충당했고 신문을 제작하기 위해 필요한 도구들(등사기, 등사잉크, 종이 등)을 광주 부근의 읍에 있는 문방구에서 하나씩 사 모았다.

"우리는 그 일을 '무덤파기'라고 은유적으로 표현하였다. 왜냐하면《함성》지가 지하신문이라는 점과 다른 한편으로는 반민족적 반민주적인 유신독재정권을 몰락시켜나가는 일로써 적들의 묘혈을 파는 일이기 때문이다. 그러나 우리가 실패할 경우 '죽음의 집'으로 알려진 무덤 같은 까막소에 처박힐 것을 각오해야만 했다. 자연히 그 일은 어느 쪽이 묻히건 간에 무덤 파는 일임에 틀림없기 때문이다."[18]

역시 아직 낭만적인 생각이 있었지만 투쟁의 목표와 각오만은 대단했던 듯하다. 이 시절에 김남주는 학생들의 신임을 받았고 여학생들 사이에서도 상당히 인기 있었던 것 같다. 이강은 말한다.

"파묘 준비가 갖추어짐에 따라 일의 진척도에 대한 희열과 긴장감을 달래기 위해, 남주가 재학시 자기인식의 확인상 친하게 사귀던 두 명의 여대생과 만나 '우리는 이제 무덤을 팔 것이다. 무덤을 팔 도구가 필요하니 뭐든지 도와 달라'고 말했다. 그 여학생들은 남주의 말뜻을 알아차리고 즉석에서 지니고 있던 용돈과 졸업기념 금반지 등을 아낌없이 풀어주는 것이었다. 다시 한번 남주의 인간적 우수성과 그의 인격에 어울리는 여성이라는 느낌이 들어 그들 사이의 우정이 새삼 부럽기까지 했다."[19]

《함성》지는 주로 10월 유신의 폭거에 저항하자는 내용이 주된 주제였다. 유신에 동조하는 행위를 '죽음의 행렬', '노예의 길'로, 유신에 항거하는 행위를 '역사의 길', '민족 갱생의 길'로 묘사했다. 갑오농민혁명, 항일의병전쟁, 북만주독립군항일투쟁, 3·1독립만세운동, 소작농민 항일투쟁, 광주학생독립운동, 원산총파업투쟁, 4·19혁명 등으로 이어지는 민족항쟁을 민족사의 정통으로 파악하고 일본과 미국을 똑같이 적대시하는 논지를 유지했다. 500매 정도가 인쇄된 신문은 전남대학교와 시내 고등학교 다섯 곳에 살포되었다. 살포가 끝난 후 김남주는 곧 시골로 내려갔다. 가는 길에 도움을 주었던 여학생을 만나 보관용으로 몇 매를 건네주었는데 훗날 조사과정에서 이 사실이 밝혀져 여학생이 고초를 당하기도 했다. 군사정부는 긴장했고 김남주는 혐의를 받기 시작했다. 김남주는 서울로 피신했다. 피신 중에도 계속 신문을 만들기로 결정하고 전국으로 신문을 확산시키기 위해 이름을 《고발》로 바꾸었다. 《고발》지가 등사되어 서울로 탁송된 지 며칠이 지난 1973년 3월 24일에 이강이 체포되었다. 서울로 피신했던 김남주는 친구의 자취방에서 연행되었다.

결국 《함성》지 사건으로 불리는 이 사건으로 이강과 김남주를 포함하여 15명이 '국가보안법'과 '반공법' 위반 혐의로 구속되었다. 실제로 별것 아닌 사건을 확대하는 것이 독재정권의 수법이다. 김남주는 처음으로 '죽음의 집'을 체험했다. 그는 처음 당하는 육체적 고문 앞에서 나약해지는 자신이 슬펐다. 그러나 그는 여기서 귀중한 체험을 얻었고 혁명적으로 성장했다. 혁명가의 길이 얼마나 험하며 동지애가 얼마나 귀중한가를 깨달았다. 이에 관해서 김남주 자신이 잘 서술하고 있다.

"경찰들이 몰고온 검은 승용차에 실려 내가 도착한 곳은 북부 경찰서 어딘가였다. 나는 당시 서울의 지리를 못 익혔는지라 어디가 어딘지 잘 분간을 못하였고, 나는 경찰서 건물의 계단 몇 갠지를 올라가다가 한밤의 비명소리에 그만 고꾸라질 뻔했다. 그것은 내 심장에 칼날처럼 꽂히더니 내 다리의 힘을 쏙 빼버리는 것이었다. 내 양쪽 겨드랑이를 부축하고 있던 경찰관들이 이런 나를 보고 한 마디씩 했다./ "이렇게 겁 많은 놈이 혁명은 무슨 혁명이야."/ "여기에 한번 들어오면 벙어리도 입을 열고 나가는 곳이야."/ 이들이 나를 데리고 간 곳은 자 모양의 실내였다. 실내에는 다른 경찰관들이 나 같은 것은 아랑곳도 하지 않고 시끌벅적 상소리며 전화벨소리를 내며 일에 열중하고 있었다. 나는 실내의 귀퉁이 쪽의 긴 나무의자에 앉혀졌다./ 한참동안 나는 내버려져 있었다. 나는 눈을 내리깔고 실내 이곳저곳을 훑어봤다. 특별히 이상한 데는 없었다. 가끔씩 아까 들었던 그 비명 소리가 때로는 희미하게 내 귀청을 울렸다. 그러나 나는 이제 그 비명에 놀라거나 겁먹지는 않았다. 마음이 좀 안정되는 것 같았다. 긴장이 풀어지는지 졸음까지 왔지만 그러나 나는 이곳이 내가 져서는 안될 곳이라는 자각에 이르렀다. 뭔가 머릿속에 정리해둬야 할 것이 있었다./ 얼마나 지났을까. 혼자 내버려진 채 내가 그동안 했던 일의 과정과 인간관계를 정리하고 있는데 갑자기 주위가 적막강산처럼 조용해지더니 더 멀리서 들리는 것처럼 발자국 소리가 또박또박 들려왔다. 그러더니 다른 경찰들과는 달리 사복 차림의 중년신사를 호위하듯 하고 경찰서장인 듯한 사람과 간부들이 내가 앉아 있는 나무의자 쪽으로 오는 것이었다. 나는 직감적으로 저들이 아마 내게로 오는구나 하고 벌떡 일어나 차렷 자세를 하고 섰다. 가만히 앉아 있기에는 저들의 태도가 너무 당당하고 위압적인 데가 있었던 것이다./ "이 새끼가 그 새끼야?"/ 이것이 사복 차림의 신사가 내뱉는 첫 마디였다. 그리고 그는 내 뺨을 후려갈겼다./ "야 이 새끼야, 내 큰 자식은 연세대 다니면서도 아무 일 없이 공부하고 있어. 너 같은 새끼가 뭘 안다고

지랄이야."/ 이것은 내가 지방대 출신이라는 것을 알고 같잖다는
투로 내뱉는 말이었다./ 그리고 그는 나무의자 옆에 세워져 있었던
나무막대기(각목)로 내 몸 이곳저곳을 마구잡이로 두들겨댔다. 나
는 꿈쩍 않고 맞아주었다. "야 쌔끼 군대도 안 갔다 왔어? 순 빨갱
이 새낀데. 어이 서장, 6·25참상을 찍은 사진 있지? 그걸 이 쌔끼
눈앞에 보여줘. 이런 쌔끼를 뭣 할라고 여기까지 끌고 와, 도봉산
골짜기 어딘가 꼬라박아버리지 않고. 이런 것들에게는 대한민국
법이 아까워."/ 그리고 그는 안 호주머니에서 손바닥만 한 권총을
꺼내더니 내 머리통에 댔다. 나는 나도 모르게 무릎을 꿇었다. 나
는 내가 인간이라는 사실에 혐오감을 느꼈다. 나는 나 자신을 저주
했다./ 사복 차림인 그가 가고 다시 실내는 활기를 되찾았다. 그가
있는 동안에는 아무도 숨소리를 오래 내쉬지 못한 것 같았다. 누가
밖에서 오는 전화를 받다가 그에게 호통을 맞기까지 했다. 시끄럽
다고 그가 버럭 화를 냈던 것이다./ 그는 누구일까?/ 경찰서장이
그 앞에서 옴짝달싹을 못하는 사복차림의 신사, 그는 누구일까?
그 의문을 풀어준 것은 아까 건물 계단을 오르내리면서 내게 '여기
에 한번 들어오면 벙어리도 입을 열고 나가는 곳이야'라고 말했던
경찰관이었다. 그의 말에 의하면 사복 차림의 신사는 '남산신사'라
는 것이었다. '남산신사'가 무엇을 의미하는지 나는 처음에는 알아
듣지 못했지만 나중에야 그가 정보부 고위층이라는 것을 알 수 있
었다./ 정말이지 그는 신사였다. 차림새가 우선 그랬다. 위아랫도
리는 검은 '세비로'였고 머리는 가지런하게 뒤로 넘겨져 있었다.

다만 말투 하나만은 신사의 그것이 아니었다. 주먹깡패의 그것이었다. 그것도 두목의 말투가 아니고 똘마니의 그것이었다./내가 본격적으로 수사관의 취조를 받은 것은 다음날 밤이었다. 그동안 스물 네 시간 동안 나는 밥 먹고 대소변 보는 시간을 제외하고는 쇠사슬에 묶여 있었다. 잠은 긴 나무의자에서 웅크리고 잤는데, 쇠사슬 한쪽 끝은 의자에 묶여 있었다. 나는 영락없이 개 신세였던 것이다./나를 본격적으로 취조한 수사관은 체격은 장대한데다 덩치가 또한 당당했다. 그는 검은 안경을 쓰고 내 앞에 나타났는데 내게 던진 첫소리는 아주 다정한 목소리였다./ "남주, 난 말이야 점잖은 편으로 말이 적은 사람이야. 말이란 게 귀찮은 게 아녀? 말하자면 나는 말 대신 그냥 주물러주는 사람이야. 어때 뼈다귀가 노골노골하게 놀아나기 전에 우리 신사협정을 맺을까? 난 말 많은 사람은 싫어. 남주는 싫은 사람을 어떻게 하지? 나도 사람이야. 가능하면 웃는 낯으로, 신사적으로, 인간적으로 너를 대하고 싶어."/ 말이 적고 말 많은 사람을 싫어한 수사관은 계속해서 위협적인 말을 늘어놓고는 내 안색을 살폈다. 나는 그에게 아무 대꾸도 하지 않았다. 그랬더니 말이 적은 그 사내는 내 웃도리를 벗기고, 겨울내의까지 벗기고, 내 대갈통을 자기 사타구니에 처박아 놓더니 뭔가 까끌까끌한 것으로 내 등을 긁기 시작했다. 그것은 나중에 안 사실이지만 철판에 못 구멍을 내서 농부들이 소의 진드기를 떼기 위하여 만들어 놓은 그런 기구였다. 끔찍했다. 그가 얼마나 심하게 내 등가죽을 긁었는지 나는 일주일 후에 손바닥만 한 피딱지를 떼어

냈던 것이다. 무서운 일이었다. 그리고 나는 감옥에서 시라는 것을 써보게 되었는데 그 중에서 이런 시구가 있다./ '공포야말로 인간의 본성을 캐내는 데 가장 좋은 무기다.'/ 나는 수사관이 가한 이 말기의 공포에 굴복했던 것이다. 참담했던 것이다. 그렇다. 공포야말로, 체포와 고문과 투옥의 공포야말로 가진 자들의 재산과 특권과 생명을 지켜주는 무기인 것이다. 이 무기 앞에서 한 인간이 무릎을 꿇지 않고 의연하게 서 있을 수 있을까? 총구 앞에서 한 인간의 양심이, 육체의 허리가 구부러지지 않을 수 있을까?/ … 그러나 나의 이런 다짐은 무기의 공포에 대한 인식으로 끝나는 것은 아니다. 인간은 끊임없이 반복되는 사회적 실천을 통해서 정상보다 높은 인식에 이르고 그 인식의 토대 위에서 다시 실천했을 때 새로운 인식에 도달하는 것이다. 그래서 변혁운동에 가담하여 사회적 실천을 하는 사람은 구체적인 투쟁을 통해서 공포의 무기로부터 해방되는 자기훈련을 쌓는 것이고 그리하여 불굴의 전사가 되는 것이다. 바로 이렇기 때문에 인간이 인간답게 살 수 있는 세상을 만드는 데 조금이나마 이바지하고자 하는 사람은 무기의 공포를 이겨낼 수 있도록 평상시에 신체를 단련해야 하고 고통을 이겨내는 기술을 연마해야 하는 것이다. 일상생활에서 자기 건강을 소홀히 한다거나 망치는 일을 하는 사람은 자기도 모르게 자기 상대편을 이롭게 하는 것이다. 다시 말해서 자기 건강을 해치는 사람은 변혁의 대상을 이롭게 하는 이적행위자인 것이다."(〈공포로부터의 해방을 위하여〉,《시와 혁명》, 154~159쪽)

김남주는 12월 28일 징역 2년 집행유예 3년을 선고받고 이강과 함께 석방되었다. 김남주는 교련학점 미달로 졸업장을 받지 못한 상태였다. 이미 스스로 대학을 그만둔 것과 마찬가지였다. 오히려 가뿐한 마음이 되었다. 그러니까 영문학 강의 시간이었다. 미국에서 공부했다는 교수가 신이 나서 미국의 생활과 미국의 선진문화를 자랑하고 있었다. 그런 문화를 우리가 비판 없이 추종할 때 우리나라는 점점 더 미국의 문화식민지가 되지 않겠느냐고 김남주는 반문했다. 그러자 그 교수는 화를 내며 식민지 운운하는 것은 불순분자들이 하는 말이고 우리는 하루바삐 미국의 민주주의와 자유로운 생활방식을 배워 선진국의 대열에 올라서야 하며 우리나라를 일제 식민지로부터 해방시켜주고 공산주의 침략으로부터 보호해준 미국을 배반하는 것은 인간적으로나 정치 도의상 잘못된 일이라고 대답했다. 교수의 열변을 듣던 김남주는 갑자기 먼 산을 바라보며 너털웃음을 웃었고 그 길로 자리를 박차고 교실을 나와버렸다. 그것이 그의 마지막 수업이었다. 김남주는 차가운 겨울바람을 맞으며 다시 고향으로 향했다. 또 다른 전진을 위해 잠깐 쉴 수 있는 곳은 역시 부모님이 있는 고향이었다. 아니면 고리키의 《어머니》에 나오는 것과 같은 혁명 전야의 농촌운동을 생각했는지도 모른다.

김남주가 고향으로 돌아온 지 얼마 안되어 박 정권은 1974년 4월 3일에 '인민혁명당 재건위원회' 및 '전국민주청년학생총연맹' 사건을 발표한다. '인혁당 사건'과 '민청학련 사건'으로 불리는 이 사건

의 주동자는 중앙정보부의 발표에 따르면 60명이었고 관련된 혐의
로 수사를 받고 있는 사람이 240여 명이나 되었다. 시인 김지하를
비롯하여 군사독재에 반대하고 민주화를 열망하는 지식인들이 대
거 포함되어 있었다. 발표에 따르면 이들은 '공산계열의 노선에 따
라 학원가에 침투한 불순세력' 혹은 이에 동조한 세력이었다. 김남
주도 민주화 투쟁에 참여했으며 이강 등 이들 가운데 몇 사람과 교
제한 적이 있었다. 그러므로 어떤 의미에서는 관련자 가운데 하나
였다. 그러나 김남주는 혐의 대상에서 제외되었다. 이강을 비롯하
여 연행된 사람들이 김남주의 이름을 밝히지 않았기 때문이다. 김
남주는 동지들의 용기에 감사하면서도 다른 한편으로 친구들에게
죄를 진 것 같아 마음이 괴로웠다.

시인으로 등단하다 ────────────

김남주는 최초의 시를 《함성》지 사건으로 붙잡혀갔던 1973년 감옥의 벽에다 썼다. 〈감옥의 벽〉이라 제목을 붙여도 좋을 시다.

　　나라 안팎의 자본가들이
　　그들의 재산 그들의 특권을 지키기 위해
　　쌓아올린 벽이다.
　　놈들로 하여금
　　놈들의 손톱으로 하여금
　　철근과 콘크리트로 무장한
　　이 벽을 허물게 하라

언젠가는 꼭

—〈내가 처음으로 쓴 시〉, 《불씨 하나가 광야를 태우리라》, 12쪽.

1974년에 민청학련 사건으로 친구 이강이 감옥으로 끌려가고 고향에 내려온 김남주는 자신의 외로움과 분노를 농촌의 현실에 대입하여 시를 썼다. 그것은 어떤 의미에서 자기와의 싸움이었다. 박석무의 증언에 의하면 "몸서리치는 지난 한 해의 고통과 아픔을 내면으로 증명해 보고, 거기에서 얻고 잃었던 것을 결산해보려고 지었던 시들이 〈잿더미〉요 〈진혼가 鎭魂歌〉였다."[20]

그러므로 이 초기 시들은 아직 사회변혁의 무기로까지 확대되지 못하고 있다. 이 시들은 당시 제도권 안에서 존속하고 있던 진보적인 문예지 《창작과 비평》(1974년 여름호)에 발표되었다. 총 여덟 편이 실렸는데 그 가운데 〈잿더미〉와 〈진혼가〉가 주목할 만하다. 꽃과 피, 영혼과 육신의 소용돌이 속에서 불이 타오르고 잿더미가 쌓이고 다시 봄과 부활을 기다리는 〈잿더미〉는 서구의 표현주의적 기법을 연상시킬 정도로 강렬하지만 초기의 다른 시들과 마찬가지로 시인의 방황을 엿보이게 한다. 김남주는 초기 시에서 그가 시인으로 성장할 수 있는 가능성을 보여주었다. 전반적으로 초기 시들은 〈진혼가〉의 해설에서 평론가 김사인이 잘 지적한 것처럼 '70년대의 민중적 인식' 위에 서 있다. 초기의 시 가운데서 김남주의 면모를 가장 잘 드러내며 혁명시인으로 성장할 수 있는 가능성을 보여준 〈진혼가〉를 읽어보자.

1

총구가 나의 머리숲을 헤치는 순간
나의 양심은 혀가 되었다
허공에서 헐떡거렸다 똥개가 되라면
기꺼이 똥개가 되어 당신의
똥구멍이라도 싹싹 핥아 주겠노라
혓바닥을 내밀었다.
나의 싸움은 허리가 되었다 당신의
배꼽에서 구부러졌다 노예가 되라면
기꺼이 노예가 되겠노라 당신의
발밑에서 무릎을 꿇었다 나의
양심 나의 싸움은 미궁迷宮이 되어
심연으로 떨어졌다 삽살개가 되라면
기꺼이 삽살개가 되어 당신의
손이 되어 발가락이 되어 혀가 되어

삽살개 삼천만 마리의 충성으로
쓰다듬어 주고 비벼 주고 핥아 주겠노라
더 이상 나의 육신을 학대 말라고
하찮은 것이지만 육신은 나의
유일唯一의 확실성確實性이라고 나는

혓바닥을 내밀었다 나는
무릎을 꿇었다 나는
손발을 비볐다 나는

2

쓰고 있다
지금 나는 쓰고 있다
세 겹으로 네 겹으로 갇혀 쓰고 있다
내 탓이다라고
서투른 광대의 설익은
장난 탓이라고
어설픈 나의 양심 탓이다라고
미지근한 나의 싸움 탓이다라고
모두가 모든 것이 내 탓이다라고
나는 지금 쓰고 있다
움푹 패인 주먹밥 위에
주먹밥에 떨어진 눈물 위에
눈물 같은 국물 위에
환기통 위에 빵기통 위에
시멘트 바닥에 허공에 천장에

벽 위에 식구통 위에

감시통 위에 침 발라

손가락으로 발가락으로 혓바닥으로

마르도록 벗겨지도록

피나도록 쓰고 있다

여러 골이 쑥밭이 된 것도

여러 집이 뒤집힌 것도

설익은 광대의 서투른

장난 탓이다라고 함께

사랑했다는 탓으로 불려다니고

끌려다니고 밥줄이 막히고 끊어지고

스승의 난처한 입장도 나의

어설픈 양심 탓이다라고

법관의 어색한 표정도

간수의 안타까운 동정도

또 누구의 미안한 응원도 모두가

모든 것이 내 탓이다라고

미지근한 나의 싸움 탓이다라고

공포恐怖야말로 인간의 본성을 캐내는 데

가장 좋은 무기武器이다라고

3

참기로 했다
어설픈 나의 양심과 나의
미지근한 싸움은 참기로 했다
양심이 피를 닮고
싸움이 불을 닮고
피와 불이 자유를 닮고
자유가 시멘트바닥에 응집된
피 같은 불 같은 꽃을 닮고
있다는 것을 배울 때까지는
응집된 꽃이 죽음을 닮고
있다는 것을 알 때까지는
만질 수 있을 때까지는
온몸으로 죽음을
포옹할 수 있을 때까지는
칼자루를 잡는 행복으로
자유를 잡을 수 있을 때까지는
참기로 했다
어설픈 나의 양심
미지근한 나의 싸움
양심아 싸움아 너는

차라리 참아라 차라리

참는 게 낫다고 참아라

─〈진혼가〉 전문, 《진혼가》

이 시에는 김남주가 체포되어 고문받던 체험이 생생하게 재현되고 있다. 육체적 고통 앞에서 한없이 나약해졌던 스스로의 체험을 시인은 자조적인 목소리로 고백한다. 동시에 미지근한 삶을 뛰어넘을 수 있는 가능성을 시사하고 있다.

김남주는 《창작과 비평》에 발표한 시를 계기로 시인으로 인정받았고 한국문인협회 회원으로 가입도 했다. 그리고 그는 농민문제에도 관심을 가지기 시작했다.

1975년 2월에 친구 이강이 석방된다. 김남주는 친구가 출소하는 수원교도소로 갔다. 김남주는 친구에게 언론이란 대부분 가진 자와 권력자의 편에 서 있다는 것, 그러므로 중요한 사실은 일절 발설하지 말라고 당부했다. 둘은 이강이 감옥에 있을 때 여러 가지로 도와준 사람들(함석헌 씨 등)과 인권단체를 찾아다니며 인사했고 그동안 김남주가 알게 되었던 문인들과 평론가들을 만나보았다. 백낙청과 염무웅 등 진보적인 평론가들은 김남주의 등단이 한국 문단에 던진 신선한 충격을 높이 평가했다.

그해 4월 박정희 정권은 두고두고 용서받을 수 없는 죄악을 저지른다. 인혁당사건으로 구속된 관련자 7명(서도원, 도예종, 하재완, 이수병, 김용원, 우홍선, 송상진) 및 민청학련사건 관련자 여정남에게 사형을 선고하고 다음날 아침에 전격적으로 집행한다. 이 사실을 전해들은 김남주는 망연자실했다. 그것은 분명히 법을 빙자한 살인 행위였다. 원래 4월은 잔인한 달이라 했지만 이번처럼 잔인한 4월은 없을 것 같았다. 김남주는 주먹을 불끈 쥐었다. 공포 분위기를 조성해서 민중의 저항을 억누르려 했던 박정희는 사형집행을 계기로 민중의 분노가 더욱 거세지자 다음날 '대통령 긴급조치 9호'를 선포하여 정부에 대한 비판을 일절 금지시켰다. 봄이 왔건만 남한에는 겨울공화국이 계속되었다. 많은 사람이 박정희가 천벌받을 것이라고 입을 모아 말했다. 그러나 김남주는 그러한 비현실적인 생각에 조금도 가치를 부여하지 않았다. 독재정권을 무너뜨리기 위해서 천벌을 기다릴 것이 아니라 구체적으로 싸워야 한다. 김남주는 뜻한 바가 있어 부모님을 설득하여 자금을 조금 마련해 광주에서 '카프카 서점'을 운영하기 시작했다. 이 서점에서 그는 함석헌 씨가 발행하던 《씨올의 소리》와 《창작과 비평》을 주로 공급했고 그 밖에 사상 서적이나 일본어 및 영어로 된 외국 서적들도 취급했다.

원래 영리를 목적으로 한 것이 아니었고 후배들의 교육을 위한 것이었기 때문에 서점 운영은 당연히 실패했지만 여기서도 김남주는 귀중한 체험을 얻는다. 무조건 최대의 이윤을 얻어야 하는 자본주의적 경영의 원리를 실제로 체험했고 혁명의 과정에서 책을 통한 이론적 준비가 얼마나 중요한가도 깨달았다. 다시 박석무의 이야기를 들어보자.

"1975년 2월에 '민청'이 풀려 이군도 석방되었고, 나도 다시 광주의 모 고등학교로 자리를 옮겼다. 우리는 함께 어울리며 시와 술을 이야기하고 세상을 이야기했다. 그해 나는 비로소 장가들어 새 살림을 차렸고 남주는 카프카 서점이라는 책방을 내서 경영주가 되었다. 이 무렵이 지금도 후배들 사이에서 전해지는 잊을 수 없는 광주의 카프카 시절이었다. 민청에서 풀려나온 징역쟁이들이 운집하던 사랑방이며 광주 제일고등학교에서 퇴학당한 남주의 후배들이 먹고 자며 뒹굴던 시절이었다. 오늘날 이 시대의 멋진 시인들인 〈5월시〉 동인은 거의 대부분 카프카에서 혼이 적셔진 후배들이다. 박몽구, 이영진 등의 시인은 더욱 특별한 인연이 있었으니까. 경제적 계산속이라고는 전혀 없었던 남주였으니까 카프카 서점은 망하여 문이 닫히는 것이 너무도 당연했다."[21]

서점을 정리한 김남주는 자신의 생활을 재정립하기 위해 광주시 백운동 뒤편에 있는 봉심사라는 암자에 칩거했다. 아들의 소식이 궁금하여 광주에 올라온 아버지가 자취방을 묻자 아들은 유유히 산으로 아버지를 안내했다. 아버지에게 산에서 흘러나오는 약수를 떠다 드리기도 했다. 힘이 든 아버지는 "이런 곳에 방 얻으라고 돈 주지 않았다. 더 이상 힘들어서 못 가겠다"라는 말을 남기고 고향으로 내려가고 말았다.

이듬해에 김남주는 다시 고향으로 내려가 농사일을 도우며 농민운동가 정광훈, 윤기현과 사귄다. 조국의 민주화를 위해서는 농촌이 깨어나야 하고 농촌이 깨어나기 위해서 조직적인 농민운동이 필요하다는 것을 김남주는 절실히 깨달았다. 그는 농민문학에 전

념할 생각도 해보았다. 그는 이강에게 말했다.

"농민은 토지에 인간의 주관적 의지와 가꿈을 통해 자연적, 물리적 변화가 아닌 목적의식적인 변화와 창조를 한다. 나는 농민들과 강고히 결합하여 변혁을 희구하겠다."[22]

이즈음에 김남주는 해남에 내려와 소설 《장길산》을 집필하던 황석영을 만난다. 내향적이었던 김남주와 외향적이었던 황석영은 먼저 인간적인 만남을 통해서 자신들의 문학이 지니는 장단점을 이야기했다. 황석영과의 만남을 통해서 김남주는 스스로의 역사의식을 점검했고 그 결과 최초의 역사시라고 할 수 있는 〈황토현에 부치는 노래〉를 썼다. 이 시는 녹두장군의 이념과 투쟁을 간명하게 그리고 있다. 김남주는 이 시에서 전봉준을 민중혁명의 선구자로 내세우고 그의 이념이 오늘날까지 맥을 이어 민중의 핏속에 숨어 있음을 강조했다. 동시에 민중해방은 구체적인 투쟁을 통해서만 성취될 수 있다는 사실을 부각시켰다.

가톨릭농민회 행사에서 이 시를 낭독한 것을 기점으로 김남주의 역사의식이 더 확고해진다. 이강은 말한다.

"사실 그 작품은 남주 혼자만의 것이 아니다. 시의 전 흐름은 전남지역 농민운동 활동가 여러분의 공동작품이며, 남주가 대표 집필한 셈이다. 물론 남주는 그 시를 쓰기 위해 자신의 모든 것을 바치며 심혈을 기울였던 것도 부인할 수 없는 사실이다. 그 시는 농민문학에도 중요한 의미를 갖지만 남주 개인에게도 적잖은 영향을 미쳤다. 무정부주의적, 자유주의적으로 방만했던 모든 면들이 그

시 한 편으로 인하여 혁명적 조직적 문학관으로 정리되었던 것이다."[23]

이 시 한 편으로 김남주의 문학관이 180도 변했다고 보는 것은 상당한 과장이지만 여하튼 이강의 말처럼 〈잿더미〉 등 초기 시를 발표할 무렵 김남주에게는 다소 '무정부주의적이고 자유주의적인' 혼돈이 있었음에 틀림없다. 김남주 자신도 초기 시를 그렇게 중시하지 않았다. 초기 시들은 그의 세계관이 형성되는 데 필요한 과도적인 산물이었다. 김남주가 이에 관해서 말한다.

"《함성》지 사건으로 광주옥에서 10개월간 있다가 나온 뒤 농촌생활을 하면서 농민의 비참함에 대한 지식인으로서의 자책감 같은 것을 시로 표현하기 시작했습니다. … 당시의 시는 첫 시집 《진혼가》에 실린 대부분으로, 농민의 참상을 노래하면서 나 자신의 무기력함과 자책감, 온몸으로 싸우고 조직적 물리적으로 투쟁일선에 나서야 한다는 당위성을 노래한 것이 많았어요."(〈시인은 사회변혁의 주체〉, 《시와 혁명》, 219쪽)

〈잿더미〉 등의 시를 통해서 김남주가 문단에 들어서자 많은 문학지망생이 그의 곁에 모여들었다. 그러나 학교에서 배운 한심한 문학예술론으로 길들여진 후배들과 대화하는 것은 생산적이지 못했다. 김남주 자신에게도 그 당시 아직 확고한 문학관이 정립되지 않은 상태였다. 후배들이 열심히 찾아와 문학에 대한 질문을 했지만 김남주는 문학을 한가한 감정의 유희로 생각하고 있는 이들이 아예 못마땅하게 생각되었다.

〈민중문화연구소〉 개소기념강연회 뒤 고은, 백기완, 황석영, 문병란, 송기숙, 박석무 등과 함께.

  "후배들의 열띤 질문에 그는 띄엄띄엄 느닷없는 반격으로 응수했다. 마치 불교의 선문답처럼 말이다. 많은 문학청년들이 그의 주위를 맴돌았지만 결국 남주는 그들을 직접적인 자기 문학의 유파, 즉 후배로 길러내지는 못했다. 그러던 남주가 〈황토현에 부치는 노래〉를 쓴 후로 많이 달라졌다. 후배 양성을 도외시하던 그가 민중을 위한 문학, 민족을 위한 문학을 후배들에게 전승시키고 체계적이고 조직적인 토대를 쌓아갈 문화운동의 필요성을 절실히 느낀 것이다."[24]

  1978년 김남주는 광주에서 황석영, 최권행, 김상윤 등과 함께 〈민중문화연구소〉를 개설하고 초대 회장이 된다. 이 연구소는 후배들에게 역사의식을 심어주는 중요한 역할을 했다. 김남주는 이 강의 집에 묵으며 러시아 혁명을 다룬 존 리드의《세계를 뒤흔든 10일》,《스페인 내란》등을 번역했고 연구소에 나가 후배들에게 일본어로 된《파리콤뮨》을 강의했다. 강의를 듣던 한 학생의 밀고로 그는 수배대상이 되었고 간신히 서울로 도피했다. 이강은 연행되어 조사를 받았고 이강의 집에 있던 원고 뭉치는 수사요원에 압수되었다. 도피하여 서울에 온 김남주에게는 새로운 삶이 기다리고 있었다.

전사가 되다 ———————————

서울에 온 김남주는 '민주회복구속자협의회'에서 알게 된 박석률의 권유로 '남조선민족해방전선(이하 남민전) 준비위원회'에 가입한다. '남민전'의 가입은 개인적인 위험을 크게 동반했다. 그것을 잘 알면서도 김남주는 흔쾌히 가입했다. 이강의 판단에 의하면 그 이유는 첫째, 김남주에게 '유신 말기 단말마적 탄압이 자행되던 당시의 상황에서 변혁운동은 비밀지하조직이 없이는 불가능하다는 확신이 그 누구보다 뚜렷했기' 때문이고 두 번째 이유는 '천성적으로 타고난 것처럼 보일 만큼 고등학교 때부터 남주의 반미 감정은 유별났기'[25] 때문이다. '남민전'의 반미자주독립 노선이 김남주의 마음에 들었다는 것이다. 여기에 덧붙여 도피생활을 하던 김남주에게 믿음직한 동지들이 필요했기 때문이라고도 추정할 수 있다. 박석률의 얘기를 들어보자.

"78년에 남주가 서울로 피신하지 않을 수 없게 되었을 때 나와 남주는 만났다. 서울로 피신해왔다고는 하지만 마땅히 있을 곳이 없을 거라는 소식을 듣고 3월 1일 성공회 주최의 문학낭독의 밤에선가 남주를 만났다./ 몇 차례 피신처를 옮길 수 있도록 도와주었는데 한 군데 오래 있는 것을 답답하게 여긴 나머지 남주가 서로간의 약속을 어긴 적도 있었다. 아직 전사로 가입하기 전의 일이다./ 그러나 전사가 되고부터 남주는 조직에서 요구하는 것을 자각적으로 실천하는 사람이었다."[26]

김남주는 처음에 박석률의 부탁을 받고 〈해방자〉라는 시를 써주었다. 그러나 투철한 사상을 지닌 김남주는 시 쓰는 일로 만족하지 않고 전선에서 혁명운동가로서 실천 활동을 하고 싶었고 스스로의 결의를 박석률에게 말했다. 박석률은 감동하여 김남주를 조직에 가담시켰다.

김남주는 다음과 같이 말한다.

"내가 '남민전'에 들어간 동기도 이런저런 책에서 얻은 지식 탓이었어요. 특히 체르니셰프스키의 《무엇을 할 것인가》, 《레닌의 생애》, 스위지·휴버만 공저인 《쿠바혁명의 해부》 등의 탓이 컸을 거예요. 한마디로 말해서 "혁명의 조직 없이는 혁명의 성공은 없다"는 명제를 내 나름대로 가슴 깊이 새겼기 때문일 거예요./ '남민전'에 내가 가입한 또 하나의 동기는 내가 세운 다음과 같은 명제를

실천하기 위해서였어요./ "해방투쟁의 과정에서 많은 사람이 죽어
갈 것이다. 수천, 수만 명이 죽어갈 것이다. 그리하여 그 수만, 수
십만 명의 죽음이 해방의 새날을 가져올 것이다."/ 솔직하게 말하
겠어요. 나는 '남민전'에 들어갈 때에 이름도 없이 죽어가야 한다
고 생각했어요. 왜 다른 사람이 죽어주기를 내가 바랄 수 있겠어
요. 해방은 죽음 없이 오지 않는다는 것을 인식하면서 그 인식을
왜 내가 실천하지 않고 남이 해주기를 기다려야 되겠어요. 적어도
그때 나는 이렇게 생각했어요./ 지금 이렇게 살아 있는 것을 다행
으로 생각하고 있지 않습니다. 그 당시 싸움이 서툴렀다고 부끄러
워하지도 않습니다. 해방투쟁의 초기과정에서는 어느 시기, 어느
나라고 다 그랬어요. 그것은 한 개인의 한계 때문이 아니고 운동
그 자체의 한계인 거예요. 그 시대의 운동역량 말입니다. 불가피한
것은 불가피한 거예요. 피할 수 없는 것을 피하려고 해봤자 안 되
는 거예요. 희생은 어차피 따르기 마련인 거예요. 자기희생 없이
어떻게 남을 도울 수 있겠어요."(〈나는 왜 남민전에 참가했는가〉,《불씨
하나가 광야를 태우리라》, 122~123쪽)

이에 덧붙여 김남주는 자신이 반미성향을 띠게 된 원인에 대하여
다음과 같이 말한다.

"내가 생득적으로 미국을 싫어했다고 쓰여 있었는데 그건 옳지
않아요. … 고등학교 땐가 그 후엔가《양키들아 들어라》란 책을 읽
었어요. 그게 아마 내가 양키를 싫어하게 되고, 총잡는 것을 싫어
하게 되고, 군대라는 것을 싫어하게 된 계기였을 거예요."(〈나는 왜

남민전에 참가했는가〉,《불씨 하나가 광야를 태우리라》, 121~122쪽)

　1978년 9월 4일 '남민전'에 가입하여 1979년 10월 4일 서울에서 '남민전'의 구성원으로 체포될 때까지 1년 남짓한 기간 동안에 김남주가 어떤 활동을 했는지 우리는 재판기록에서 어느 정도 엿볼 수 있다. 김남주를 이 조직에 가입하도록 알선한 박석률은 광주 출신으로 김남주보다 두 살 아래이며 서강대학교 경제학과를 자퇴했다. 한무성이라는 가명을 사용한 김남주는 이 조직에서 박석률과 가장 가까웠던 것 같다. '남민전'에 관한 당국의 처음 발표에 따르면 이 조직에는 이재문을 중심으로 74명이 연루되었으며 "현재까지의 수사결과 이들은 불순세력을 규합, 지하조직을 완성하고 도시게릴라 방법으로 사회혼란을 조성하여 민중봉기와 국가변란으로 유도, 월남방식의 적화를 획책해왔다."[27] 이들은 "민청학련 사건으로 사형된 도예종 등 8명이 입던 옷을"[28] 수집하여 기를 만들었으며 북한은 이들과 "현실적인 연계가 없으나 이념적인 지도"[29]를 계속했다. 검거된 사람을 직업별로 분류하면 다음과 같다.

　　파출부 1명
　　재감자 5명
　　점술가 1명
　　크리스찬 아카데미 1명
　　회사원 14명
　　교직자 13명(대학 2, 중고 8, 학원 3)

신용협동조합 2명

상업 3명

학생 12명(재학 8, 제적 4)

가톨릭 노청회 1명

가톨릭 농민회 2명

무직 14명

한국경제개발협회 연구원 1명

택시 운전사 1명

기타 3명[30]

　조직의 대표자 이재문은 1934년 경북 의성 출신으로 경북대학교 정치학과를 졸업했으며 영남일보, 대구일보, 민족신문, 대구매일 신문 기자를 거쳐 민주수호국민협의회 경북지구 운영위원 겸 대변인을 역임했다. 1965년 인혁당 사건 때 반공법 위반으로 징역 1년을 선고받았으나 집행유예로 풀려났다.

　김남주는 이재문, 이문희, 차성환 등과 함께 이수일의 집에서 체포되었다. 이 조직 안에서 김남주가 수행한 일은 크게 두 가지다. 하나는 이 조직의 신문인 〈민중의소리〉를 제작하는 일이었고 다른 하나는 전사가 되어 반동 자본가들의 재산을 탈취하는 일이었다. 실제로 김남주는 이 두 일에 모두 참여했다. 김남주는 〈민중의 소리〉 창간호에 창간시를 썼고 제2호 가십난에 "백성의 마음은 속일 수 없다―돈과 권력의 궁합"이라는 글을 썼다. '남민전'은 조직

의 자금난을 해결하기 위하여 악덕재벌의 재산을 탈취하기로 결정
했고 이러한 임무를 수행하기 위한 전위조직으로 '혜성대'를 창설
했다. 여기에 김남주는 대원으로 참여하면서 "혁명의 과정에서 많
은 동지들이 죽어갈 것이다. 나 또한 민족해방전사의 일원으로 죽
어갈 것이다. 나는 나의 죽음이 민족해방의 위대한 성공에 하나의
밑거름이 되고자 한다. 민족해방민주혁명 만세!"[31]라고 선서했다.
그는 또 다음과 같은 전위대의 노랫말을 지었다.

한평생 소원은 남북의 통일, 노래하고 싸우기 어언 수십 년, 어디서
살았느냐, 무엇을 하였느냐, 통일을 위해 싸우다 죽으면 족하지, 아
조국이여 아름다운 내 강토여, 훼방꾼 미제를 몰아내자.

한평생 소원은 압제의 타도, 힘 길러 단련하기 어언 수십 년, 어디서
살았느냐, 무엇을 하였느냐, 자유 위해 싸우다 죽으면 족하지, 아 조
국이여 아름다운 내 강토여, 미제의 앞잡이 박정희를 몰아내자.

투쟁 속에 동지 모아 손을 맞잡고, 운명을 같이하기 어언 수십 년,
흩어져 죽을 거냐, 단결하여 싸울 거냐, 혁명의 승리에 우리 모두 나
서자, 아 전위대여, 혁명의 횃불이여, 정의의 성전에 용감하게 나가
자.[32]

김남주는 전위대가 되어 동아건설회장 최 모 씨의 집을 터는 이

른바 '땅벌1호작전'에 공격조로 참여한다. 이 작전은 수위들의 저항으로 실패한다. 김남주는 숨어 살면서 〈아세아아프리카 연감〉을 번역하여 여기서 나온 수입을 조직의 경비로 사용하게 했고 엥겔스의 《반뒤링론》 등 여러 이념서적을 번역하고 정리하여 조직원의 교양교육을 위한 교재로 사용하게 했다.

재판 결과 이재문과 서울대학교 철학과를 졸업한 신향식이 사형, 안재구 등 5명이 무기징역, 김남주가 15년형을 선고받았다. 그 뒤 신향식은 처형되었고 이재문은 옥사했다.

이 사건과 관련하여 언급해야 할 두 사람이 더 있다. 한 사람은 친구 이강인데 뒤늦게 이 조직에 가입하여 별다른 활동을 하지 못했던 그는 3년형을 선고받는다. 다른 한 사람은 1950년 서울에서 태어나 숙명여자대학교 국문학과를 졸업하고 교직에 있던 박광숙이다. 박광숙은 이 조직에서 주로 〈민중의소리〉를 만드는 일에 참여했으며 평소에 김남주와는 안면이 있을 정도였다. 재판과정에서 박광숙은 김남주를 더 잘 알게 되었으며 그의 의젓한 태도에 감동하여 그리고 김남주를 누군가 따뜻하게 보호해주어야 되겠다는 신념에서 일생의 반려자가 되기로 결심한다. 박광숙은 징역 1년에 집행유예 2년을 선고받고 풀려난다.

김남주는 전사 생활을 회상하면서 박광숙에게 쓴다.

"광숙이, 그 짧은 전사 생활에서 나는 많은 것을 배우고 알았소, 아마 그것은 내가 전사가 되기 이전 30년 동안에 배우고 알았던 것보다 더 크고 깊은 것이었소. 나는 전사 생활을 통해 인간은 공동체의 선을 위한 집단적인 싸움 속에서 성숙하고 발전한다는 것을 피부로 느꼈소. 그것은 행복이었소. 이 행복은 내가 지금까지 맛보았던 어떤 행복보다도 더 깊고 큰 것이었소. 나는 또한 진리는 실천을(육체적) 매개로 해서만이 바르게 인식될 것이라고 믿게 되었소. 실천이야말로 진리의 척도인 것이오. 그래 나는 앞으로도 끊임없이 사회적 실천의 장에 있음으로써 내 자신의 행복을 찾고 세계에 대한 인식을 넓히고 깊게 해야겠소./ 그 짧은 전사 생활을 통해서, 이 어처구니없는 패배를 통해서 내가 가장 뼈저리게 깨달았던 것은 역사적인 사업은 '열정'만 가지고는 이루어지지 않는다는 것이오. 지혜가 필요했던 것이오. 물론 이것은 상식이오. 그러나 사람들은 상식을 소홀히 하기가 일쑤인 것이오. 현실을 깊게 바라볼 수 있는 혜안, 이것은 실천 속에서만 얻어지는 것이오./ 광숙이, 지금 우리 사회가 가장 절실하게 요구하고 있는 사람은 우선 용기 있는 사람이오. 다시 말해서 사회적 실천의 장에 자기 자신을 내던지는 사람 말이오. 부분적으로가 아니라, 전적으로 말이오. 지혜란 가만히 앉아서 얼굴을 찡그리며 머릿속에서 짜내는 것이 아니오. 실천의 과정에서 저절로 나오는 것이오. 다시 말해서 용기 있는 실천이 있고 나중에 지혜가 오는 것이오./ 용기 있는 사람을 내 나름대로 규정해 보겠소. 그는 가능성과 현실성 사이의 영역에서 자기의 최선을 다한 사람이오. 미래의 자손들이 그 열매를 따 먹도록 오늘 나무의 씨가 되고 뿌리가 되고 거름이 되고자 하는 사람이오. 즉 그는 자기 안에서 '희생'을 안고 있는 사람이오./ 용기 있는 사람은 결정적인 순간에 결단을 내릴 줄 아는 사람이오. 결단이야말로 어떤 사람을 다른 사람과 구별케 하는 가장 좋은 인간적인 특성이 아닌가 싶소. 결단은 여럿 중에서 부차적인 것을 버리는 행위요. 버리지 않고는 인간은 한 발자욱도 앞으로 전진하지 못하오. 역사적인 사업에 종사하고자 하는 사람은 사적인 이익의 일부 또는 전부를 포기해야 할 때가 있는데 그때 그것을 하는 사람이 다름 아닌 결단성 있는 사람인 것이오."(《용기있는 사람들》, 《산이라면 넘어주고 강이라면 건너주고》, 110~111쪽)

감옥이라는 학교 ────────────

날아가는 하늘의 새라도 떨어뜨릴 듯 막강한 권력을 휘두르던 박정희가 1979년 10월 26일 기생파티를 하는 자리에서 부하의 총에 맞아 비참한 최후를 마친다. 너무 많은 사람을 죽였으니 당연히 천벌받은 것이라고 수군거리는 사람이 많았다. 어찌되었든 그에게 어울리는 마땅한 최후를 맞은 셈이다. 이미 오래전에 어떤 시인이 "총으로 백성을 억누르려는 사람은 총으로 망한다"라고 경고했지만 박정희는 미친개 날뛰듯 많은 애국지사를 죽였고 더 많은 사람을 죽이려다가 결국 스스로 죽임을 당하고 말았다. 감옥에서 이 사실을 전해들은 김남주는 기뻐하지도 슬퍼하지도 않았다. 민중을 배반한 자는 결국 역사의 쓰레기장으로 굴러 떨어지게 된다는 필연적인 법칙을 다시 한 번 확인했을 뿐이다. 김남주는 앞으로 다가올 '남민전'의 재판에 박정희의 죽음이 어떠한 영향을 미칠 것인가를 생각해보았다. 오히려 더 불리할지도 모른다는 생각도 들었다. 독재가 민중의 힘에 의해서 무너지지 않는 한 독재자가 암살당했다 해서 독제체제에 커다란 변화가 오리라 기대하기는 어렵다. 특히 한국의 상황에서는 그렇다. 모든 사건이 미국의 조종에 의해서, 그리고 자본의 법칙에 따라 움직여진다. 박정희와 비슷한 또 다른 독재자가 도사리고 있을 것이다. 박정희를 이은 독재자는 권력의 기반을 다지기 위해 반공을 앞세워 위험한 도박을 할 가능성이 많다. 김남주는 자신이 경찰을 피해 이리저리 도망 다닐 때, 아들이 숨은 곳을 대라고 형사들에게 온갖 시달림을 받다가 얼마 전에 돌아가셨다는 아버지의 얼굴을 떠올렸다. 박정희와 아버지! 둘 다 세상을 떠났다. 한 사람은 돈과 권력의 그늘에서 살았고 한 사람은 가난과 천대의 그늘에서 살았다. 한 사람은 여러 여성들과 추문을 뿌리고 온갖 맛있는 음식을 즐기며 살았고 한 사람은 눈이 성하지 않는 한 여자만을 바라보며 쌀 한 톨도 버리지 않고 살았다. 한 사람은 많은 사람의 기억 속에 남았고(나쁘게 기억한 사람이 절대다수이겠지만) 한 사람은 몇몇 사람의 기억 속에만 남아 있다. 한 사람은 부하의 총에 맞아 처참하게 죽었고 한 사람은 무정한 아들의 이름을 부르며 차마 눈을 감지 못했다.

김남주는 아버지가 보고 싶어졌다. 살아 계신다면 금방이라도 달려가 "이제 모든 것을 그만두고 아버지 원하시는 대로 다 할게요"

라 말하고 싶어졌다. 자신이 너무나 큰 불효를 한 것 같았다. 그러나 곧바로 또 다른 모습들이 떠올랐다. 분신한 전태일 동지, 형장의 이슬로 사라져간 민주투사들, 이름 없이 사라져간 애국자 등. 김남주는 다시 냉정해졌다. 자신이 전사임을 재확인한다. 그는 돌아가신 아버지를 향해 말한다. "아버지 말대로 제가 하다 못해 면서기라도 되었다면 우리 집 형편이 더 나아졌겠지요. 그러나 나라가 병들어 있는 판에 집안 형편이 좀 나아진다고 한들 무슨 소용 있겠어요. 아버지를 좀 더 편안하게 해드리는 것보다 아버지를 포함하여 모두가 인간답게 살 수 있는 세상이 되도록 싸우는 것이 진짜 효도 아니겠습니까! 쓸데없는 일이라고요? 아니지요. 누군가 이런 일을 하지 않는다면 역사는 계속 후퇴하지요."

'남민전'이 아직 첫 공판도 받기 전인 1979년 12월 12일 일종의 군사반란이 일어나고 전두환, 노태우 등의 신군부세력이 권력을 잡는다. 다음해 5월 18일에 한국의 현대사에서 가장 치열했던 민중항쟁이 광주에서 일어났고 이 사건은 김남주의 문학과 세계관에 결정적인 영향을 미친다.

조국과 민족을 위해서 하나밖에 없는 생명을 바치기로 맹세한 사람에게는 따뜻하고 찬 곳을 가릴 만한 여유가 없다. 어떤 의미에서 감옥도 훌륭한 학교가 된다. 김남주 스스로 '편력기사의 시절'에서 '수업 시절'에 들어섰다고 말한다. 김남주는 감옥에서 체계적인 독서를 했다. 물론 검열을 통과한 책들만이 허용되었으므로 원하는 책을 모두 읽을 수는 없었지만 손에 들어오는 책의 내용들을 하나

하나 집중적으로 습득했다. 김남주의 말을 직접 들어보자.

"6년째 접어들고 있는 징역살이입니다. 그동안 많은 책을 읽었습니다. 고전이라고 할 수 있는 것이라면 문학 분야건 사회과학 분야건 제법 읽는 편이니까요. 문학책 중에서 내가 관심을 가지고 있었던 것은 발자크, 셰익스피어, 하이네, 푸시킨, 레르몬토프, 네크라소프, 고골리, 톨스토이, 숄로호프, 브레히트, 네루다, 체르니셰프스키, 루이 아라공, 마야코프스키, 루카치, 게오르그 뷔히너 등의 제 작품입니다. 그중에서 특히 나의 마음에 들었던 것은 시에서는 푸시킨, 레르몬토프, 하이네, 네루다 그리고 러시아 12월당의 몇몇 시인들의 작품이었고 소설에서는 발자크와 톨스토이, 고리키, 숄로호프 등의 작품이 최고로 좋았습니다./ 희곡은 역시 셰익스피어가 제일이더군요. 하우프트만의《직공》이나 게오르그 뷔히너의《당통의 죽음》은 나에게 시사해주는 바가 컸습니다. 브레히트의 시와 희곡은 목적문학으로서는 큰 효과를 거둔 것 같지만 문학의 예술성의 측면에서는 좀 떨어지지 않을까 하는 생각을 했습니다. 뭐니뭐니 해도 참된 문학을 내가 분별할 수 있도록 지도해준 사람은 게오르그 루카치 선생입니다. 나는 그 사람의 저작을 통해 하이네를 새로 알고 톨스토이를 다시 읽게 되고 에밀 졸라, 카프카, 브레히트 등의 실험소설, 전위문학을 비판적인 눈으로 볼 수 있게 되었습니다. 나는 그의 가르침으로 게오르그 뷔히너를 알게 되었고, 현실을 인식하는 기초과학으로서의 경제학의 필요성을 절실히 느꼈습니다."(《감옥에서 읽은 책들》,《불씨 하나가 광야를 태우리라》,

138쪽)

이 글은 김남주가 감옥에 있을 동안 계속 옥바라지를 해주었던 박광숙에게 보낸 편지에 들어 있는 내용이다. 검열관계도 있고 또 아직 자신만큼 혁명정신이 강하지 못한 사람에게 미칠 영향 등을 고려한 흔적이 엿보이지만 김남주의 예술관과 세계관이 형성되어 가는 과정을 잘 보여 주고 있다.

감옥에서 김남주가 읽은 책들을 분석해보면 첫째, 고전이 중심이 되어 있다. 이것은 검열에서 오는 한계 때문에 어쩔 수 없었던 것 같다. 보수적인 책들은 없었지만 맑스, 레닌, 플레하노프 등 혁명적인 책들도 없었다. 둘째, 미국의 책들이 거의 없었으며 그 대신 러시아의 책들이 많았다. 셋째, 김남주의 독서를 지도해준 루카치에 대한 평가가 브레히트에 비해서 과대하다. 브레히트를 졸라나 카프카의 대열에 넣는 것도 잘못된 것 같다. 전반적으로 여기서 언급된 책들은 당시 우리말로 번역되어 있지 않았다. 아마도 김남주는 일본어판이나 영어판을 입수해서 읽은 것 같다.

김남주가 중시했던 루카치에 관해서 알아보자. 헝가리 출신의 철학자 겸 미학자 루카치는 1923년에 쓴 《역사와 계급의식》으로 우리에게도 널리 알려진 맑스주의 이론가이다. 이 책의 핵심사상은 '의식의 물화'이다. 자본주의 안에서 인간은 상품화되고 사물화된다. 동시에 인간의 의식도 물화된다. 다시 말하면 물질처럼 수동적이 된다. 인간은 역사를 만들어가는 주인이며 계급의식을 획득하면서 이러한 물화현상을 극복할 수 있다. 사회발전의 총체성을 의식할 때만 계급의식이 획득된다. 그러나 루카치의 주장은 상당히 관념론적이다. 그의 이론에는 구체적인 물질적 기초에 대한 분석이 결핍되어 있으며 물화의 과정을 절대화하고 그 극복이 계급의식의 획득 자체만으로 가능하다고 주장하기 때문이다. 계급의식의 획득과 함께 노동자들의 조직적인 투쟁이 중요하다는 사실을 루카치는 부각시키지 않는다. 루카치의 이론에는 진보적인 측면과 관념론적인 측면이 동시에 존재한다. 그의 관념론적인 경향은 초기의 저술들, 예컨대《영혼과 형식》,《소설의 이론》등에서도 나타난다. 그러나 루카치가 독일문학이나 독일철학에 관한 역사적 저술에서는 탁월한 기량을 보인 것은 사실이다. 독일철학의 발전과정을 유물론적으로 파헤친《이성의 파괴》에서 그는 니체가 중심이되는 독일 비합리주의철학을 자본주의의 발전 및 나치의 이념과 연관시켜 분석했으며, 1933년에 쓴《표현주의의 위대성과 몰락》에서 표현주의적인 예술과 문학을 자본주의의 몰락에 부수되는 현상으로 파악하고 표현주의와 파시즘의 이데올로기가 긴밀하게 연관되어 있다는 사실을 밝혀냈다. 1948년에 루카치는 이른바 '표현주의 논쟁'에 끼어들었고〈문제는 사실주의다〉라는 논문에서 사실주의 문학의 이론적 기초를 정립하려 했다. 맑스주의 문학이론가들이 대부분 참여한 이 논쟁에 물론 브레히트도 참여했으며 사실주의의 본질문제에 관하여 루카치와 첨예한 대립을 보였다. 이 논쟁은 결말이 나지 않았지만 브레히트는 사실주의 문학이 인간의 영혼에 반영되는 세계를 구체적으로 묘사하는 데 그칠 것이 아니라 세계를 변혁시키기 위한 구체적인 투쟁과정을 묘사해야 한다고 주장했다. 루카치의 입장에는 사회변혁에 있어서 윤리적인 요소를 강조하는 신칸트학파의 영향이 엿보인다. 루카치가 전통적인 유산을 중시했다면 브레히트는 혁명적인 변화를 더 중시했다. 그러나 이들은 항상 불가분의 관계에 있기 때문에 어느 한쪽도 소홀히 할 수 없다. 김남주가 감옥에 있던 1980년대 초에 우리나라에서는 아직 루카치의 저술들이 금서 목록에 들어 있었다. 브레히트의 책들은 거의 소개되지 않았다. 김남주가 루카치의 어떤 저술들을 읽었는지 분명하게 드러나지 않지만 루카치와 브레히트의 관계를 옳게 파악하지 못한 것 같다.

김남주는 교양을 넓히기 위해서만 감옥에서 책을 읽은 것이 아니었다. 그는 감옥에서도 투쟁을 계속했으며 투쟁을 위한 준비를 게을리 하지 않았다. 그는 건강을 유지하는 데 많은 노력을 기울였는데 그것도 투쟁과 연관되는 것이었다. 그에게서 시는 투쟁의 무기였고 시를 계속 써갈 수 있는 토양은 민중의 삶이었으며 시를 옳게 쓸 수 있는 방향을 제시해준 것이 그의 확고한 세계관이었다. 그는 이러한 세계관을 광범위한 독서를 통해 얻어갔다. 김남주는 감옥에서 불후의 명시들을 하나하나 써 간다. 세계의 진보적인 문학으로부터 방법을 배우되 그 내용을 완전히 우리 민중의 삶과 연관시키는 데 김남주의 뛰어남이 있다. 그는 결코 서양의 사상이나 시를 흉내 내는 아류가 아니었다. 그는 세계문학이라는 진보적인 음식들을 집어삼키고 조선 사람의 똥을 싸는 것이다. 김이 모락모락 피

1985년 광주교도소에서 왼쪽부터 김남주 시인, 이수일 선생, 안재구 교수, 정종회 선생.

어오르는 누런 고구마 똥을.

비록 외적으로는 인간의 피를 말리는 고통스러운 장소였지만 김남주가 위대한 시를 쓸 수 있게 만든 감옥은 하나의 학교였다. 김남주의 이야기를 들어 보자.

"내가 수용되어 있는 사동은 소위 좌익수들이 감금되어 있는 특수 사동으로서 시멘트 복도를 사이에 두고 문패에 1.06평, 정원 3명이라고 쓰인 방이 서른여섯 개씩 있습니다. 평수가 1.06평이라고 쓰여 있으나 방에 딸린 변소(뺑끼통)를 빼면 0.7평 정도밖에 안 되고 정원 3명이라고 쓰여 있으나 특수한 경우가 아니면 한 방에 한 명을 수용하고 있습니다./ 이 사동을 일컬어 '특사'라 하기도 하고 '시베리아'라고 하기도 하는데 그 까닭은 아마 이 사동에 수용되어 있는 수인들의 특수한 성격과 그 사동의 분위기가 한 여름에도 찬바람이 이니까 붙여진 이름인 것 같습니다. '시베리아'라고 부른 또 다른 까닭은 이 사동이 정치범을 감금하고 있기 때문인지도 모르겠습니다./ 아무튼 이 사동은 일반 형사범들이 수용되어 있는 사동에 비해 엄격합니다. 형사범들의 사동에서는 심심하고 따분하고 답답하면 소리내어 노래도 부르고 옆 방 사람과 이런 얘기 저런 얘기를 주고받을 수 있는데 여기 '시베리아'에서는 그런 것은 일체 금지되어 있습니다. 그러니까 교도관의 발자욱 소리, 철문을 닫고 하는 소리 외에는 일체 소리가 죽어 있는 공동묘지 같습니다./ 감방의 묘사로 넘어가겠습니다. 복도에서 가로 1미터, 세로 1.5미터 철문을 끌어당기고 들어가면 비좁은 공간이 강요하는 압력 때문에 금방 가슴이 답답해집니다. 그도 그럴 것이 천정이 바로 머리 위에서 누르고 양 옆의 벽이 바로 옆구리에서 조여 오기 때문입니다. 방의 바닥이 세로가 1.5미터 가로가 1미터이고 천정은 2미터 높이에 있어서 나같이 체구가 작은 사람도 한 방 가득차기 때문입니다. 거기다가 방에 붙어 있는 뻥끼통에서는 지독한 냄새가 코를 찌릅니다. 숨통이 막히는 것이지요. 그러나 인간의 환경에 대한 적응 능력이란 게 대단한 것이어서 얼마 지나지 않으면 죽지 않고 살아지기는 합니다. 이런 데서 10년 20년 감금되어 있는 사람들의 말씀에 의할 것 같으면 닭이나 오리, 소나 말을 이런 곳에 처넣어 두면 며칠을 못 견디고 숨을 거둘 것이라는 것입니다. 사람이란 게 참으로 지독한 동물이라는 것입니다./ 이 방에 허용되어 있는 생활용품은 밥그릇 한 개, 찬그릇 두 개, 국그릇 한 개입니다. 밥과 찬과 국은 이 방의 철문이 나 있는 '식구통'으로 들어오는데 밥은 일제시대부터 먹었다는 '가다밥'으로서 보리와 콩과 쌀로 범벅이 되어 있습니다. 찬 역시 일제 때부터 생긴 '옥용찬'으로서 한꺼번에 담갔다가 1년 내내 먹을 수 있을 만큼 짜디짠 무나 오이무침입니다. 도저히 사람이 입에 올릴 음식이라고 할 수 없습니다. 그래서 대부분의 수인들이 물에 빨아서 먹습니다./ 국은 시래깃국과 미역국이 주종인데 시래깃국은 밭에서, 미역국은 바닷가에서 쓰레기를 주어 와 삶아놓은 것 같습니다. 흙탕물 같은 국물에 솔잎이 섞여 있는가 하면 담배꽁초가 떠 있고 어떤 때는 지푸라기와 머리카락이 '왕건지'에 얽혀 있습니다. 아마 돼지도 이런 구정물을 보면 고개를 홰홰 저을 것입니다. 이 외에 방에 비치되어 있는 것으로는 비와 티받이와 쓰레기통, 세숫대야와 물주전자와 자수통이 있습니다. 관에서 넣어 준 담요 한 장과 겨울 같으면 거적 한 장과 솜이불 한 개가 있고, 여름에는 파리채와 부채가 나옵니다. 철문 바로 위는 나무판자로 선반이 하나 붙어 있는데 거기에다는 신이며 책 나부랭이를 올려놓습니다. 참, 탐방긴가 탄반긴가 하는 것이 있는데 그것은 다름 아니고 플라스틱 바가지입니다. 저수통에서 물을 뜰 때 사용하라고 주는 모양인데 탐방긴가 탄반긴가 하는 그 개념이 무엇인지 모르겠습니다./ 변소는 방 뒤에 붙어 있습니다. 방에 붙어 있는 투명한 문을 열면 거기에 소위 뺑끼통이 있는 것이지요. '똥퍼'들이 자주 퍼가지 않으면 똥물이 엉덩이까지 차오르기가 일쑤고 냄새가 고약하여 머리가 띵할 정도입니다. 뺑끼통에 발을 딛고 밖을 내다보면 하늘이 보이게 되어 있는데 무슨 심뽀로 그랬는지 철망으로 가린데다가 또 판자로 덧가려 놓았습니다. 그래서 바늘구멍만한 구멍으로 판자 사이의 틈으로 바깥구경을 할 수밖에 없습니다./ … 건강을 위하여, 살아남기 위하여, 살아남아 뭔가를 다시 하기 위하여 나는 생활의 신조로 규칙적으로 일정량의 음식을 섭취하고 간식은 일체 금하고, 여러 번 적어도 서른 번 이상은 씹어 먹고 조미료 같은 것은 일체 사먹지 않고, 입맛이 없어도 억지로라도 일정량의 음식은 먹어치우고 있습니다./ 내가 이렇게 건강에 집착하는 것은 살아남기 위해서만은 아닙니다. 하루를 살더라도 건강하게 살아야 한다는 내 생각 때문만도 아닙니다. 육체가 건강하지 않으면 정신 또한 건강하지 않기 때문만도 아닙니다. … 아무리 곧은 생각, 굳은 의지를 갖고 있는 사람도 육체가 생각대로 의지대로 움직여 주지 않으면 어떤 일을 다구지게, 효과 있게 과감하게 실천하지 못하기 때문입니다. 육체적으로 나약한 사람은 무슨 일을 끈질기게 하지 못합니다. 행동도 나약하고 신경질적입니다. 바른 인식에 기초하여 바르게 실천하는 데 있어서 아무래도 한계가 있습니다. 육체적으로 건강한 사람에 비해서 말입니다. 사회에 좋은 일을 하고자 하는 사람은 자기의 건강을 소홀히 해서는 아니됩니다."(〈교도소 실태〉,《산이라면 넘어주고 강이라면 건너주고》, 72~76쪽)

김남주는 열심히 시를 쓰면서 투쟁을 계속했다. 종이와 연필이 주어지지 않았기 때문에 우유갑에 못으로 시를 썼고 그것을 교도관의 눈을 피해 밖으로 내보냈다. 10년 동안 감옥에서 250여 편의 시를 썼다. 시를 통한 감옥 속의 투쟁은 상당히 관념적이었지만, 민중의 마음을 사로잡을 때 관념은 커다란 무기가 될 수 있었다. 그는 감옥에서도 외롭지 않았다. 감옥에는 많은 동지가 있었고 감옥 밖에는 민중이 있었다. 그러나 그가 실제로 어려운 감옥생활을 극복해 가는 데 커다란 힘이 되어준 것은 그의 동지이며 연인이었던 박광숙이었다.

김남주의 고백에 의하면 그와 박광숙은 〈민중의소리〉를 만드는 과정에서 두 달 동안 함께 일한 적이 있었다. 조직의 구성원들이 모일 때 자리를 몇 번 같이한 적은 있으나 본 이름이 무엇인지조차 서로 몰랐다. 이름과 나이와 그 밖의 것을 알게 된 것은 재판을 받는 과정에서였다. 그때까지 그녀를 동지 이상으로 생각한 적은 한 번도 없었다. 김남주가 1심 재판에서 징역 15년을 언도받고 구치소에 수감되어 있을 때 "옥바라지를 해드리고 싶어요. 허락해주세요."라는 편지를 박광숙에게 받았다.

"나는 그녀의 모습을 머릿속에 그려보았다. 허약했다. 나는 또한 계산해봤다. 그녀 나이 서른 살, 내 나이 서른네 살. 내가 15년의 징역을 다 살고 나가면(당시 사건의 성격으로 봐서 우리 사건의 관련자들은 일반 시국사건의 관련자와는 달리 만기를 채우리라는 판단을 내리고 있었다) 내 나이 마흔아홉 살, 그녀 나이 마흔다섯 살. 캄캄했다. 결국 나는 그녀의 제의를 받아들이지 않기로 결정했다. 내가 옥바라지를 해주겠다는 그녀의 제의를 물리치기로 결정한 것은 그녀가 허약한 여자였기 때문은 결코 아니었다. 출옥 후의 캄캄한 나이 때문만도 아니었다. 나는 평소에 결혼의 대상으로서 여자를 생각해보지 않았던 것이다. 나는 내가 가는 길에 거칠 것이 없기를 바라왔고 여자는 애물일 것이라고 여겨왔다."(〈철창에 기대어〉, 《시와 혁명》, 162쪽)

그러나 박광숙은 김남주의 결정과 관계없이 일방적으로 자신의 의사를 관철시켰다. 이렇게 하여 '세상에서 가장 아름다운 사랑'은 시작되었다.

"황량하기 그지없고 적막하기 비할 데 없는 이곳에서 책 받아 보는 일, 한 달에 한 번씩 잠깐 동안이나마 실물의 인간과 대면하는 일, 편지 읽는 일, 아니 편지 받는 것 그 자체 등은 수인에게 있어 사막의 오아시스라고나 할까, 가뭄으로 타들어가는 풀잎 위에 떨어진 단비라고나 할까, 아무튼 엄청나게 값나간 것이라오. 무엇과도 바꿀 수 없는."(〈엄지손가락을 걸어〉, 《산이라면 넘어주고 강이라면 건너주고》, 101쪽)

실제로 박광숙은 진보적인 생각을 했지만은 혁명적인 여성은 아니었다. 김남주가 직접 그녀에게 표현한 것처럼 그녀에게는 '뿌리 깊은 관념성과 소시민성과 리버럴리즘'이 있었고 그녀는 '음악을 듣고 꽃을 노래하고 종교에 의지'(《산이라면 넘어주고, 강이라면 건너주고》, 《산이라면 넘어주고 강이라면 건너주고》, 23쪽)했다. 그것은 혁명전사 김남주와는 다소 거리가 있는 것이었다. 박광숙은 스스로에게 없는 것, 그러면서도 범인이 지니기 어려운 것들이 김남주에게 너무 많아 그를 좋아하게 되었는지도 모른다. 다른 한편으로 그녀는 너무나도 강직했던 김남주의 고통을 덜어주기 위해서 많은 노력을 기울였다.

9년 동안 옥살이를 하던 김남주는 고향에서 농민운동에 헌신하고 있는 동생 덕종에게 자신이 '남민전'에 가담하여 투쟁하지 않으면 안 되었던 이유를 차근차근 말한다. 그것은 그의 세계관을 이해하는 데 중요한 열쇠가 된다. 편지의 내용은 다음과 같다.

"어머니에게 언제 한번 가르쳐드려라. 당신의 자식이 무슨 일로 9년씩이나 아니 15년씩이나 감옥에 갇혀 있어야 하는지를. 그게 자식된 도리일 것 같다./ 덕종아, 나는 말이다. 독재자 따위에는 사실 별로 관심이 없다. 그런 것들이야 동서고금에 흔해빠진 인간 말종들이다. 그들은 한 마디로 말하면 어릿광대들이지. 미치광이들이지. 나라 안팎의 자본가들의 재산을, 생명을 지켜주고 그 대가로 패륜행위를 자행하는 권한을 부여받는 괴뢰들이지. 어느 시기에 자본가들의 재산과 생명을 지키는 일을 서투르게 하면 다시 말해서 어릿광대짓과 미치광이짓을 잘못하면 내쫓기고 마는 불쌍한 인간들이지./ 나는 이따위 패륜아들에게 오히려 인간적인 동정까지 느끼고는 한단다. 보아라, 이 아무개, 박 아무개, 전 아무개 등을,

죽기가 무섭게, 권좌에서 내쫓기기가 무섭게 개, 돼지 취급을 당하는 꼬락서니를, 실컷 못된 짓하여 쾌락을 만끽하다가 여차하면 한 보따리 챙겨가지고 도망치는 것이 그들의 유일한 목적이란다. 도망치지 못하고 현장에서 살해되면 목적이 실패하는 것이고 도망치는 일에 성공하면 성공하는 것이지. 전 아무개는 그런 뜻에서 성공한 것이라고 보겠지. 아마 그는 그동안 빼돌린 재산으로 이국에 가서 오만가지 못된 짓을 해가며 소위 인생을 즐기겠지./ 덕종아, 어머니에게 말씀드려라. 나는 이따위 개망나니들 때문에 9년 동안 갇혀 있는 것이 아니라고. 내가 9년 동안 옥살이하고 있는 것은 이들 산적들을 망나니들을 패륜아들을 앞세워 그 이면에서 노동하는 민중의 고혈을 빨아먹고 있는 자본가들을 증오하고 저주하였기 때문이다./ 이들 자본가들에게는 조국이 없단다. 조국이 없으니까 동포도 없고 민족도 없단다. 자기들 자본을 지켜주는 자가 자기들 형제고 동포란다./ 이를테면 노동자들이 자본가의 재산을 위협하는 어떤 행동을 했다고 생각해보아라. 틀림없이 그들은 노동자들을 적으로 삼고 싸울 것이다. 힘이 부족하면 틀림없이 그들은 외부의 도움을 요청할 것이다. 외부의 힘이 제 동포인 노동자를 때려눕혀줄 수 있는 자라면 그게 깜둥이건 흰둥이건 쪽발이건 가리지 않을 것이다. 갑오농민전쟁 때 일본군과 청국 군을 불러들여 우리 농민들을 학살케 했던 양반과 부호들을 보아라./ 부자들이란 자기들 재산을 지키기 위해서는 나라와 민족과 겨레 따위는 아무것도 아닌 것이다. 오늘날의 대한민국 자본가들을 보아라. 그들은 우리 노동자들이 자기들의 재산을 말썽 없이 증식시켜주는 동안만은 제 동포고 제 형제고 심지어는 제 가족이라고 떠벌린다./ 그러나 노동자들이 제 노동의 과실을 정당하게 요구하여 어떤 행동을 하면 좌경이다, 불순분자다 하여 원수 취급을 한다. 아마 그들은 아니, 아마가 아니라 틀림없이 그들은 부자들의 재산을 지키기 위해서라면 무슨 짓이든 할 것이다./ 예를 들면 다시 일본군을 끌어들여서라도 노동자들을 살해케 할 것이다. 그리고 왜놈들을 자기 은인으로 섬길 것이다. 일본제국주의 시대를 상기해 보아라. 일제가 망하던 날 그들은 일제의 패망을 땅을 치며 통곡했단다. 이제 봐라. 언젠가 미제가 망하면 이들 부자들은 또 통곡할 것이다. 땅을 치고 가슴을 치며./ 그런데, 덕종아, 자본가들의 재산은 누가 만들어주는 것이냐. 노동자들이다. 농민들이다. 노동자와 농민만이 이 땅에서 인간답게 살 권리가 있음에도 불구하고 그들은 노동의 과실을 자본가들에게 빼앗김으로써 비인간적인 삶을 살고 있다. 기가 찰 일이 아니냐. 노동자들과 농민들은 인류가 생활상에서 필요로 하는 일체의 것을 생산해서 자본가들에게 빼앗기고 자기들은 물질적으로 굶주리고 정신적으로 빈곤을 면치 못하는 생활을 할 뿐만 아니라 인간적으로도 자본가들의 천대와 학대를 당하고 산단다./ 모든 것의 주인이 될 위치에 있는 노동자가 오히려 종으로 되어 노예적인 삶을 강요당하고 있는 것이지. 기계며 공장이며 원료며 생산의 기본적인 구성요소를 제 노동으로 만들어 놓고 우리 노동자는 그 기계 그 공장 그 원료의 종살이를 하고 있는 것이지. 다시 말해서 자기 노동의 산물의 노예가 되어 있는 것이지. 과거의 노동이 현재의 노동을 지배한다든지, 죽은 노동이 산 노동을 지배한다든지 하는 말이 있는데 바로 이런 경우를 두고 하는 말이겠지./ 농민의 경우도 마찬가지지. 황무지를 일구어 논과 밭을 만들어 놓고 그 논과 밭의 주인으로 행세하지 못하고 지주의 머슴이나 소작인이 되어 종살이를 하고 있지. 요즘 세상에는 지주가 사실상 존재하지 않는다고는 하지만 지주 대신으로 자본가들이 농민들을 수탈하고 압박하고 있다. 무슨 말이냐 하면 농약, 기계, 농산품과 공산품의 가격차, 또는 정부를 매개로 해서 직간접적으로 농민의 피와 땀을 갈취해간다는 것이다./ 이렇게 표현할 수 있겠다. 우리 농민들은 토지를 소유하고는 있으나 그게 실은 자본가의 것이나 마찬가지이다는 것이다. 지주나 농민과의 관계에 있어서는 농민은 자기 땅이 아닌 남의 땅에서 노동하여 노동의 과실을 빼앗겼지만 자본가와 농민과의 관계에서는 농민은 자기가 소유하고 있는 토지에서 노동하여 노동의 과실을 땅의 주인이 아닌 자본가에게 빼앗기고 있는 꼴이라는 것이다. 참 희한한 일이지! 자기 토지에서 결국 남의 종살이를 하고 있으니 말이지./ 어머니에게 쉽게 이야기해드려라. 자본가들은 거머리들이라고, 어머니가 모심기할 때 허벅지에서 떼어내고는 했던 피둥피둥 살이 찐 그 징그러운 흡혈귀 말이다./ 자본가들은 진드기들이라고 말해드려라. 소의 뒷다리에 붙어 소의 피를 빨아먹고 있는 그 징그러운 흡혈귀 말이다./ 이들 거머리와 진드기가 없으면 세상은 좋아질 일이고 우리 농민들은 물론 노동자들도 제 피와 땀을 자본가들에게 빨리지 않고 건강하게 살아갈 것이다. 이들 흡혈귀들이 없어지면 산적과도 같은 저 독재자들도 없어질 것이다./ 어머니에게 얘기해드려라. 내가 감옥에서 9년씩이나 15년씩이나 갇혀 있어야 하는 것은 이 진드기들, 이 거머리들, 이 흡혈귀들을 증오하고 저주했기 때문이라고. 꼬챙이를 낫으로 깎아 이놈들을 찔러 죽이라고 노동자들과 농민들에게 호소했기 때문이라고. 이놈들 때문에 우리 민족은 남의 나라의 식민지가 되어 치욕의 대상이 되어 있고, 이놈들 때문에 한 나라가 두 동강으로 갈라져 있고, 이놈들 때문에 통일이 안 되고, 이놈들 때문에 민주주의가 안 되고 있다고./ 덕종아, 인간은 그 노동 때문에 동물과 구별된단다. 노동, 특히 육체노동이야말로 인간을 인간이게 하고 인간의 자질을 높여준단다. 나는 그래서 주문처럼 외우고 있단다. "노동에서 멀어질수록 인간은 동물에 가까워진다"는 말을. 노동이 고역이 아니고 생활의 으뜸가는 기쁨인 사회를 만드는 게 내 유일한 희망이란다./ 그렇게 하기 위해서는 남의 노동으로 기생충 생활을 하고 있는 거머리와 진드기를 이 지상에서 없애야 한다. 이들 기생충들은 자연의 고질일 뿐만 아니라 사회의 고질인 것이다. 박멸하자! 이 기생충들을."(〈나는 왜 남민전에 참가했는가〉, 《불씨 하나가 광야를 태우리라》, 124~128쪽)

5·18 광주민중항쟁 ────────────

박정희가 암살되면서 형식적으로 유신의 괴수는 사라졌지만 실제로 유신체제는 정권에 눈이 어두웠던 군인 나부랭이들의 권력놀음 속에서 계속 이어지고 있었다. 그러나 그동안 억눌려왔던 민중의 투쟁은 점점 활발해졌다. "특히 노동운동은 폭발적으로 터져 나와 10·26 이후 1980년 5·17 이전까지 노동쟁의의 발생건수는 정부가 집계한 발표에 따르더라도 무려 2,168건에 달했으며 그 형태도 작업거부·농성·시위 등 양상이 격렬해졌다."[33] 이와 더불어 학생들의 민주화 투쟁도 활기를 더해 갔다. 5월 15일에는 서울역 앞 광장에서 학생과 시민 10만여 명이 모여들었다. 그러나 엄청난 규모의 군중에 놀란 학생운동 지도부는 군부를 자극해서는 안 된다는 판단 아래 민중의 분노를 진정시키는 방향으로 나아갔다. 전국의 학생대표들은 시위를 일단 중지시키기로 결정했다. 이 틈을 타 군부는 수많은 지도자를 체포했고 학원을 점령했으며 중무장한 계엄군을 증강했다. 이러한 상황에서 조직적인 민중의 저항은 불가능해보였다. "그러나 광주만큼은 사정이 달랐다. 전국이 폭압의 서슬에 숨죽이고 있을 때 과감한 항쟁을 전개한 곳이 광주라는 데에 대해서는 여러 가지 이유를 들 수 있다./ 첫째, 광주는 갑오농민전쟁의 진원지이자 일제하 항일의병운동, 광주학생운동 등으로 이어지는 면면한 민족운동의 정기가 흐르고 있는 곳이었다./ 둘째, 광주는 농촌으로 둘러싸인 소비도시로서 주민의 대다수가 주변 농촌과 긴밀하게 연관되어 있었고, 따라서 70년대 공업화 과정에서 저곡가정책과 부등가교환에 의한 피해를 가장 심하게 받던 곳이었다./ 셋째, 광주는 박정희 독재치하에서 지역 간 불균등 개발로 인해 소위 '호남 푸대접'이라는 인식이 광범위하게 퍼져 반군사독재의식이 어느 곳보다도 치열한 곳이었으며, 상대적으로 이 고장 출신의 진보적 정치인인 김대중 씨에게 많은 기대를 걸고 있었다."[34] (박정희 정권은 1973년 8월 군사독재와 유신에 반대하며 일본에 머물던 김대중 씨를 특수요원을 시켜 납치한 뒤 어두운 바닷속에 수장하려다가 내외여론의 반대에 부딪쳐 실패하고 국제적 망신과 민중의 분노를 산 일이 있었다.)

　광주민중항쟁의 과정은 황석영의 《죽음을 넘어 시대의 어둠을 넘어》(풀빛, 1985)에 잘 기록되어 있다. 5월 18일 '화려한 휴가'라는 작전명령 아래 전두환의 사병처럼 길러진 7공수부대가 광주에 투입되어 상상을 초월한 만행을 저지른다. 이들은 광주시민을 '적'으로 간주하며 잔혹한 살인기술을 벌였고 남녀노소 가리지 않고 무차별 구타·살상했다. 이들에게 환각제를 복용시켰다는 소문이 떠돌았다. 어찌 멀쩡한 정신으로 같은 민족을 그렇게 잔인하게 살해할 수 있겠는가? 임신부의 배를 가르고 여학생의 유방을 도려내었다니…. 참상을 목격하지 않은 사람들은 그럴 리가 있겠느냐고 적당히 넘겨버릴지 모르지만 광주 시민은 물론 전 세계의 민중은 이런 만행을 결코 잊지도, 용서하지도 않을 것이다. 오죽했으면 20일에 광주시민들이 "살인마 전두환을 찢어 죽이자!"라고 절규하며 무기까지 들었겠는가? 어린 학생이 중심이 된 시민군은 일단 광주를 살인마들로부터 해방시키고 도청을 점령했다. 그러나 계엄군은 외각에서 포위망을 좁혀 27일에 도청으로 쳐들어갔다. 도청을 사수하던 시민군은 계엄군과 치열한 교전을 벌였으나 대부분 장엄한 최후를 마쳤다.

국내에서는 연락이 일절 끊기고 보도가 통제되어 광주 외의 다른 도시 민중은 이 사실은 뒤늦게야 알았다. 다른 도시의 민중들도 투쟁에 동참하리라는 광주 시민의 기대는 어긋났다. 이 사실을 알았다 해도 박정희와 전두환, 노태우를 지지하던 곳에서는 강 건너 불 보듯했을 것이다. 독재이냐 민주화이냐가 아니라 이 지역이냐 저 지역이냐를 따지는 구태의연하고 봉건주의적인 사고방식에 많은 사람이 젖어 있다는 것은 이 땅의 민주화에 커다란 불행이 아닐 수 없었다.

그러나 국외에서는 달랐다. 매일 텔레비전 뉴스를 통해서 광주의 상황이 자세하게 보도되었다. 많은 유학생과 교포들이 경악했으며 많은 사람이 저런 나라가 내 조국인가라고 외치며 수치와 분노로 몸을 떨었다. 가능했다면 광주시민군에 합류하여 싸우러 갈 사람이 부지기수였을 것이다. 특히 광주가 함락되고 난 뒤 29일 저녁 7시에 독일 국영방송(ARD)이 특집으로 보내주는 화면을 보고 치를 떨지 않은 사람이 없었다. 특별뉴스는 한 외국 기자가 5월 27일 시가로 진격하는 군인들을 따라가면서 카메라로 잡은 장면들로 구성되어 있었다. 예상했던 것처럼 학생들이 주축이 된 소수의 시민군은 필사의 저항을 했으나 역부족이었고 군인들에 의해서 시가는 완전히 점령되었다. 많은 젊은이가 길가에 쓰러져 있었고 또 많은 젊은이가 두 손 들고 항복했다. 어떤 군인이 투항하는 젊은이를 총개머리판으로 내려치자 옆의 군인이 말리는 장면도 나왔다. 대부분의 장면이 망원렌즈로 당사자들 모르게 촬영된 것이었다. 가장 끔찍한 장면이 마지막에 나왔다. 시가로 진입한 군인들이 쓰러져 있는 젊은이들을 발로 차고 다녔다. 대부분 이미 숨이 넘어간 듯 아무런 반응이 없었다. 그런데 발로 채인 한 젊은이가 아직 목숨이 붙어 있었는지 몸을 꿈틀거렸다. 발로 차던 군인은 호주머니에 손을 집어넣었다. 시청자들은 전투가 이미 끝난 상황에서 이 군인이 구급약을 꺼내거나 무전기를 꺼내 빨리 병원으로 호송해야 한다고 동료에게 알리려는 것으로 생각했다. 그러나 이 군인은 호주머니에서 노끈인지 전깃줄인지를 꺼내어 부상당한 앳된 젊은이의 목을 졸라버렸다. 확인 사살한 것이다. 처절하게 숨을 거두는 이 젊은이의 애절한 모습과 잔인하게 목을 조르는 군인의 모습이 크게 클로즈업되며 이 프로그램은 끝났다. 참으로 많은 것을 생각하게 하는 장면이었다. 누구를 위한 군인인가? 아무리 치열한 전쟁터에서도 부상당한 적을 치료해주는 것이 국제적 관례인데. 적도 아닌 동족을! 이 장면을 보았던 교포들 중에는 차라리 한국전쟁 때 아주 유순했고 사람을 존중했던 북한의 인민군이 훨씬 낫겠다고까지 생각하는 사람도 있었다. 민주주의의 승리를 위해 광주와 평양이 손을 잡아야 한다고 생각하는 사람들도 있었다. 하기야 조국과 민족을 배반한 일본육사 출신 박정희의 부름을 받고 베트남 침략전쟁에 참가하여 무참한 살육에 길들여진 똘마니들이 정권욕에나 눈이 어두웠지 인간과 생명에 대한 존중이 조금이라도 있었겠는가?

광주민중항쟁은 많은 지식인에게 역사의식을 새롭게 하는 계기가 되었다는 점에서 패배만은 아니었다. 사람들은 이제 한미관계를 다른 시각에서 보기 시작했다. 역사의식이 투철하지 못했던 사람들은 당시까지도 미국은 일제로부터 우리를 해방시켜주고 공산주의 침략으로부터 우리를 보호해준 이른바 은인이요, 전쟁복구기간 동안 각종 차관과 잉여농산물을 제공하여 우리의 부흥을 도와준 영원한 우방이요, 혈맹이라는 생각에 젖어 있었다. 미국은 결코 한국 민중의 우방도 혈맹도 아니었다. 군사독재정권 편에서 한국 민중을 교묘하게 착취했다. 더구나 광주민중항쟁을 겪으면서도 미국에 기대를 걸고 있는 얼간이 같은 족속들이 아직도 얼마나 활개

치고 있는가!

"광주민중항쟁을 계기로 우리 민중들은 이 땅의 모든 학살자와 독재자의 배후에 미국이 버티고 있음을 뼈저리게 각성하게 되었다./ 광주항쟁 기간 동안 민중들은 "우리가 이토록 처절하게 싸우고 있으면 미국이 한국 정부에 압력을 넣어 우리를 돕겠지"라고 순진한 생각을 하고 있었다. 그러나 실상은 그 정반대였다./ 이미 5월 22일 존 위컴 한미연합사 사령관은 그의 작전 지휘권 아래 있는 한국군을 군중진압에 사용할 수 있도록 해달라는 한국 정부의 요청을 받고 이에 응했다. 한국군의 작전 지휘권은 미국이 쥐고 있으므로 미국군의 동의 없이는 신군부 세력이 광주의 학살극을 연출할 수 없었다. 미국은 제민족을 '적'으로 간주하여 무차별 학살할 수 있는 냉혈한의 친미 군부세력을 양성했고, 그들의 특수부대인 공수특전단을 키우는 데 적극 지원을 아끼지 않았으며, 끝내 우리 민족의 최대 비극인 광주 학살의 만행을 배후 조종한 것이다./ 그러나 이로써 민중들은 미국을 다시 인식할 수 있었다. 학살자의 손에서 피가 채 마르기도 전에 미국의 대통령은 전두환을 전폭 지지하고 그를 미국으로 초청했다./ 이에 대한 분노의 표시로 1980년 12월 9일에는 광주 미 문화원이 불타올랐고, 1982년 3월 18일에는 부산의 미 문화원에 불길이 치솟았다./ 광주항쟁의 처절함 속에서 우리 민중은 단순한 '민주화 운동'에서 '자주·민주·통일'을 향한 투쟁으로서의 방향 전환을 가져올 수 있었다."[35]

김남주는 광주 학살이 자행될 때 서울구치소에 있었다.

"서울구치소에 있을 때 누군가가 '광주에선 한 집 건너 울지 않는 사람이 없다'며 학살 소식부터 전해주었어요. 저는 광주 전체가 살육으로 초토화된 것으로 알고, 철창을 붙잡고 얼마나 울었는지 모릅니다."(〈시인은 사회변혁의 주체〉, 《시와 혁명》, 222쪽)

역사의식이 투철했던 김남주는 미국의 본질을 이미 훤하게 꿰뚫어 보고 있었으며 광주 학살 소식을 듣고 광주 학살과 한미관계를 폭로하는 일련의 시를 썼다. 〈학살〉(1~5)이 그 대표적인 것이다.

> 학살의 원흉이 지금
> 옥좌에 앉아 있다
> 학살에 치를 떨며 들고 일어선 시민들은 지금
> 죽어 잿더미로 쌓여 있거나
> 감옥에서 철창에서 피를 흘리고 있다
> 그리고 바다 건너 저편 아메리카에서는
> 학살의 원격조종자들이 회심의 미소를 짓고 있다
>
> 당신은 묻겠는가 이게 사실이냐고
>
> 나라 국경 지킨다는 군인들이 지금
> 학살의 거리를 누비면서 어깨총을 하고 있다
> 옥좌의 안보를 위해
> 시민의 재산을 지킨다는 경찰들은 지금

주택가에 난입하여 학살의 흔적을 지우기에 광분하고 있다
옥좌의 질서를 위해

당신은 묻겠는가 이게 사실이냐고

검사라는 이름의 작자들은
권력의 담을 지켜주는 셰퍼드가 되어 으르렁대고 있다
학살에 반대하여 들고 일어선 시민들을 향해
판사라는 이름의 작자들은
학살의 만행을 정당화시키는 꼭두각시가 되어
유죄판결을 내리고 있다
불의에 항거하여 정의의 주먹을 치켜든 시민을 향해

당신은 묻겠는가 이게 사실이냐고

보아다오 파괴된 나의 도시를
보아다오 부러진 낫과 박살난 나의 창을
보아다오 살해된 처녀의 피묻은 머리카락을 잘려나간 유방을
보아다오 학살된 아이의 눈동자를

장군들, 이민족의 앞잡이들
압제와 폭정의 화신 자유의 사형집행인들

보아다오 보아다오 보아다오

살해된 처녀의 머리카락 그 하나하나는

밧줄이 되어 너희들의 목을 감을 것이며

학살된 아이들의 눈동자

그 하나하나는 총알이 되고

너희들이 저질러 놓은 범죄

그 하나하나에서는 탄환이 튀어나와

언젠가 어느날엔가는

너희들의 심장에 닿을 것이다.

— 〈학살 3〉 전문, 《조국은 하나다》

　광주 학살을 소재로 쓰인 다른 시인들의 시에 비해 김남주의 시는 학살의 참상을 생생하게 보여줄 뿐만 아니라 학살을 자행한 원흉들과 이들을 원격조종한 미국에 대한 단죄, 그리고 나아가 자본주의에 대한 비판으로까지 이어진다. 이처럼 어떤 사건이나 사태의 현상을 묘사하는 것에 머물지 않고 그 본질을 해명하는 데까지 나아간다는 점에서 김남주의 시는 위대한 사실주의에 속한다.

출옥과 결혼

김남주가 감옥에 수감된 지 5년째 되던 해인 1984년 12월에 도서
출판 청사에서 그의 첫 시집 《진혼가》가 출간된다. 〈잿더미〉, 〈진
혼가〉, 〈고구마똥〉, 〈황토현에 부치는 노래〉 등 23편의 시가 이 시
집에 수록되어 있다. 12월 22일에 광주 장안회관 식당에서 여러 동
지들이 모인 가운데 출판기념회가 열렸고 이것을 계기로 '자유실
천문인협의회', '민중문화운동협의회', '민중문화연구회', '전남민
주청년운동협의회' 등에서 그의 석방을 촉구하는 운동이 일어나기
시작했다. 1985년 3월에는 '민주언론운동협의회', '민중문화운동
협의회', '민중문화연구회', '자유실천문인협의회' 이름으로 감옥에
갇혀 있는 문인들인 김남주, 이태복, 이광웅, 김현장 등의 석방을

뭉텅이로 때려 죽이고 싶던 듯는
어머니 그 나라에서는 그 나라에서는 것인 듯고
코카콜라를 마실 것이냐 웹시쿨라를 마실 것이냐
둘 중 하나를 선택할 자유밖에 없더랍니다
야구를 할 것이냐 축구를 할 것이냐
둘 중 하나를 선택할 자유밖에 있습니다 없더랍니다
예수를 믿을 것이냐 석가를 믿을 것이냐
둘 중 하나를 선택할 자유밖에 없더랍니다
노예로 살 것이냐 노예에게 거역하다 저항할 것이냐
둘 중 하나를 선택할 자유밖에 없더랍니다.

― 이 가을에 나는 ―

이 가을에 나는 푸른 옷의 수인이다
드라에 묶여 사슬에 손발이 묶여
또 다른 곳으로 끌려가는

어디로 끌려가는 것일까 이번에는
철쭉 꽃밭가 아니면 다른 어떤 곳일까
나를 태워 맞을차가
낯익은 도시 거리의 인파를 빠져나와
들판 가운데는 달린다
안 내리고 싶다 예까지 차마서
따라온 햇살 들이 받으며 서 말문에서
고을을 떠는 어머니의 밭에서
옷소매 낫을 갈아 낟알을 베고 있는 아버지의 논에서
발틀려 서서 엄노에게 벼이삭을 지키는 아이들의 개울에서
내려서 그들과 함께 일하고 놀고 싶다
버려서 손바닥에서 허리에서 이 외로운 풀이 이 사슬묶 풀고
내달리고 싶다 아이와 놀이 하고 함께 축 묻 먹고
내달리고 싶다 밭둑이 지도록 논둑길을
내달리고 싶다 가슴에 비명 받으며 숨이 차도록
가다가 목이 마르면
손으로 문죽막을 받들어 샘물을 갈죽을 마시려니
가다가 가다가 머리도 고프면
땅으로 꽃처럼 하는 무우를 뽑아 먹고
난 허벌써 지치면
귀뚜리 새와 함께 집으로 돌아가리 ……

그러나 나를 태울 차는 멈춰설줄 모르고
들판을 가로질러 먼사의 강을 건넌다
갑오농민들이 관군과 크게 싸웠다는 황토길을
이기고 여기어
장성갈재를 넘어 철쭉길을 넘보라 하는
옛 싸움의 너머를 나도 넘노라
이 가을에 나는 푸른옷의 수인이 되어

촉구하는 성명서가 나왔다. 1986년 9월에 김남주는 광주교도소에서 전주교도소로 이감되면서 〈이 가을에 나는〉이라는 애절한 시를 쓴다.

이 가을에 나는 푸른옷의 수인이다
오라에 묶여 손목이 사슬에 묶여
또 다른 곳으로 끌려가는

어디로 가는 것일까 이번에는
전주옥일까 대전옥일까 아니면 대구옥일까

나를 태운 압송차가
낯익은 거리 산과 강을 끼고
들판 가운데를 달린다

아 내리고 싶다 여기서 차에서 내려
따가운 햇살 등에 받으며 저만큼에서
고추를 따고 있는 어머니의 밭으로 가고 싶다
아 내리고 싶다 여기서 차에서 내려
숫돌에 낫을 갈아 벼를 베고 있는 아버지의 논으로 가고 싶다
아 내리고 싶다 여기서 차에서 내려
염소에게 뿔싸움을 시키고 있는 아이들의 방죽가로 가고 싶다

가서 그들과 함께 나도 일하고 놀고 싶다

이 허리 이 손목에서 오라 풀고 사슬 풀고

발목이 시도록 들길 한번 나도 걷고 싶다

하늘 향해 두 팔 벌리고 논둑길 밭둑길을 내달리고 싶다

가다가 숨이 차면 아픈 다리 쉬었다 가고

가다가 목이 마르면 샘물에 갈증을 적시고

가다가 가다가 배라도 고프면

하늘로 웃자란 하얀 무를 뽑아 먹고

날 저물어 지치면 귀소의 새를 따라 나도 가고 싶다 나의 집으로

그러나 나를 태운 압송차는 멈춰주지를 않는다

내를 끼고 강을 건너 땅거미가 내리는 산기슭을 돈다

저 건너 마을에서는 저녁밥을 짓고 있는가 연기가 피어오르고

이 가을에 나는 푸른옷의 수인이다

이 가을에 나는 푸른옷의 수인이다.

—〈이 가을에 나는〉 전문, 《저 창살에 햇살이 1》

    김남주도 인간이다. 따뜻한 가정을 그리워한다. 평범한 범부가
되고 싶다. 그러나 그는 그러한 유혹에 굴복하는 감상주의자가 아
니었다. 처절한 투쟁과 맞물려 오히려 그의 감상이 아름다운 빛
을 발하고 있다. 1987년 9월에 '민족문학작가회의'가 창립되는
데 창립총회에서 김남주의 석방에 대한 관심이 고조되어 세계 펜

클럽 대회에서 그를 석방하라는 결의문이 나왔다. 11월에 김남주의 제2시집 《나의 칼 나의 피》가 도서출판 인동에서 출간되었다. 1988년 김남주는 미국 펜클럽 명예회원으로 추대되었고 미국의 펜클럽본부회장과 국제 펜클럽 부회장이 김남주를 석방해야 한다는 공한을 한국으로 보냈다. 5월 4일 '광주·전남민족문학인협의회'가, 5월 6일 '부산민족문학작가회의'가, 5월 10일 '민족문학작가회의'가, 6월 18일 '전북민족문학작가회의'가 각각 '김남주 문학의 밤'을 개최하여 그의 시를 낭독하고 그의 조속한 석방을 요구하는 성명서와 질의문을 채택했다. 김남주의 대표시집 《조국은 하나다》가 도서출판 남풍에서, 《김남주論》이 도서출판 광주에서 출간되었다.

각계각층의 민주화운동단체가 김남주의 석방운동을 전개한 결과 김남주는 1988년 12월 22일에 형집행정지로 전주교도소에서 가석방되었다. 감옥에 들어간 지 만 9년 2개월 18일만이었다. "'천길 물속에서 겨우 빠져나온 것 같습니다'라는 한마디로 출옥 소감을 밝히는 그는 건강하고 밝은 표정이었으나 구속될 때 검고 숱이 많았던 머리가 이제는 백발이 돼 있었다."[36] 전주교도소가 생긴 이래 가장 많은 기자가 몰려들었고 가족과 동료들이 김남주를 맞았다. 박석무, 이강, 김준태 등의 얼굴이 보였으며 박광숙은 눈물을 머금은 채 환영 인파의 뒷전에서 지켜보고 있었다. 교도소 밖에서 기다리던 전남·전북 지역 학생들은 그가 나오자 "김남주 선배를 사랑합니다!"라 일제히 외쳤다. 환영이 끝난 뒤 곧바로 망월동을 향하는 김남주의 마음은 그러나 그렇게 가볍지만은 않았다. 물론 지옥과 같은 감옥을 벗어나 자유를 마음껏 누릴 수 있다는 것, 그것은 자유를 박탈당하지 않은 사람은 느낄 수 없는 희열일 것이다. 이제 다리를 쭉 펴고 따뜻한 이불 속에서 잠들 수 있다. 가족들과 함께 앉아 어머니가 만들어주시는 시골 음식을 마음대로 먹을 수 있다. 무엇보다도 읽고 싶은 책을 마음대로 읽고 쓰고 싶은 글을 마음대로 쓸 수 있다. 그런데 왜 발걸음이 무거울까?

초겨울을 맞아 망월동 묘역은 싸늘하고 조용했다. 5·18의 영령들이 잠들어 있는 곳, 죽은 자는 말이 없으나 김남주는 영령들의 뭇시선이 자신에게 집중되고 있음을 금세 느꼈다. 시가전, 아우성, 힘차게 팔을 휘두르는 어린 시민군, 피투성이가 되어 쓰러져 있는 전사들…. 김남주의 마음은 슬픔과 분노로 젖어 있었다.

> 파괴된 대지의 별 오월의 사자들이여
> 능지처참으로 당신들은 누워 있습니다
> 얼굴도 없이 이름도 없이
> 누명쓴 폭도로 흙속에 바람 속에 묻혀 있습니다
>
> 사람 사는 세상의 자유를 위하여
> 사람 사는 세상의 아름다움을 위하여
> 압제와 불의에 거역하고
> 치떨림의 분노로 일어섰던 오월의 영웅들이여
> 당신들은 결코 죽음의 세계로 간 것이 아닙니다

당신들은 결코 망각의 저승으로 간 것이 아닙니다

풀어헤친 오월의 가슴팍은 아직도 총알에 맞서고 있나니

치켜든 싸움의 주먹은 아직도 불의에 항거하고 있나니

쓰러진 당신들의 육체로부터 수없이 많은

수없이 많은 불굴의 생명이 태어나고 있습니다

그들은 다시 태어나

당신들이 흘린 피의 강물에 입술을 적시고

당신들이 미처 다 부르지 못한 노래를 부르고 있습니다

그들은 새로 태어나

당신들이 흘린 눈물의 여울에 팔과 다리를 적시고

주먹을 불끈 쥐고

당신들이 미처 다 걷지 못한 길을 걷고 있습니다

사람 사는 세상의 자유를 위하여

사람 사는 세상의 아름다움을 위하여

이제 당신들의 자식들은 딸들은

죽음까지도 불사하고 있습니다

사랑과 원수갚음의 증오로 무장하고

그들은 당신처럼 전진하고 있습니다

파괴된 대지의 별 오월의 영웅들이여

어둠에 묻혀 있던 새벽은 열리고

승리의 그날은 다가오고 있나니

일어나 받아다오 승리의 영예를 그때 가서는.

—〈망월동에 와서〉 전문, 《사랑의 무기》

　망월동을 걸어 나오며 김남주는 생각에 잠긴다. 그리고 자문한
다. 저들은 무엇 때문에 꽃다운 나이에 아까운 생명을 바쳐야 했는
가? 나는 무엇 때문에 새파란 청춘을 좁고 갑갑한 감옥에서 보내
야 했는가? 이 나라를 외세의 압력으로부터 해방시키고 하나로 통
일시키며 더 나아가 인간에 의한 인간의 착취가 사라지는 평등한
세상을 만들기 위함이 아니었던가? 이러한 투쟁에서 따뜻한 가정
이 따로 있고 죽음이 따로 있겠는가? 감옥으로 들어갈 때나 감옥
을 나설 때나 나의 투쟁은 같아야 하지 않겠는가? 전사에게는 있
는 곳이 싸움터가 되어야 하지 않는가? 오히려 자유 속에서 투쟁
의 범위가 더 넓어지고 질이 더 고양되어야 하지 않는가? 나는 투
쟁하기 때문에 존재하는 것이 아닌가? 그런데 왜 나는 지금 마치
영웅적인 투쟁이라도 끝낸 것처럼 환영의 소용돌이 속에서 나를
무디게 하려 하는가? "그만하면 충분하다, 나도 하나의 인간이다,
나에게도 평범한 삶을 살 수 있는 권리가 있다!"라고 자기 위안 삼
을 것인가? 그는 다시 한 번 가야 할 길을 확인한다.

　　내가 지금 걷고 있는 이 길은
　　억압의 사슬에서 민중이 풀려나는 길이고
　　외적의 압박에서 민족이 해방되는 길이고

노동자와 농민이 자본의 굴레에서 벗어나는 길이다

나는 알고 있다 이 길의 처음과 끝을
이 길의 역사와 그 내력을 나는 알고 있다
처음에 해방군으로 가장한 미군의 점령이 있었다 그것은
평화의 가면이었고 자유의 솜사탕이었고 제국주의의 숨은 발톱이
었다
마침내 그들 점령군들은 잘룩한 내 조국의 허리를 두 동강내고
그 아랫부분을 제 손아귀에 넣었다 그리고 그들은
넝마주이가 쓰레기를 긁어모으듯 그렇게 인간쓰레기를 긁어모
아―
구식민지의 관료들, 친일매판자본가와 지주들, 식민지군대의 장교
들,
애국투사들을 체포하고 고문하고 투옥하고 학살하기를 밥 먹듯이
했던
특고 형사들, 헌병 보조원들, 주재소 순사들 밀정들을 긁어모아―
38선 이남에 소위 '자유민주주의정부'를 세웠다
그리하여 그동안 40년 동안 양키제국주의자들은
야바위꾼의 손놀림으로 꼭두각시정권을 바꿔치기 하면서
이가를 박가로 바꿔치기 하고 박가를 전가로 바꿔치기 하면서
떡 주무르듯 내 조국의 아랫도리를 주물러 왔다
그리고 그들 야바위꾼들은 자유민주주의 바로 그 이름으로

내 조국의 자유의 깃발과 민주주의를 훔쳐갔을 뿐만 아니라

원조와 경제협력이란 탈바가지를 쓰고 그 동안 40년 동안

우리 노동자 농민의 피와 땀과 눈물을 약탈해 갔을 뿐만 아니라

농약과 화학비료와 공해사업으로 내 조국의 대기와 토지를 더럽

혔다

뿐이랴, 그들 신식민주의자들은 시카꼬의 깽영화

텍사스의 카우보이식 댄스를 동원하여 내 조국의 춤과 노래를

질식시키고 병신다리 만들었을 뿐만 아니라

강 건너 마을의 순결한 처녀지를 집단으로 능욕했을 뿐만 아니라

끝내는 겨레의 골수까지 반공의식으로 파먹어

우리의 팔과 다리를 마비시키고 민족의 동질성까지 남남으로 갈라

놓았다

나는 알고 있다 또한 이 길의 어제와 오늘을

이 길을 걷다가 쓰러진 다리와 부러진 팔과 교살당한 모가지를

고문으로 구부러진 손가락과 비수에 찔린 등과 뜬 눈의 죽음을

그들은 지금 공비와 폭도와 역적의 누명을 쓰고 능지처참으로 쓰

러져 있다.

아무도 그들을 일으켜 세워 자유와 조국의 이름으로 노래하지 못

한다

해와 달과 조국의 별이 밝혀야 한다 밤이 울고 있다

나는 또한 알고 있다 내가 걷는 이 길의 오늘과 내일을

이 길 어디메쯤 가면 우리의 눈과 귀를 가려온 허위가 있고

마침내 우리가 찢어야 할 가면이 있고 성조기가 있다

자유의 길 이 길을 어디메쯤 가다보면 거기 틀림없이

압제자가 길들여 놓은 사나운 경찰견이 있고

마침내 우리가 뽑아야 할 억압의 뿌리 이빨이 있고

해방의 길 이 길을 어디메쯤 가다보면 거기 자본가와

점령군에 고용된 용병의 무리가 있고

마침내 우리가 무찔러야 할 총칼의 숲이 있다

그렇다 자유와 해방과 통일의 길 이 길을 가면 거기 틀림없이

압제와 자본의 턱을 보아가며 재판놀음을 하는 검사와 판사가 있고

마침내 우리가 벗겨야 할 정의의 가면이 있고 불의가 있고

인간성의 공동묘지 감옥의 밤이 있고 마침내

우리가 무너뜨려야 할 증오의 벽이 있다

그러니 가자 우리 이 길을

길은 가야 하고 언젠가는 역사와 더불어 이르러야 할 길

아니 가고 우리 어쩌랴 아픈 다리 서로 기대며 어깨동무하고 가자

침묵의 시위를 떠나 피로 씌어진 언어의 화살로 가자

제 땅 남의 것으로 빼앗겨 죽창 들고 나섰던 옛 농부의 들녘으로
가자

제 나라 남의 것으로 빼앗겨 화승총 메고 나섰던 옛 전사의 산맥으
로 가자

부러진 팔 노동의 새벽을 여는 망치소리와 함께

수유리의 돌 사이에서 아우성치는 사월의 넋과 함께

파괴된 오월의 도시 학살당한 금남로의 피묻은 항쟁으로 가자

북을 쳐라 둥둥둥 전투의 개시를 알리는 골짜기의 긴 쇠나팔소리

와 함께

가로 질러 들판 싸움을 재촉하는 한낮의 징소리와 함께

발을 굴러 땅을 치며 강 건너 불빛으로 가자

가고 또 가면 이르지 못 할 길은 없나니 이제 우리

제 아니 가고 길만 멀다 하지 말자

가고 또 가면 이르지 못할 길은 없나니 우리 이제

제 아니 가고 길만 험타 하지 말자

눌려 학대받고 주려 천대받은 자 모든 것의 주인이 되는 길

오 자유의 길 해방과 통일의 길이여.

—〈길〉 전문, 《조국은 하나다》.

1989년 1월 29일 김남주는 광주 문빈정사에서 지선 스님의 주례로 박광숙과 결혼식을 올린다. 진보적인 문인들은 물론 광주를 사랑하는 시민들 그리고 이 두 남녀의 순수하고 감동적인 사랑을 부러워하는 젊은이들이 이들의 하나 됨을 마음껏 축하해주었다.

누구에게서나 그러한 것처럼 김남주에게도 결혼생활은 그의 생애에서 가장 행복했던 시절에 속한다. 혁명투사라는 이름에 어울리지 않게(혹은 어울리게) 그는 일상생활에서 결단력이 없었다. 다시

1989년 광주 문빈정사에서 화촉을 밝히던 날.

말하면 일상생활을 별로 신중하게 생각하지 않았다. 자본주의적이
고 미국적인 생활방식에 그가 별 의미를 부여하지 않았다는 것은
별로 놀라울 만한 일이 아니다. 한때 낭만적인 문학소녀였으며 허
약해 보이기까지 했던 박광숙이 오히려 야무지게 생활을 주도하지
않으면 안되었다. 그녀는 김남주의 느슨함에 실망하기도 했다.

  이태가 쓴 《남부군》에 '가족주의'란 말이 나온다. 나라를 위해 큰
일을 하고 싶은 사람에게는 개인이나 가족에 마음을 두어서는 안
되며 이러한 가족주의가 혁명 사업에서는 절대 금물이라는 것이
다. 물론 혁명시인 김남주의 결혼생활은 이태가 말하는 '가족주의'
와는 상황이 다르다. 그러나 자본주의를 부정하며 '인간에 의해서

인간이 착취당하지 않는 평등한 세상'을 꿈꾸는 사람에게 자본주의적 생활방식은 고역이 아닐 수 없다. 그는 〈벽〉이라는 시에서 자본주의가 세운 벽을 탄원한다. 그는 '자본과 계급이 쌓아올린 계급의 벽'을 무너뜨리기 위해 젊은이들이 다시 투쟁의 길로 나아갈 것을 호소한다.

김남주는 서울에 거주하면서 민족문학작가회의 자유실천회원으로 활동했다. 그 사이에 옥중서한집《산이라면 넘어주고 강이라면 건너주고》가 도서출판 삼천리에서 출간되었으며 제4시집《솔직히 말하자》가 도서출판 풀빛에서 출간되었다. 김남주는 민족문학작가회의 민족문학연구소장으로 일했으나 사실 이 직함은 그에게 어울리지 않았다. 1991년에 제5시집《사상의 거처》가 창작과비평사에서, 산문집《시와 혁명》이 도서출판 나루에서 출간되었다. 그해에 김남주는 제9회 '신동엽창작기금'을 받았다. 1992년에 제6시집《이 좋은 세상에》가 한길사에서 출간되었고 제6회 '단재상'을 받았다. 1993년에 '윤상원 문학상'을 받았다. 그해 6월에 김남주는 필자의 간곡한 초청을 받고 리영희 교수와 함께 대구 효성여자대학교에서 개최된 한 심포지엄에 참가하여 남북한에 나타나는 '문학상의 이질감 극복'이라는 주제로 발표를 했는데 그 내용은 다음과 같다.

"1980년 9월부터 88년 12월까지 나는 광주와 전주에서 옥살이를 하면서 북에서 온 사람들과 동해나 서해의 먼 바다에서 고기잡이를 하다가 북으로 끌려가 짧게는 6개월 길게는 1년 동안 억류되었다가 남으로 돌아온 소위 납북 어부를 만나게 되었습니다. 다시 말해서 나는 옥살이를 하게 된 덕택으로 다른 사람보다 조금 먼저 북쪽 사람과 그들의 문학예술을 알게 되었다고 할 수 있는데 그것을 계기로 해서 필자는 또한 북쪽 사람들이 엉덩이나 머리에 뿔이나 있지 않다는 사실을 알게 되었을 뿐만 아니라 남쪽 사람들과 한가지로 두 동강난 조국을 염려하고 그것을 하나로 잇는데 자기들식으로 노력하고 있다는 것을 뼈저리게 느끼기도 했습니다. 다만 남쪽 사람들과 감정을 멀리하는 대상이 북쪽 사람들에게는 하나 있었는데 그것은 다름이 아니고 미국이었습니다. 남쪽 사람들은 미국을 '은인의 나라', '혈맹지국' 등으로 부르고 있는데 북쪽 사람들은 '철천지 원쑤', '불구대천의 원쑤'라고 지칭하고 있었습니다. '선생님, 우리하고 북한 사람들하고 쌈하면 우리가 판판히 이기겠습디다. 그쪽 사람들은 어리숙하고 순진하기가 꼭 바보같어라우.' 순박하기 짝이 없는 한 어부의 입에서 나온 이런 말을 듣고 나는 정말 다행스러웠습니다. 내가 다행스럽다고 생각한 이유는 우리가 북쪽과 싸움이 벌어졌을 때 이기겠다는 데 있었던 것이 아니고 거기에 '사람 본래의 모습이 남아 있구나' 하는 나의 상상에 있었습니다. 솔직히 말해서 나는 물질을 서로 많이 차지하려고 다른 사람을 속이고 등치고 심지어는 죽이기까지 하는 자본주의적 생활의 인간관계를 못마땅하게 여기고 있습니다. 한 인간의 얼굴은 생활의 반영입니다. 감옥에서 내가 체험한 바입니다만 사기꾼, 도둑놈, 들치기, 폭력배 등에는 그들만이 가지고 있는 고유하고 전형적인 얼굴과 성격이 있습니다. 주관적이고 편견에 찬 해석이라고 탓할지 모르겠습니다만 자본주의 사회의 인간은 물질적인 이해를 둘러싸고 공개적이건 비공개적이건 항상 적으로 싸우면서 살아가야 할 운명에 놓여 있습니다. 이 싸움의 형태는 물론 다양합니다. 그러나 분명한 것은 어떤 사람이 이 싸움에서 지게 되면 물질적인 부가 모든 가치의 기본을 이루는 자본주의 사회에서 그는 인생의 낙오자로 전락하게 됩니다. 사기, 등치기, 투기, 도둑질, 폭력, 협박 등이 자본주의 생활 전선에서 남보다 앞서가기 위한 가장 일반적인 기술이라는 것은 잘 알려진 사실입니다. 최근 고위공직자들의 재산 공개에서 드러난 현상은 이를 여실히 증명하고도 남습니다./

이제 내가 남쪽의 감옥에 갇혀 있었던 북쪽 사람들에게서 들은 문학에 관한 이야기를 하겠습니다. 옥살이를 해보지 않은 사람들은 이해가 되지 않겠지만 감옥에서도 같은 사동에 수감되어 있는 죄수들은 무슨 행사 같은 것을 합니다. 이를테면 8월 15일이라든가 3월 1일이라든가 5월 8일이라든가 그런 날에 말입니다. 물론 이런 날에 거행되는 행사는 관의 허가를 받고 하는 것은 아닙니다. 담당교도관의 묵인하에 은밀하게 하는 것이지요. 이런 날에 내가 북쪽 사람들로부터 들어 배운 노래 두 개와 시 하나를 소개할까 합니다. 노래 하나는 김일성의 아버지 김형직이 1910년대에 조국의 광복을 그리며 지었다는 〈남산의 푸른 소나무〉이고 또 하나의 노래와 시는 1950년대에 널리 불리어지고 읽혔다는 〈월미도〉와 〈조선은 싸운다〉입니다. 이 노래와 시는 하나같이 빼앗긴 조국을 되찾고 침략군을 무찌르고 말겠다는 불굴의 의지와 정서가 그 바탕을 이루고 있습니다. 나는 이 외에도 상당히 많은 시와 노래를 북쪽에서 온 사람들로부터 들었습니다만 그들 시와 노래의 내용은 대부분 항일과 반미를 주제로 한 것이었고 형식에 의해서는 이른바 민족적 형식을 취하고 있었습니다. 그러나 나는 그들이 말하는 민족적 형식의 구체성을 제대로 이해할 수가 없었습니다. 다만 그들은 노래와 시의 가락에서 한줌도 안되는 지주라든가 자본가 등 착취계급의 이해관계와 그들의 부패 타락한 생활감성, 소시민적 의식의 특성이라고 할 수 있는 허무주의, 이상주의, 복고주의 따위는 철저히 배격하고 있다는 점을 쉽게 알 수 있었습니다. 내가 북한 문학을 책으로 읽은 것은 90년 전후 그러니까 내가 감옥에서 나온 후였습니다. 여기 오신 여러분들도 직접 읽었거나 적어도 제목만이라도 보고 들어서 익히 알고 있겠지만 나 역시 관심을 가지고 탐욕스럽게 읽은 북쪽의 소설은 《피바다》,《꽃 파는 처녀》,《한 자위단원의 운명》이었습니다. 이 세 소설은 북에서 '불후의 고전적 명작'으로 불리는 작품으로서 항일무장투쟁을 다루고 있습니다. 그 내용은 세 소설이 대충 비슷한 바, 일제치하의 왜놈 지주와 조선의 지주 등 당시의 식민체제의 지배계급으로부터 억압과 착취, 멸시와 천대, 거의 짐승에 가까운 삶을 강요받고 살아야 했던 주인공들이 산전수전 다 겪은 끝에 혁명적 인간으로 각성되어 가는 과정을 그리고 있습니다. 소설 속 인물의 이와 같은 성장, 변화, 발전은 고리키의 소설 《어머니》에서도 비슷하게 나타나는데, 다른 점이 있다면 고리키의 소설에 나오는 인물의 성격이라든가 작품의 구성은 작가 개인의 창작인데 반해서 북의 세 소설은 주체사상에 기초한 당의 문학이라는 것입니다. 북쪽에서의 문학은 거의 모두가 주체사상에 입각하여 창작된다는 것은 많은 사람들이 인식하고 있습니다. 그러나 또한 주체사상에 기초한 당 문학을 대부분의 인사들이 잘못 이해하고 있는 것도 숨길 수 없는 사실입니다./ 북에서는 문학을 말할 때 다음 세 가지 점을 일관성을 가지고 주장하며, 창작의 과정에서 그것을 철저하게 관철시키도록 노력합니다. 그 세 가지 일관된 주장은 첫째 당의 문학이고, 노동자 계급의 문학이고, 인민의 문학입니다. 그리고 둘째는 문학의 내용은 사회주의적이고 형식은 민족적이라는 것입니다. 여기서 사회주의적 내용은 다양하지만 그 대표적인 것만을 몇 개 열거하면 혁명적 내용, 계급적 내용, 근로인민의 이익을 옹호하는 내용, 반제 특히 반미투쟁을 고취하는 내용 등이고, 민족적 형식은 인민들의 생활감정과 정서를 역사적 조건에 맞게 구체적으로 형상화함으로써 민족문학의 유산을 계승 발전시키고 현대적인 미적 감각에 부응한다는 것입니다."

발표의 내용이 학문적이지 않다는 것을 전제한 뒤 그는 감옥에서 배운 노래 하나를 큰소리로 불러 청중에게 박수갈채를 받았다. 온갖 역경을 물리치며 조국 해방을 위해 일본과 싸우던 항일투사들의 투혼이 담긴 이 노래를 통해 그는 시도 노래처럼 투쟁의 무기가 되어야 한다는 사실을 강조한 것 같다. 단둘이 만난 자리에서 그는 건강이 안 좋다는 말을 했고 강연에서 부른 노래를 평소에도 좋아

출옥 후 투쟁하는 김남주.

하느냐는 필자의 질문에 자신이 가장 좋아하는 다른 노래를 나에게 들려주었다. 예술성과 사상성이 짙은 노래 같았다. 어떤 책에서 그가 이 노래를 소개했는데 그 가사는 다음과 같다.

가는 길 험난하다 해도
시련의 고비 넘으리
불바람 휘몰아쳐 와도
생사를 같이 하리라
천금 주고 살 수 없는
동지의 한없는 사랑
다진 맹세 변치 말자
한 별을 우러러 보네

　　　　　　　　—〈동지애의 노래〉,《산이라면 넘어주고 강이라면 건너주고》

　나중에 알고 보니 〈동지애의 노래〉란 제목이 붙어 있는 이 노래는 〈조선의 별〉이라는 북한영화에 나오는 것으로서 도서출판 친구에서 펴낸《북한영화의 이해》(1989)에 가사와 악보가 실려 있었다.
　필자는 김남주가 항일투쟁이나 반미투쟁을 주제로 한 고전적인 작품뿐만 아니라 현대 북한 주민들의 삶을 소박하게 그린 소설들인 백남룡의《벗》이나《60년 후》, 북한 우수 단편선《쇠찌르레기》에 실려 있는 장기성의 〈우리 선생님〉 같은 작품을 언급했었더라면 더 좋았을 것이라는 아쉬움을 느꼈다.

말년에 김남주는 무엇인가 사회활동을 해야 한다는 의무감에서 민족문학작가회의 상임이사 및 한국민족예술인총연합의 이사직을 받아들이고 사무실에 나갔다. 그런데 오히려 그는 진보적인 작가들과 대화를 나누는 것에 보람을 느꼈다. 이들과의 폭넓은 대화를 통해서 김남주는 급변하는 시대적 상황을 인식해갔다. 이 시기에 김남주에게 가장 커다란 충격을 준 사건이 1980년대 후반에 시작된 동구 사회주의 국가들의 몰락이었다.

붉은 새는 숲을 떠난다 ─────────

오랜 감옥생활에서 김남주의 건강은 이미 나빠져 있었다. 1987년 2월 1일 감옥에서 쓴 편지에 그가 원인 모를 어지러움 증으로 시달리고 있다는 내용이 쓰여 있었다. 그는 투쟁의 의지와 정신력으로 버티었을 뿐이다. 이에 대해 훗날 박광숙은 말한다. "대부분 옥중에서 쓴 유고시와 번역시들을 정리하다 보니 그 엄혹한 환경에서 이런 작업을 하느라 건강을 해친 것만 같아 마음이 아프다."[37]

출옥 후 훨씬 편해진 생활에도 불구하고 그는 투쟁의지 혹은 전사로서의 사명감과 현실생활 사이의 괴리에서 오는 갈등 때문에 또 다른 정신적 고통을 겪어야 했다. 그는 건강에 이상이 있다는 것을 느꼈다. 그러나 그는 돈벌이가 목적인 자본주의 사회 속 의

사들을 불신했기 때문에 상태가 악화되어 피부로 느낄 수 있을 때쯤에야 비로소 병원을 찾았다. 그러나 이미 때가 늦었다. 1993년 11월 15일 그는 병원에서 췌장암 진단을 받았다. 이후 죽음을 맞을 때까지 3개월가량 투병 생활이 시작되었다. 가족과 친지는 물론 그를 아끼고 사랑하는 많은 사람이 그의 투병 소식을 듣고 격려하기도 하고 처방법을 보내기도 하고 혹은 치료를 자진해서 맡으려는 사람도 있었지만 물질의 법칙을 바꿀 수는 없었다. 김남주는 한방 치료를 더 좋아했고 양약은 고통을 덜기 위해서만 복용했다. 전사답게 이미 죽음을 각오하고 있었다. 그는 철저한 유물론자였으며 유물론자에게는 고통이 있을지라도 죽음에 대한 공포나 두려움은 있을 수 없다. 인간은 모두 물질에서 나와 물질로 돌아가기 때문에 죽음이란 일종의 귀향과도 같다. 고향으로 돌아가는 것이다. 시골 농부들의 말을 빌리면 인간은 흙에서 나와 흙으로 돌아간다. 김남주는 평등한 세상을 보지 못하고 눈을 감는 것이 좀 안타까웠고 자본주의라는 험한 세상을 남편과 아버지 없이 살아야 할 아내와 어린 아들 토일이가 안쓰러웠지만 그렇다고 인간이 물질의 법칙을 거역할 수는 없기 때문에 흔들리지 않고 죽음을 맞이했다. 그의 소원을 가슴에 간직한 채. 김남주는 이렇게 말한 적이 있다.

"물론 나에게도 소원이 있다. 모든 사람들이 꿈꾸며 노래하는 조국의 통일이 하루바삐 이루어졌으면 하는 소원도 있고, 민족이 자주성을 되찾아 나라의 운명과 국민의 생활을 독자적으로 결정했으면 하는 그런 꿈도 있다. 그러나 당장에 내가 이루고자 하는 소원은 법률이 보장하고 있는 대로 인간의 기본적인 자유만이라도 침해받지 않았으면 하는 것이다. 조국을 사랑하고 통일을 꿈꾸는 청년학생들이 아닌 밤중에 기관원에 납치되다시피 하여 끌려가는 일이 없었으면 한다. 생존권 보장을 요구하는 노동자 농민 등 근로대중이 어딘지도 모르는 곳에 연행되어 육체적인 가혹행위를 당하는 그런 일이 없었으면 한다. 허위의 세계를 폭로하고 진실을 노래한 시인이 체포와 고문과 투옥의 공포로부터 해방되어 잠이나마 좀 편하게 잘 수 있는 그런 세상이 되었으면 한다. 한민족 한겨레인 이북 동포들을 해롭게 이야기하지 않고, 헐뜯고 욕하고 증오하지 않고 단 한마디라도 이롭게 이야기했다 해서 피해를 보는 경우가 없어졌으면 한다. 정말이지 재산과 권력을 독점하고 있는 사람들을 비판적인 눈으로 보는 사람을 법의 절차를 밟아 잡아가고, 수사를 하고, 재판을 하고, 감옥에 가두되 제발 그 사람의 인격을 훼손하는 일, 그 사람의 육체에 고통을 가하는 일이 없어졌으면 한다. 원시적이고 야만시대에나 있을 법한 그런 짓거리가 이 땅에서 다시는 행해지지 않았으면 한다. 그렇다. 나의 소원은 아주 작은 것이다. 한 사람의 인간이 요구할 수 있는 최소한의 것이다. 상식적인 것이고 기본적인 것 중에서도 가장 기본적인 것이다. 신체의 자유만이라도 고문의 공포 없이 누리고 살 수 있는 그런 세상에서 한번 살고 갔으면 하는 것이 필자의 소박한 심정이다. 그뿐이다."(〈나의 소원〉,《불씨 하나가 광야를 태우리라》, 63~64쪽)

병마에 시달리며 김남주는 뼈를 깎는 고통을 견뎌냈다. 감옥에서의 생활로 이미 고통을 참는 데 선수가 되어 있었다. 평소에 즐겨 부르던 〈떠나가는 배〉를 병실이 울리도록 불러 주위 사람들을 놀라게 하기도 했다. 그는 이 노래에 가사를 직접 붙여 불렀다.

"저 거친 세상 헤치며/ 험한 쌈터로 떠나는 님/ 내 언제까지 기다리리/ 님 부른 조국은 거룩하니/ 날 잊지 말고 싸워 잘 싸워/ 기어이 이기고 돌아와요."

그는 자신의 병을 자신이 고친다는 신념을 끝까지 버리지 않았다. 병원으로 김남주를 찾아갔던 작가 천승세는 김남주를 붉은 새에 비유하여 다음과 같이 노래했다.

불러도 불러도 기어코 숲을 떠나는 새 한 마리
구소장천 까맣게 날려 하는구나
흐를 맘 없이 섞이는 건 물이 아니듯이
시프게 섞여 흐르는 것은 강이 아니듯이
내 눈물 한 방울 속에 네가 흐른다

불러앉혀도 불러앉혀도 숲의 마지막 가지를 흔들며
깃털의 수를 줄이는 새 한 마리
네 부리에 물린, 어미의 젖꼭지처럼 물린
아 끝끝내 시뻘건
무등산 입석대의 칼 한 자루
아 끝끝내 도달할 수 없는 아름다움 하나.[38]

1994년 2월 전남대학교 노제.

1994년 2월 13일 새벽 2시 45분에 결국 김남주는 서울 고려병원에서 눈을 감았다. 향년 48살로. 부인과 4살 된 아들 토일(土日, 노동자들이 일하지 않는 토요일과 일요일을 생각하며 이 이름을 지었다고 한다) 이를 남긴 채. 어린 토일이는 아빠의 죽음을 몰랐다. 감옥에서 아빠가 엄마에게 써 보낸 다음과 같은 말을 더 몰랐다.

"그대를 파헤쳐 나는/ 대지의 밑통으로부터/ 미래의 자식을 튀어 나오게 하고 싶다/ 그리하여 나는 그 아이가/ 매듭이며 고리며 사슬이며 인습을/ 그 모든 것을 풀어주는 사람/ 해방자라 이름하고 싶다."

2월 15일 경기대 민주광장에서 고故 김남주 시인 추모의 밤이 '만인을 위해 일할 때 나는 자유'라는 기치 아래 개최되었고 16일 오전에 '민족시인 고故 김남주 선생 민주사회장'이 "7,000만 겨레와 함께 삼가애도를 표합니다"라는 말과 함께 거행되었다. 이날 오후에 전남대 5월 광장에서 노제를 지낸 뒤 김남주의 유해는 5·18 묘역에 안장되었다. 5월 광장의 노제는 김남주가 묻히기 전에 누린 최고의 승리였다. 수많은 시민과 학생, 노동자와 지식인, 예술가와 정치가 들이 한마음이 되어 위대한 시인이며 투사였던 김남주의 마지막 가는 길을 마음 깊이 애도했다. 19일 고인이 된 그에게 '민족예술상'이 수여되었다.

김남주의 죽음을 슬퍼하며 한 시인과 한 무명의 독자가 한겨레신문에 각각 시를 발표했다. 먼저 〈김남주 영전에〉라는 제목 아래 시인 이시영은 다음과 같이 노래했다.

벗이여 남주여 그러나 나의 벗을 넘어 민족의 아들이여 민주 전사여
가다 못가면 쉬었다 가자고
그대의 가쁜 숨결에 속삭여댔지만
아픈 다리 먼저 이끌며
가로질러 산을 넘고 물 건너 허허로이 제 세상 입구로 먼저 가버린
친구여
남도엔 때 아닌 폭설이 들판을 덮고
짚북더미 속에서 마른 싹들은 파릇파릇 시퍼런 눈을 뜨는데
우리는 그대의 죄없이 맑은 눈을 덮어
기어이 고향 마을로 돌려보내야 한단 말인가

한때는 영어단어장 한손에 들고 소와 함께 소의 웃음을 천진스레
웃던 소년 김남주의 마을
　자라서는 그대를 간첩이라 하여 내쫓고 전사라 하여 내치던
　분단 속의 엄혹한 분단의 마을, 광주의 마을
　그대에게 난생 처음으로 꽃다발을 걸어주던 마을
　아니 평생 농민 어머니의 마을 아버지의 마을
　그대가 일생을 걸고 해방시키고자 했던 계급의 마을에
　이제 그대의 관을 내리고 우리 목메어야 한단 말인가

　그러나 어여 가게 남주
　삭풍에 가지 부러지고 귀 씻겨나간 채로 뒤돌아보지 말고 어여가
게 남주
　가다가 들판 만나면 거기 개울가에서
　낯익은 아이들과 염소 뿔 싸움도 시키고
　사나운 파도 만나면 어기여차 넘어주며
　거기 뱃전에 아기를 업고 서성이는 아낙에게도
　눈물 글썽이며 이 세상 안부도 전해주고

　오늘은 햇빛 밝고 이 세상에 바람 부는 날
　자네 알지, 자네가 9년만에 옥에서 나와 맨 처음 고개 떨구고 섰던
망월동 언덕
　수많은 민주 영령들이 언덕배기 아래까지 달려나오며 햇빛 속에

하얀 고사리 손을 흔드는 것이 보이지?

어여 가게 남주

이 세상 일일랑 이제 남은 자들의 몫

자넨 일생을 제국주의의 억압자들과 사력을 다해 싸웠고

이제 역사 속에 가 아기 손으로 새로 태어나야 할 때

세상은 자네에게 너무 많은 짐을 지웠고

자네는 한 번도 그 짐을 등에서 내린 적 없었는데

이제는 그 짐일랑 우리에게 내려놓고 편안히 가게

가로질러 산을 넘고 물 건너 표표히 먼저 간 친구

깨꽃이 환하게 피면 우리에게 다시 오게나

송화가루 온 산천에 펄펄 날리면

눈 속의 샛붉은 매화처럼 다시 오게나

해방둥이 그대의 삶은 이 땅 반세기의 역사 그 자체

분단의 철조망과 제국의 사슬이 걷힐 날 반드시 있으리

자본에 의해 자본이 패퇴하는 날 반드시 있으리

그때 다시 이 세상에 오게나 아픈 다리 바로 딛고 감은 눈 새로 뜨며

그 잔잔한 소녀의 미소로.

벗이여 남주여 나의 벗을 넘어 민주주의의 참다운 전사여[39]

서울에 사는 독자 김운택은 〈오늘은 조국이 미워지네요〉란 제목
으로 다음과 같이 노래했다.

선생님

오늘은 조국이 미워지네요

당신을 앗아간 그 빌어먹을 암세포보다도

당신을 가두었던 감방의 벽보다도

당신의 슬로건 조국이 미워지네요

수배 고문 구금 투옥의 여독도 안 풀리셨을 텐데

우리네 조국은

전사의 살신마저 이렇게 재촉했나요

온몸으로 마침표를 찍어야만

완성되어지는 시를

우리네 조국은 보고 싶어 했나요

수배기간에는 그리도 잘 숨으시더니

조국과의 술래잡기에는

늘 들키기만 하시는 선생님

김병곤 조영래 그 분들도 그랬듯이 말입니다

이번만큼은 꼭꼭 숨으시지 그랬어요

머리카락도 보이지 않게 숨으시지 그랬어요

시름 많아 모질어진 우리네 조국이

오늘만은 미워지는데

김남주의 묘.

감옥에서 병원으로,

이제는 참배하러 가는 게 아니라

학살에 베인 땅 망월동에

광주의 한들과 함께 누우러 가시는 선생님

당신께 기를 넣어주신 문 목사님

모란공원 지키러 훌쩍 떠나시더니

답이라도 하듯

망월동 지키러 바삐 가시는 겁니까

김. 남. 주.

그 이름 석자가 칼이요, 시였던

선생님

아니, 우리의 전사여![40]

  김남주는 박광숙에게 보낸 편지에서 인간의 삶이 추구해야 할 목
표를 스스로 삶에 비추어 다음과 같이 요약했다.

  "광숙이, 세월을 초침과 분침으로 재지 말고 해와 달의 행로로도
헤아리지 말고 영원의 시간으로 가늠하시오. 문제는 생애를 어떻
게 무엇을 하고 사느냐에 있소. 짧고 길게 사느냐에 있는 것이 아
니라 어떻게 하면 단 한 순간이라도 인간답게 사느냐에 있소. '지
금 이곳'에서 다시 말해서 이방인과 그 꼭두각시들 때문에 썩고 병
들고 짓밟혀 만신창이가 된 조국의 산과 들, 거리에서 어떻게 사는

것이 인간답게 사는 것인지 광숙이는 잘 알 것이오./ 이 조국에, 날
낳아주고 날 키워준 이 조국의 논과 밭에 나는 시인으로서, 한 여
인의 지아비로서 부끄럼없이 내 순결을 바치고 싶다오. 이 순결은
본능적으로 혁명적인 민중의 의식을 잠재우는 아편으로서의 종교
에 물들지 않아야 하고, 가정이라고 하는 편협한 울타리 안에서만
인간적인 기쁨과 만족과 행복을 찾으려고 하는 소시민적인 에고이
즘에 길들여지지 않아야 하고, 특히 나의 경우에는 인텔리겐차들
이 흔히 빠지기 쉬운 무정부주의적이고 자유주의적인 생활과 퇴
폐적인 작품에 유혹되지 않아야 할 것이오./ 한 마디로 말해서 내
가 말하는 순결성은 혁명적인 휴머니스트로서의 그것이고 그렇기
때문에 전투적이고 조직적인 인간이어야 하는 것이오."(〈세월을 초
침과 분침으로 재지 말고〉, 《산이라면 넘어주고 강이라면 건너주고》, 140∼
141쪽)

　김남주는 끝까지 지식인과 혁명가의 순결을 지키며 살았다. 그는
결코 죽지 않았다. 대지의 품으로 돌아갔으며 민중의 가슴속에 있
다. 조국의 자주·민주·통일을 염원하는 사람들의 가슴속에 깃발을
날리는 전사로서 살아 있고 외세를 등에 업고 민중을 탄압하는 군
사독재자, 노동자를 착취하는 매판자본가, 자유민주주의를 합리화
하는 부르주아 지식인들의 가슴속에 언제 내려칠지 모르는 무서운
칼로서 살아 있다.

제2부

투쟁의 무기

김남주의 삶을 추적해본 제1부에서 주로 지금까지 나와 있는 자료들을 연대순으로 종합하여 재구성했다면 그의 예술관과 세계관을 음미해보는 제2부에서는 그의 시들이 지니고 있는 이념들을 정리하고 해설하는 데 역점을 두었다. 김남주 자신이 문학 이론에 별다른 관심을 갖지 않았으며 자신의 시들이 문학 이론에 따라 평가되는 것도 바람직하게 생각하지 않았다. 그는 그러나 오늘날의 우리 문학이 사회적 실천에 참여해야 하느냐, 순수 예술로 남아야 하느냐에 대하여 강도 높은 발언을 하고 있다. 제2부에서는 그의 가장 중요한 시집에 해당하는 《조국은 하나다》(남풍, 1988), 서간집 《산이라면 넘어주고 강이라면 건너주고》(삼천리, 1992. 7판), 산문집 《시와 혁명》(나루, 1991) 등이 주요한 자료로 사용되었다.

민족시인과 민중시인 ───────────

광주의 중심지 금남로에서 동광주 인터체인지 쪽으로 30분가량 달려가면 망월동이 있고 이곳에 세상을 떠난 광주 시민들이 잠든 공동묘원이 있다. 너른 공동묘원의 중심부에 5·18묘역이 자리 잡고 있으며 이 묘역의 왼편 아래쪽에 김남주의 묘가 있다. 묘비에는 '민족시인 고 김남주의 묘'라 적혀 있다. 묘비에는 보통 고인이 생전에 수행한 활동이나 이룩한 업적이 특징적으로 기록되기 때문에 이 묘비명을 보는 사람들은 "김남주는 민족시인이었구나!"라 생각할 것이다. 이는 김남주 시인의 본질과 다르지 않다. 그러나 아주 적합하지도 않는 것 같다. 그 이유를 살펴보기로 하자.

'민족시인'이란 무엇인가? '민족시인' 혹은 '민족문화'에 대한 규정이나 정의는 일정하지 않다. 물론 이 개념을 규정하려는 시도가 담긴 책들이 몇 가지 나와 있다. 예컨대 백낙청의 《민족문학과 세계문학》(창작과비평사, 1978), 임헌영의 《창조와 변혁》(형성사, 1985), 고은 외 19명이 공동 집필한 《강좌, 민족문학》(정민, 1990) 등이 있다. 이런 책들을 뒤적여본 독자들은 그러나 '민족문학'이 무엇인가에 대한 시원한 해답을 얻을 수 없을 것이다. 주로 개인적인 의견들이 제시되고 있기 때문이다. 그 대신 우리는 민족문학을 거론하는 사람들 사이에서 보수적인 '부르주아 민족문학' 진영과 '반제독립정신'을 표방하는 진보적인 민족문학 진영이 나타나며 전자는 이 용어를 '국민문학' 혹은 '한국문학'으로, 후자는 '민족·민중문학' 혹은 '민중문학'으로 대치하려는 경향이 있다는 것을 알 수 있다. 예컨대 김상일, 김현, 문덕수, 이형기 등 순수문학론의 입장에 서 있는 보수적인 평론가들이 《월간문학》(1970년 10월호)에서 펼친 논지와 백낙청, 염무웅, 임헌영, 고은 등 진보적인 평론가들이 《창작과 비평》(1978년 겨울호)에서 펼친 논지는 판이하게 다르다. 전자들은 민족문학을 정치와 결부시키지 않는 반면 후자들은 민족문학을 인간해방운동과 결부시키려 했다. 그런데 중요한 것은 가장 진보적인 '민족문학'의 지지자들까지도 반봉건주의·반식민주의운동을 '민족문학'의 중요한 과제로 설정했지만 반자본주의 운동은 여기에 포함시키지 않았거나 포함시키기를 꺼린다는 것이다.

일반적으로 '민족시인'은 민족문제에 관심을 두는 시인이라고 말할 수 있다. 다시 말하면 민족문제에 관심을 두면서 민족문화의 유지와 창달에 관심을 기울이는 시인들이다. 그러나 무조건 자기민족이나 민족문화를 사랑하는 시인을 우리는 민족시인이라 부르기 어렵다. 왜냐하면 나라와 민족을 사랑하는 입장과 방향이 서로 다를 수 있기 때문이다. 예컨대 배타주의적인 민족주의자도 있고 개방주의적인 민족주의자도 있을 수 있다. 또 민족문제를 문화뿐만 아니라 정치와 경제에까지 연관시켜야 한다는 주장도 있다. 배타주의나 과거로 무조건 돌아가려는 복고주의는 참된 민족주의와 거리가 멀다. 먼저 시인 김남주가 '민족' 혹은 '민족문학'에 대해 어떤 입장과 태도를 취했는가를 살펴보자.

"민족문학은 민족문제의 역사적 반영입니다. 역사적이기 때문에 그것은 당연하게 추상적인 반영이 아니고 구체적인 것이어야 할 것입니다. 이런 까닭으로 해서 민족문학을 다루기 위해서는 먼저 민족문제에 대한 언급이 선행되어야 합니다. … 우선 민족문제는 역사적인 범주의 문제입니다. 일정한 역사적 발전 단계, 가령 봉건 사회가 붕괴되고 자본주의라는 새로운 생산양식이 발생했을 때 그때 비로소 근대적인 민족이 형성되고 민족문제라는 것도 생겨나게 되었습니다."(〈민족문제란 무엇인가?〉, 《산이라면 넘어주고 강이라면 건너주고》, 169쪽)

"일본 제국주의가 제국주의 전쟁에서 패망하고 승리자인 양키 제국주의자들이 조선의 3.8선 이남을 점령했습니다. 그 당시 우리 민족이 가장 우선적으로, 가장 시급하게 해결해야 할 민족적 문제 중의 하나는 친일 매국노들의 처리였습니다./ 그런데 그 후 역사적 현실은 어떠했습니까? 양키 제국주의자들의 사주와 조종과 후압을 받은 이승만과 그 도당들은 민족의 이름으로 제거되어야 할 매국노들을 긁어모아 형식적으로는 독립국이지만 내용적으로는 정치·경제·사회적으로 완전히 예속된 괴뢰정부를 세웠습니다./ 그리고 일제시대에 나라의 독립과 민족의 해방을 위해 재산과 목숨을 바쳐 평생 동안 희생적으로 싸웠던 애국투사들은 매국노 집단의 관헌들에게 투옥되고 고문당하고 살해되었습니다./ 그러면 그들이 민족의 이익을 팔고 제 동포의 고혈을 빨아 제 사욕을 채우고 이민족의 이익에 기꺼이 개처럼 봉사한 것은 인간으로서 그들의 본바탕이 개와 같았기 때문이냐 하면 절대로 그렇지는 않습니다./ 계급적인 관점에서 그런 현상을 찾아야 합니다. 재산과 그 정치적 현상형태인 권력은 인간적인 것과 민족적인 것의 배제에 그 존재의 근원이 있고 지속성이 있는 것입니다. 그렇기 때문에 지배계급은 그들의 재산과 권력이 위협을 받을 때 그것들, 즉 재산과 권력을 유지시켜주는 어떤 세력과 야합하게 되는 것입니다./ 그 어떤 계급은 아프리카의 흑인종이건, 문명국의 제국주의자들이건 상관 없습니다."(〈민족문제란 무엇인가?〉, 《산이라면 넘어주고 강이라면 건너주고》, 170~171쪽)

"민족문제는 식민지 문제로서 민족해방투쟁과 결부되는 것입니다."(〈민족문제란 무엇인가?〉, 《산이라면 넘어주고 강이라면 건너주고》, 172쪽)

"민족문제는 계급적인 문제입니다."(〈민족문제란 무엇인가?〉, 《산이

162

라면 넘어주고 강이라면 건너주고》, 170쪽)

"동지여! 만일 반제민족해방투쟁을 노래하지 않고 피착취대중을 대변하여 그들의 입이 되어주지 않는다면 당신이 말하는 민족문학이란 무엇이란 말인가?"(〈민족문제란 무엇인가?〉,《산이라면 넘어주고 강이라면 건너주고》, 173쪽)

"역사의 진보를 운운하면서 정서의 진보적인 측면, 전투적인 측면, 혁명적인 측면을 과소평가한다거나 역겹게 생각한다면 그는 사기꾼 아니면 겁보일 것입니다. 적어도 그는 객관적으로는 역사의 죄인으로 취급되어야 할 것입니다. 우리 사회의 글 쓰는 이들 중에는 이런 부류들이 많이 있는 줄 압니다. 민중문학, 민족문학 운운하는 사람들 중에서 말입니다."(〈시의 길 시인의 길〉,《산이라면 넘어주고 강이라면 건너주고》, 144쪽)

여기서 잘 드러나는 것처럼 김남주는 단순히 민족적인 전통이나 정서를 사랑하는 민족주의와는 연관이 없다. 그는 민족문제를 문화뿐만 아니라 정치·경제와 연관시키고 있으며 민족문제에서 민족해방의 문제를 으뜸에 두고 있다. 동시에 계급적인 모순으로부터의 해방도 민족문제에 포함시킨다. 한민족이 자주성을 획득하지 못하고 외국의 지배를 받는 경우 참된 민족문학이 성장할 수 없다. 민족의 자주독립에 무관심하면서 민족과 민족적인 것을 사랑한다고 떠벌리는 시인이 있다면 그는 참된 민족시인이 아니라 사기꾼이라고 김남주는 선언한다. 그런 사람들은 결국 민족허무주의나 패배주의에 빠지고 만다. 그런 의미에서 시인 김남주는 우리민족의 정서 함양보다 자주성 획득에 더 많은 관심을 쏟았다. 이 때문에 농촌을 사랑하는 토속적인 시와 함께 우리민족의 자주성을 높이 구가하는 시들도 썼고 계급해방과 긴밀하게 연관된다는 시도 썼다. 그는 민족해방을 염원하면서도 계급해방에 두려움을 느끼는 민족시인을 경원했다. 조국이 완전히 독립되더라도 빈부격차에 의해서 가진 자가 갖지 못하는 자들을 착취하는 사회가 된다면 김남주는 만족하지 않고 올바른 민족문학을 위해서 계속 투쟁할 결의를 다졌을 것이다.

김남주의 신념에 의하면 참된 민족문학은 ①민족의 자주성과 주체성을 확립하기 위해서 제국주의에 항거하는 정신이 투철해야 한다. ②민족을 배반하는 독재 권력을 무너뜨리고 민중이 중심이 되는 민주주의의 건설에 앞장서야 한다. ③외세의 강요에 의해서 분단된 조국의 통일과 우리 민족의 하나 됨을 위해서 헌신해야 한다. ④인간에 의한 인간의 착취가 사라지고 모든 사람이 창조적으로 민족문화의 창달에 기여할 수 있는 사회의 건설에 동참해야 한다.

김남주는 자신을 민족시인으로 부른 적이 없다. 김남주가 지향하는 민족시인의 본질이 일반적으로 이해되는 '민족시인'에 의해서 희석될 수 있기 때문이다. 자신이 그러한 '민족시인'으로 오해되지 않기를 바랐다. 일반적으로 '민족예술'이나 '민족문학'을 거론하는 사람들 가운데는 민족의 자주성 문제나 경제적 평등에 관심이 없고 민족해방이나 착취라는 말 자체를 두려워하는 사람이 많다. 이들에 반하여 김남주는 스스로를 '혁명시인', '민중의 벗', '해방 전

사', '전투적인 리얼리스트' 등으로 불렀다. 그에게 '참된 민족문학'
은 바로 민중문학이었다. 김남주의 생각에 따르면 부르주아적인
민족시인과 혁명적인 민족시인은 질적으로 다르며 자신이 부르주
아적인 민족시인이 되는 것을 거부했다.

> 나는 혁명시인
> 나의 노래는 전투에의 나팔소리
> 전투적인 인간을 나는 찬양한다
>
> 나는 민중의 벗
> 나와 함께 가는 자 그는
> 무장이 잘되어 있어야 한다
> 굶주림과 추위 사나운 적과 만나야 한다 싸워야 한다
>
> 나는 해방전사
> 내가 아는 것은 다만
> 하나도 용감 둘도 용감 셋도 용감해야 한다는 것
> 투쟁 속에서 승리와 패배 속에서 그 속에서
> 자유의 맛 빵의 맛을 보고 싶다는 것 그 뿐이다.
>
> ─〈나 자신을 노래한다〉 부분, 《조국은 하나다》

외세에 반대하고 우리 민족의 고유한 정신과 문화만을 치켜세우

며 민족의 민주화나 통일문제에 관심이 없는 이른바 부르주아 민
족주의를 김남주는 비판했다. 계급 해방이 없이는 민족문제가 옳
게 해결될 수 없다는 것이 그의 신념이었다.

> 상전을 때려 눕히고 그가 계급해방을
> 선언하지 않는 한
> 노예로서 그 신분이 바뀌어지는 것은
> 아니니까요
>
> ―〈어느 개에 관해서〉 부분, 《조국은 하나다》

　김남주의 묘비에 그를 '민족시인'으로 기록한 의도를 우리는 두
가지로 추정할 수 있다. 하나는 김남주가 이 말에 부여한 네 가지
의미(앞에서 열거한)를 다 포함해 사용한 경우이다. 그러나 이 경우
이미 지적한 것처럼 오해의 소지가 많으며 김남주가 결코 좋아하
지 않았던 용어를 구태여 택할 필요가 없을 것 같다. 또 하나는 김
남주의 투쟁성과 과격성이 두려워 혹은 마음에 들지 않아 이를 조
금 부드럽게 만들려는 의도에서 일부러 이러한 명칭을 사용한 경
우이다. 그러나 그것은 아무리 좋은 의도에서 나온 것일지라도 김
남주의 본질을 비껴가는 일이다. 이러한 희석화에 의해서 김남주
의 문학은 '김빠진 맥주'나 '앙꼬 없는 찐빵'이 되어버린다. '민족시
인'이 더 낮은 개념이어서가 아니다. 김남주도 분명히 민족시인이
었다. 그러나 그는 혁명적인 민족시인이었고 그런 의미에서 일반

적으로 이해되는 민족시인의 범주를 벗어난 것이다. 김남주가 부르주아 민족시인이 되기 위해 학교를 그만두었고, 흔쾌히 전사가 되었으며, 차디찬 감옥에서 그 많은 시를 썼던가? 그는 노래한다.

> 내가 지금 걷고 있는 이 길은
> 억압의 사슬에서 민중이 풀려나는 길이고
> 외적의 압박에서 민족이 해방되는 길이고
> 노동자와 농민이 자본의 굴레에서 벗어나는 길이다
>
> ─〈길〉 부분, 《조국은 하나다》

김남주에게는 나라가 민주화되는 것만으로 부족했다. 미국의 손아귀로부터 벗어나는 것만으로도 부족했다. 통일이 되는 것만으로도 부족했다. 가장 중요한 것은 노동자와 농민이 자본의 굴레에서 벗어나고 적대적인 모순이 사라지고 평등한 사회가 실현되는 것이다. 그는 분명히 계급의식이 없는 민족보다 계급의식을 지닌 민중을 사랑했다. 미지근한 한국인보다도 혁명정신에 투철한 외국인을 더 좋아했다. 민족주의자 안창호보다도 혁명가 체 게바라를 더 좋아했다. 그의 시에서 민중이라는 단어가 얼마나 많이 등장하고 있는가? '민중'은 '대중'과 다르다. 민중은 역사의식과 계급의식으로 무장한 대중이다. 그러므로 변혁의 주체가 될 수 있고 역사를 움직이는 기관차가 될 수 있다. 김남주는 민중을 '계급으로서의 집단'으로 규정했다. 다음과 같은 시구에 그 의미가 숨어 있다.

붉은 피 끓어 들끓어

지평선 너머 저 멀리

민중의 원수 갚으러 가자

총을 바로 잡아라.

―〈수병의 노래〉 부분, 《조국은 하나다》

김남주는 민중을 위해 민중과 함께 투쟁한 것이다.

한 나라의 대통령이라는 자가

외적의 앞잡이고 수천 동포의

학살자일 때 양심있는 사람이

있어야 할 곳은 전선이다 무덤이다 감옥이다

도대체 형제의 살해 앞에서 저항하지 않고

누가 자유일 수 있단 말인가

동지여 제국주의를 반대하여 싸우지 않고

착취받고 억압당한 민중들을

옹호하여 싸우지 않는다면

도대체 혁명이란 무엇이란 말인가?

―〈학살〉 전문, 《조국은 하나다》

그는 민중의 입장에 서지 않는 자유와 평화가 참된 휴머니즘과 어긋난다는 사실을 지적했다.

입으로는 자유와 평화를 사랑하고

뒷전에서는 원격조종의 끄나풀로 꼭두각시를 앞장세워

제 조국의 해방과 독립을 위해 싸우는 민중들을

계획적으로 학살하는 아메리카여

—〈학살 1〉 부분, 《조국은 하나다》

    민족을 사랑한다고 자부하는 시인들 가운데서 제국주의의 본질을 간파하지 못하는 리버럴리스트들의 근시안적인 사고방식을 폭로하는 데 김남주는 심혈을 기울였다. 그러므로 김남주의 묘비에는 '혁명시인'은 아니더라도 '민중시인'이라고는 기록되었어야 했다. 그것은 지엽적인 문제가 아니라 본질적인 문제에 속한다. 다음과 같은 그의 시 구절이 기록되어 있었더라면 더욱 좋았을 것이다.

그렇다, 그가 흘린 한 방울 한 방울의 피는

어머니인 대지에 스며들어 언젠가

어느 날엔가

자유의 나무는 결실을 맺게 될 것이며

해방된 미래의 자식들은 그 열매를 따먹으면서

그가 흘린 피에 대해서 눈물에 대해서 이야기할 것이다

—〈전사 2〉 부분, 《조국은 하나다》

길

내가 지금 걷고 있는 이 길은
억압의 사슬에서 민중이 풀려나는 길이고
외력의 압박에서 민족이 해방되는 길이고
노동자와 농민이 자본의 굴레에서 벗어나는 길이다

나는 알고 있다 / 이 길의 처음의 물음을
이 길의 역사와 그 내력을 나는 알고 있다
처음에 해방군으로 가장한 미군의 점령이 있었다 그것은
평화의 가면이었고, 자유의 숨사탕이었고 제국주의의 숨은 발톱이었다
마침내 그들 점령군들은 잘룩한 내 조국의 허리를 두 동강내고
그 아랫부분을 저 손아귀에 넣었다 그리고 그들은
냄새죽이가 쓰레기를 긁어모으듯 그렇게 인간쓰레기를 긁어모아 —
식민지의 광대들, 친일 매판자본가와 지주들, 식민지 군대의 장교들,
애국투사들을 체포하고 고문하고 투옥하고 학살하기를 밥 먹듯이 했던
특고형사들 헌병보조원들 주재소 순사들 밀정들을 긁어모아 —
3·8선 이남에 소위 「자유민주주의정부」를 세웠다
그리하여 그동안 40년 동안 양키 제국주의자들은
아바위꾼의 손놀림으로 꼭두각시정권을 바꿔치기하면서
이가를 박가로 바꿔치기하고 박가를 전가로 바꿔치기하면서
여 죽쑤듯 내 조국의 아랫도리를 주물러 왔다
그리고 그들 아바위꾼들은 자유민주주의 바로 그 이름으로 — 국제라는 을
내 조국의 자유와 깃발과 「민주주의」를 (박독괴) 빼앗아 아니라
평화와 경제협력 어쩌고 탈바가지를 쓰고 그 동안 40년 동안
우리 노동자와 농민의 피와 땀과 눈물을 막착해 갔을 뿐만 아니라
농약과 화학비료와 공해산업으로 ▨▨▨▨ 대기와 ▨▨ 토지를 더럽혔다
내 조국의

자유민주주의의 허상 ——————

진보적 리버럴리스트들은 김남주의 삶과 문학을 상당히 높게 평가하면서도 김남주가 지니는 한계 혹은 단점들(교조성, 과격성, 혁명성 등)을 지적하거나 아쉬워하는 입장을 나타낸다. 이들의 정치적인 이상은 자유민주주의다. 그러나 김남주의 입장은 매우 다르다. 그는 단호하게 자유민주주의 단점을 지적하고 비판했다. 물론 그가 자유민주주의를 둘러싼 논쟁을 직접 제기한 적은 없으며 자유민주주의를 거부한다는 에세이나 논문을 발표한 적도 없다. 그러나 김남주의 삶과 문학을 세심히 살펴본 사람은 곧 그의 입장을 쉽게 간파할 수 있을 것이다. 그의 문학과 세계관에는 자유민주주의의 허상을 파헤치려는 흔적들이 수없이 엿보이며 그의 삶은 이러한 노력으로 관철되었다고 해도 과언이 아니다. 그러므로 김남주의 본질을 올바르게 파악하고자 하는 사람은 자유민주주의의 본질에 대한 논쟁을 비껴갈 수 없다. 그것은 자유민주주의를 신성한 터부처럼 생각하는 사람에게도 예외가 될 수 없다. 먼저 단편적으로 나타난 김남주의 생각들을 들어보자.

> 마침내 그들 점령군들은 잘룩한 내 조국의 허리를 두 동강내고
> 그 아랫부분을 제 손아귀에 넣었다 그리고 그들은
> 넝마주의가 쓰레기를 긁어 모으듯 그렇게 인간쓰레기를 긁어모아 —
> 구식민지의 관료들, 친일매판자본가와 지주들, 식민지군대의 장교들, 애국투사들을 체포하고 고문하고 투옥하고 학살하기를 밥 먹듯이 했던
> 특고 형사들, 헌병 보조원들, 주재소 형사들 밀정들을 긁어모아 —
> 38선 이남에 소위 '자유민주주의정부'를 세웠다
> 그리하여 그 동안 40년 동안 양키제국주의자들은
> 야바위꾼의 손놀림으로 꼭두각시정권을 바꿔치기 하면서
> 이가를 박가로 바꿔치기하고 박가를 전가로 바꿔치기 하면서
> 떡 주무르듯 내 조국의 아랫도리를 주물러 왔다
>
> —〈길〉 부분, 《조국은 하나다》

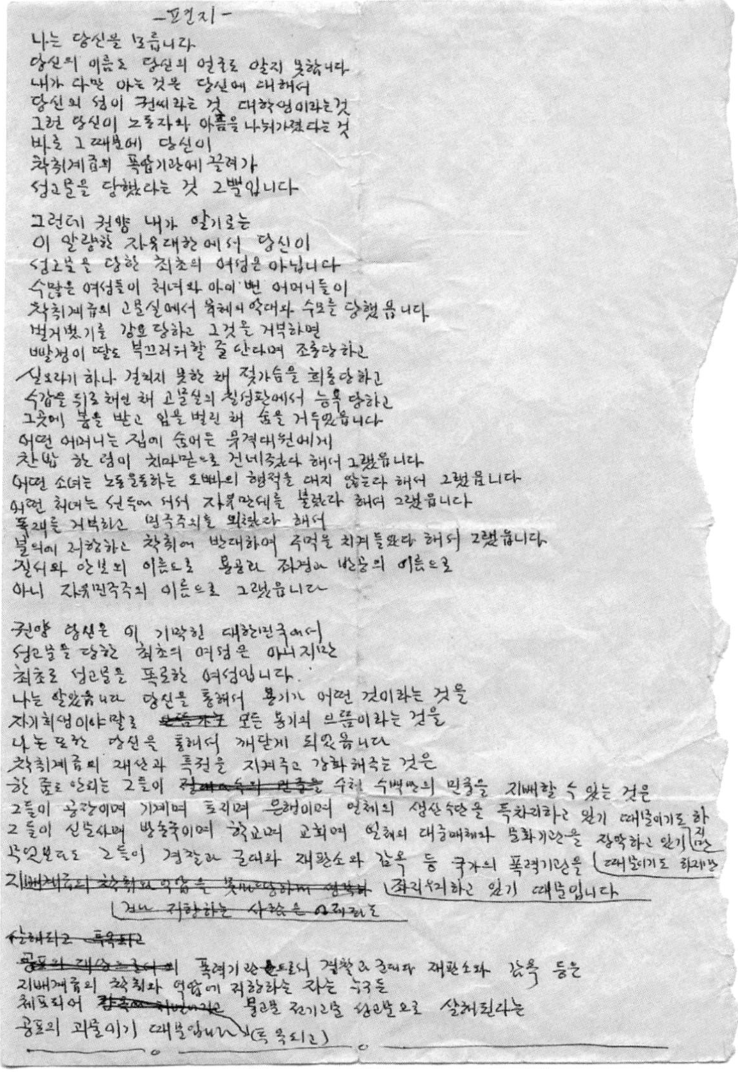

-편지-

육필시 〈편지〉. 뒷날 〈권양에게〉라는 제목으로 시집 《조국은 하나다》에 발표되었다.

수많은 여성들이 처녀와 아이 밴 어머니들이

착취계급의 고문실에서 육체의 학대와 수모를 당했습니다

벌거벗기를 강요당하고 그것을 거부하면

빨갱이 딸도 부끄러워할 줄 안다며 조롱당하고

실오라기 하나 걸치지 못한 채 젖가슴을 희롱당하고

수갑을 뒤로 채인 채 고문실의 칠성판에서 능욕당하고

그곳에 봉을 박고 입을 벌린 채 숨을 거두었습니다

어떤 어머니는 집에 숨어 든 유격대원에게

찬 밥 한 덩이 치마 밑으로 건네줬다 해서 그랬습니다

어떤 소녀는 노동운동 하는 오빠의 행적을 대지 않는다 해서 그랬

습니다

어떤 처녀는 선두에 서서 자유만세를 불렀다 해서 그랬습니다

독재를 거부하고 민주주의를 외쳤다 해서

불의에 저항하고 착취에 반대하여 주먹을 치켜들었다 해서 그랬

습니다

질서와 안보의 이름으로 용공과 좌경과 반공의 이름으로

아니 자유민주주의의 이름으로 그랬습니다

—〈권양에게〉 부분, 《조국은 하나다》

자유민주주의를 비판하는 김남주의 입장을 일반 독자들은 의아
하게 생각할 것이다. 특히 자유민주주의만이 자유와 민주주의를

가장 잘 실현할 수 있다는 생각으로 제도화된 교육 안에서 길들여진 사람들은 김남주의 주장에 대해서 곧바로 거부감을 느낄 것이다. 그러므로 우리는 자유민주주의의 본질이 무엇이며 왜 김남주가 자유민주주의를 거부했는가를 비교적 자세하게 검토할 필요가 있다.

자유민주주의는 역사적인 범주에 속하는 개념이다. 다시 말하면 인류의 역사가 발전하면서 이 개념의 본질도 다소 변화했다. 자유민주주의는 먼저 봉건주의를 무너뜨리고 자본주의를 형성했던 서구 시민계급의 정치이념이었다. 다시 말하면 자유민주주의는 자본주의의 형성 및 발전과 직결되는 개념이다. 그러므로 자유민주주의는 부르주아 민주주의 혹은 시민 민주주의와 근본적으로 동일선상에 서 있다. 중세의 봉건제도 아래서는 많은 사람이 자유롭지 못했다. 특히 생산에 종사하던 농민들은 반노예 생활을 하고 있었다. 장원에 속박된 농민들은 마음대로 주거지를 옮길 수 없었고 토지를 소유하지도 못했으며 각종 세금과 부역에 시달렸다. 예컨대 왕에게 소금세, 인두세, 지세를 바치고 봉건영주에게 연세를 바쳤으며 교회에는 십일조를 내야 했다. 이러한 봉건적 착취를 가능하게 했던 것은 한편으로 왕과 영주들의 무력이었으며 다른 한편으로 권력과 야합하던 교회였다. 성직자들은 스콜라철학을 동원하여 인간의 모든 운명이 신에 의해서 결정되었음을 강조하면서 봉건제도를 이념적으로 합리화했다. 스콜라철학은 신의 계시를 절대화하며 자연과 인간과 사회에 대한 과학적인 탐구의 길을 차단해

버렸다. 그러나 점차 스콜라철학의 황당무계함이 드러나기 시작했다. "스콜라 철학이 논쟁으로 삼는 문제는 언제나 비현실적인 것이었다. 예를 들면 '돼지를 시장에 데리고 가는 것은 결국 손이냐 아니면 밧줄이냐?', '날카로운 침 끝에 천사 몇 명이 서 있을 수 있는가?', '천국에 장미꽃이 자라면 가시가 있을까 없을까?'와 같은 것들이었다. 그래서 우리가 '스콜라적'이라는 말을 사용할 때, 이는 현실로부터 유리되어 의미 없고 쓸데없는 것들을 언제까지나 추구하고, 위엄 서린 어투로 학문을 하며 서적을 무비판적으로 신봉하고, 오직 일반적 개념에만 의거하여 사실과 실천을 반성하지 않는 상태를 가리키는 경우가 있다."[1]

봉건제도가 와해되면서 새로운 생산의 담당자로서 시민계급이 등장했다. 봉건주의에서 자본주의로의 이행 과정은 매우 복잡하며 많은 변화를 동반했다. 과학상의 발견과 발명, 종교개혁, 계몽주의 철학의 대두, 도시 및 시민 계급의 발명과 시민혁명이 바로 그것들이다. 과학발전은 생산 구조를, 계몽사상은 정치 구조를 근본적으로 바꾸었다. 이러한 변화에서 주축이 된 것이 시민계급(부르주아)이다. 자유민주주의는 바로 이러한 부르주아가 표방하는 정치적 이념이었다. 자유민주주의의 이념은 1789년 프랑스혁명의 기치였던 '자유, 평등, 박애'에서 간명하게 잘 표현되었다. 자유민주주의는 첫째, 시민에게 가능한 많은 자유를 허용해주는 것을 이상으로 하고 있다. 그것은 정치적 자유뿐만 아니라 언론의 자유, 학문의 자유 등 광범위한 영역에 걸친다. 둘째, 모든 인간의 평등을 이상으로 하고 있다. 그러나 자유민주주의에서 말하는 평등이란 법 앞의 평등이다. 셋째, 인종과 종파를 초월하여 모든 인간을 형제처럼 사랑할 수 있는 사회의 실현을 이상으로 하고 있다.[2]

근세 시민계급의 정치적 이념인 자유민주주의는 중세 봉건사회의 이념에 비해 매우 진보적이었다. 그러나 자본주의가 발전하면서 자유민주주의의 모순이 점차 드러나기 시작했고 동시에 그에 대한 비판도 보다 체계적으로 나타나기 시작했다. 비판의 초점은 자유민주주의의 기초가 되는 자본주의적인 사회구조에 집중되었다. 자유민주주의는 개인이 능력껏 돈을 벌고 사유재산을 마음대로 소유할 수 있게 법적으로 보장해준다. 그러므로 능력에 따라 가진 자와 못 가진 자를 구분할 수 있고 그러한 차이를 당연한 것으로 간주한다. 그러나 자유민주주의를 비판하는 사람들은 경제적인 불평등이 존재하는 사회에서는 정치적 평등이나 법적 평등이 불가능하다고 주장한다. 형식적으로(명목상으로) 그러한 평등이 존재할지 모르지만 실제로는 자본주의 사회에서 돈이 모든 것을 해결하기 때문에 인간의 평등이란 하나의 허구에 지나지 않는다는 것이다. 무한한 자유를 허용하는 자본주의 사회에는 모든 수단을 동원하여 돈을 벌려는 이기심만이 존재한다. 만인이 만인과 싸우는 '이리의 법칙'만이 주도한다. 보다 많은 돈을 벌기 위해 인간에 의한 인간의 착취가 교묘해진다. 중세의 봉건지주 대신에 자본가가 등장하여 노동자를 착취한다. 이러한 착취를 가능하게 하는 것이 생산 수단의 사유화다. 생산 수단의 사유화가 존재하는 한 만인의 자유는 법전

위에 쓰인 이름에 불과하다. 김남주는 이를 비꼬아 시 〈법앞에서 만인이 평등하답니다〉를 쓴다.

우리나라에서는
법앞에서 만인이 평등하답니다
암, 그래야지요 그래야 쓰고 말고요
헌법에도 그렇게 나와 있는걸요
부잣집 침대 위에서 태어난 아기나
염천교 다리 밑에서 태어난 아기나
똑같이 평등하게 태어나니까요

우리나라에서는
법앞에서 만인이 평등하답니다
암, 그래야지요 그래야 쓰고 말고요
헌법에도 그렇게 나와 있는걸요
집 없이 평생을 떠도는 도붓장수 박서방이나
대궐 같은 기와집에 사는 왕서방이나
허가 없이 무허가 판잣집을 지어서는 안되니까요

우리나라에서는
법앞에서 만인이 평등하답니다
암, 그래야지요 그래야 쓰고 말고요

헌법에도 그렇게 나와 있는걸요

물쓰듯 돈을 쓰고도 남아도는 재산 때문에

고민이 태산 같은 자본가 정아무개나

무노동에 무임금이라

다음날 아침이면 다섯 식구 끼니 때문에

걱정이 태산 같은 노동자 김아무개나

언제라도 아무데라도 나라 안팎을

여행할 자유가 있으니까요

그뿐이 아니랍니다 자유대한에서는

예 예 연발하며 머리를 조아리는 사람에게는

다문 입에 쌀밥이 보장되고

아니오 아니오 목을 세워 고개를 쳐든 사람에게는

벌린 입에 콩밥이 보장된답니다

참 좋은 나라지요 우리나라

자유대한 길이길이 영원히 빛나라지요

—〈법앞에서 만인이 평등하답니다〉 전문, 《솔직히 말하자》

사유재산(소비재가 아니라 토지나 공장 등 생산 수단으로서의)의 무제한적인 소유가 인정되는 사회에서는 인간의 평등과 자유가 실현될 수 없으므로 사유재산을 없애고 모든 사람이 생산 수단을 공유하고 공동으로 관리해야 된다는 것이 사회주의 이념이다. 이러한 이념은 자본주의의 비판에서 처음 시작된 것이 아니었다. 인간을 가진 자와 못 가진 자로 나누었던 모든 사회(고대 노예제 사회, 중세 봉건사회 등)에서부터 인류의 이상으로 등장했다. 서양에서 최초로 이러한 이념을 제시한 사람이 그리스의 철학자 플라톤이었다. 플라톤은 《국가》에서 통치계급은 사유재산을 가져서는 안 된다고 주장한다. 통치계급은 권력을 지니고 있으므로 권력을 이용하여 부정부패에 빠지기 쉽다. 이러한 부정부패를 방지하는 데는 통치계급의 양심이나 도덕만으로는 부족하며 제도적인 장치가 있어야 한다. 플라톤은 관념론 철학자였지만 정치이념에서는 매우 현실적이었다. 한국에서도 플라톤의 말에 귀를 기울였더라면 나라를 구한다는 구실 아래 폭력으로 민중을 암살하고 대통령이 된 자들이 그렇게 많은 돈을 부정한 방법으로 긁어모을 수 없었으리라! 그러나 플라톤의 이념은 자유민주주의 원칙에 위배된다. 자유민주주의는 대통령은 말할 것도 없고 누구나 모든 수단을 사용하여 돈을 벌 권리가 있다고 선언한다. 국민을 속이거나 법에 저촉되지 않으면 더욱 좋고 만에 하나 사실이 밝혀져 법적인 제재를 받는다 해도 착복한 돈 절반쯤으로 권력자나 법관들을 매수하면 그만이다. 절반 혹은 1퍼센트 아니 1만 분의 1만 차지해도 아무것도 없는 것보다야 낫지 않는가! 정직한 사람만 바보가 된다. 김남주가 자유민주주의를 비판한 것은 바로 이러한 이유 때문이었다.

　돈과 사유재산은 종교까지 타락시킨다. 일부 중세 가톨릭 성직자들의 타락은 이미 잘 알려진 사실이다. 이들은 농민들의 고혈을 빨아 주지육림 속에서 현세를 즐겼다. 이러한 타락을 염려하여 생긴 것이 수도원이다. 그중에서도 외부와 담을 쌓고 공동으로 일하며 자급자족하던 수도원은 역시 일종의 사회주의 이념을 실현한 공동체였다. 16세기에 토마스 모어Thomas More는 소설 《유토피아》(1515)에서 돈과 법과 재판이 없는 행복한 섬을 모델로 원시 공산 사회의 이상을 그리고 있다. 모어에 의하면 인간이 악하게 되는 것은 궁핍 때문인데 악을 방지할 수 있는 처방은 형벌이 아니라 풍요로움이며 모든 사람이 풍요로움을 향유하기 위해서는 먼저 사유재산이 폐지되어야 한다. 이탈리아의 철학자이며 《태양의 국가》를 저술한 토마소 캄파넬라Tommasso Campanella도 모어와 비슷한 이념을 제시했다. 17세기의 프랑스 사상가 장 멜리에Jean Meslier는 종교를 비판하면서 동시에 사유재산을 비판했다. 그에 따르면 모든 종교 교리와 종교의식들은 착취계급에 의해 통치수단으로 고안되었다. 사람은 태어나면서부터 평등하며 모두 평등한 권리를 지니고 일체의 사물을 똑같이 향유해야 하는데 소수의 지배자가 시민법과 종교법을 이용하여 대중을 빈곤 속에 몰아넣었다.

18세기의 프랑스 철학자 장 자크 루소Jean Jacques Rousseau, 모렐리Morelly, 마블리Mably 등도 사유재산으로 인한 인간의 불평등이 인류 전체에 재앙을 내리는 것을 신랄하게 비판했다. 루소에 의하면 인간은 모든 것을 공동으로 소유하던 원시시대에 행복했으나 불평등과 더불어 점차 불행하게 되었다. 건강, 체력, 정신 능력에 따르는 자연적 혹은 신체적 불평등은 불가피하지만 사회적(정치적, 경제적) 불평등은 인간이 만들어낸 해악이다. "어떤 사람이 제일 먼저 토지에 울타리를 쳐 놓고 '이것은 내 것이다'라 주장했을 때, 그의 말을 믿는 고지식한 사람들이 있었으니, 그가 바로 시민사회를 형성한 장본인들이다. 이에 대하여 누군가가 나타나 그 꽂힌 막대기를 뽑아내고 제멋대로 파헤쳐진 도랑을 메운 뒤 이웃 사람들에게 '이 사기꾼의 말을 믿지 마라, 여기서 자라는 모든 열매는 우리들 모두의 것이며 한 조각의 토지도 어떤 개인의 것이 아니라는 사실을 잊는다면 그대들은 스스로의 무덤을 파는 꼴이 되리라' 외쳤더라면, 그는 인류가 겪은 얼마나 많은 범죄, 전쟁, 살인, 빈곤, 불의를 예방할 수 있었겠는가!"[3] 인간에게 사유재산이 생기면서 주인과 노예가 발생하고 폭력과 약탈이 자행되었으며 인간은 소유욕과 공명심에 눈이 어두워져 간악한 존재로 변하고 말았다. 인간의 삶이 '이리에 대한 이리'의 상태로 변한 것이다. 그러나 재빨리 토지를 점유한 부자들은 투쟁 상태를 종식시키기 위해 묘안을 냈다. "우리는 뭉쳐야 한다. 그래야만 약자가 억압받는 것을 막을 수 있고 공명심에 눈이 어두운 자들을 견제할 수 있으며, 누구나가 소유권을 행사할 수 있도록 도와줄 수 있기 때문이다. 우리는 우리의 힘을 우리 자신들에 대한 투쟁에 사용하는 대신 하나의 최고 권력 속에 통합함으로써 현명한 법령을 통하여 이러한 통합에 동의한 모든 구성원들을 보호하고 공동의 적에 대처하며 우리 모두의 영원한 화목을 유지할 수 있다."[4] 이것은 언뜻 보기에 만인의 권리를 보호하기 위한 제안처럼 생각되지만 실은 소유권을 획득한 사람들의 자기 보호에 더 큰 목적이 있다는 것을 루소는 폭로한다. 순진한 사람들이 이 제의에 동의함으로써 국가와 법률이 발생했고 마침내 약자에 대한 새로운 올가미가 씌워졌으며, 반대로 부자들은 그나마 처음에는 법적인 근거하에 점유한 지배권을 하나의 자의적인 지배권으로 변질시켜 마침내 인간 불평등을 영구화할 수 있는 가능성이 만들어졌다. 소유권의 확립과 더불어 부자들의 교묘한 도둑질이 엄연한 권리로 변해 버린 것이다. 19세기 초반에 프랑스의 사상가 피에르 조제프 프루동Pierre Joseph Proudhon도 사유재산을 일종의 도둑질한 물건으로 간주했고 뒤이어 맑스주의자들이 사유재산이 폐기되는 사회주의의 실현을 과학적인 방법으로 제시했다.

우리가 여기서 비교적 상세하게 사회주의의 이념의 발전과정을 다룬 것은 사회주의적인 이념이 맑스주의의 전유물이 아니고 빈부의 격차와 착취가 있는 사회에서는 어디서나 자생적으로 나타난다는 사실을 주지시키기 위해서이다. 시인 김남주도 우리사회의 모순을 체험하고 사회주의 사상가들의 이론을 배우며 자유민주주의의 한계를 깨닫기 시작했다.

사유재산이 폐지된 나라에서는 아무도 열심히 일하려 하지 않기 때문에 발전이 없고 결국 못살게 된다고 비판하는 말을 우리는 이따금 듣는다. 그러나 한번 냉정하게 생각해보자. 일정한 토지를 소유한 마을에서 모든 사람이 공동으로 토지를 소유하고 함께 일하며 같이 나누어 먹는 것이 좋겠는가, 아니면 힘 있고 능력 있는 사

람이 토지 대부분을 차지하고 다른 사람들은 그 토지를 빌려서 농
사를 짓는 것이 더 좋겠는가? 또한 우리는 사회주의 국가에서도
루소가 말하는 것과 같은 자연적 불평등은 인정되며 소비재의 사
유화가 인정된다는 점을 감안해야 한다. 토지나 공장 등 생산수단
의 사유화만이 폐지되는 것이다.

　김남주가 자유민주주의를 비판한 것은 자유민주주의가 자본주의
를 신성한 것으로 여기며 자본의 법칙에 따른 인간의 착취, 인간의
소외문제에 눈을 돌리지 않기 때문이다. 많은 사람이, 특히 고등교
육을 받은 지식인까지도 자유민주주의(혹은 그냥 민주주의)를 사회주
의(혹은 공산주의)에 대한 반대개념으로 이해한다. 그러나 이는 잘
못 알고 있는 것이다. 민의에 따라 정치가 이루어지는 '민주주의'
의 반대개념은 소수의 자의에 따라 정치가 이루어지는 '독재주의'
혹은 '전제주의'다. 개인의 사유재산을 인정하며 돈(자본)이 중심이
되는 자본주의의 반대개념이 개인의 사유재산을 인정하지 않고 공
동으로 재산을 관리하는 '공산주의'다. 그러므로 우리는 공산주의
에서 민주주의가 더 잘 실현될 수 있느냐, 자본주의 혹은 자유민주
주의에서 더 잘 실현될 수 있느냐를 물을 수 있을 뿐이다. '자유민
주주의'라는 개념 자체도 적합하지 않다. 자유가 없다면 민주주의
가 실현될 수 없고 민주주의가 아니라면 자유의 실현이 불가능하
기 때문에 그냥 '민주주의'라는 용어만으로도 충분할 것 같다. 어
떤 사람은 '자유민주주의'가 '독재민주주의'나 '사회민주주의'의 반
대개념이라고 반박할 수도 있다. 그러나 이 경우 '자유'라는 말에

담긴 의미가 문제이다. 이 '자유'가 마음대로 돈을 벌고 마음대로 착취할 수 있는 자유라면 '자유자본주의'라는 말이 더 어울릴 것 같다. '자유'와 '민주주의'를 혼합하여 자본에 의한 착취의 본질을 은폐하려 하는 것은 온당하지 않다. 자본주의가 시작되는 시점에서 봉건귀족들을 향해 이 말을 사용했더라면 민중에게 찬사를 받았을 것이다.

자본주의의 모순을 어느 정도 간파한 서구에서는 사회보장제도를 통해 그 모순을 극복하려 한다. 예컨대 독일에서는 유치원부터 대학까지 수업료가 없다. 사립대학이 없고 모든 대학을 주에서 운영하며 대학 간 격차도 없기 때문에 학생들은 학기별로 대학을 옮길 수 있다. 부모의 수입이 적은 대학생들에게는 오히려 국가에서 생활비를 지원해준다. 돈이 없어 병원 앞에서 죽어가는 환자도 없다. 실업자에게는 일정 기간 실직 보조금이 국가에서 지급되며 연금이나 국가 보조금에 의해서 노인들은 자식들에게 의존하지 않고도 여생을 보낼 수 있다. 한국은 어떠한가? 일본, 미국으로부터 세계에서 가장 나쁜 자본주의를 받아들였다. 아니 강요되었다. 돈이 있으면 안 되는 일이 없고 돈이 없으면 되는 일이 없다. 유전무죄요 무전유죄다. 이러한 상황에서 양심적인 시인 김남주가 어떻게 침묵을 지킬 수 있었겠는가?

김남주의 자유민주주의의 비판은 두 방향에서 이루어진다. 하나는 자본가에 의한 노동자들의 착취를 겨냥한 것이고 다른 하나는 자본주의 사회에서 인간이 소외되는 현상을 겨냥한 것이다.

오 노동자여 그 노동으로

인간의 새벽을 열었던 대지의 해방자여

자본의 세계에 와서 그대는

말하는 도구로 전락하게 되었구나

그 도구가 자본가의 배를 채워주는 동안에만

그대의 목숨은 붙어있게 되었구나.

—〈사료와 임금〉 부분, 《조국은 하나다》

자본주의 사회구조 안에서 노동자는 자본가와 계약을 체결할 때만 자유롭고 그 이후부터 자본가의 노예로 전락한다. 이러한 사실을 은폐하기 위해 자본가와 자본가를 도와주는 정부, 부패한 언론들은 '노동자'라는 말 대신에 '근로자'라는 말을 만들고 노사화합과 같은 슬로건을 내세우지만 이는 자본가를 지키려는 교묘한 수단일 뿐이다. 자본 자체가 바로 착취와 연관되기 때문이다.

전쟁이 터지고 나는

쌈터로 끌려갔다

앞장세워져 맨앞 부자들의 총알받이가 되었고

사람들은 그런 나를 두고

나라 국경 지키는 용사라 했다

쌈질이 끝나고 고향은 쑥밭이 되고

나는 건설대에 끌려갔다

소나 말이 되어 게거품을 흘렸고

사람들은 그런 나를 두고

나라살림 일으키는 역군이라 했다

겨울이 오고 한파가 밀어닥치고

굶주림과 추위 혹사에는 더는 못견뎌

에헤라 가더라도 내일 삼수갑산 들고 일어섰다

그러자 이번에는 감옥으로 끌려갔고

사람들은 그런 나를 두고

나라 팔아먹은 역적이라 했다.

—〈읽을 줄도 쓸 줄도 모르는 어느 백성의 이야기〉 전문, 《조국은 하나다》

군인이나 노동자들이 건전한 역사의식을 지니고 있을 때, 다시 말하면 민중이 눈을 뜰 때 새로운 역사는 시작된다.

노동에서 멀어 질수록 인간은 동물에 가까와진다

보라 논과 밭에서 도시의 일터에서 멀리 떨어져

남의 노동으로

하루를 살고 달포를 살고 삼백예순 날을 사는

그런 사람들의 생활이 어떤 것인가를

인간의 타락은 최초로

제 노동에서 떠나 남의 노동으로

먹고 입고 사는 계급이 생기기 시작한 때와

그 역사를 같이 한다

사유재산 이것이 타락의 뿌리다

생산은

수천 수백만의 노동자가 하고

소유는

한두 놈의 자본가가 하고

이런 관계는 유지되어야 하는가

—〈노동과 그날그날〉 부분, 《조국은 하나다》

  김남주는 시 〈노동과 그날그날〉이 끝나는 곳에서 다음과 같은 주
를 붙인다.

  "〈노동과 그날그날〉은 내 평생 써야 할 연작시이다. 노동이 끝
나는 곳에서 내 시도 끝날 것이다. 여기서 말하는 노동이란 자연에
노동을 가해 인간의 필요를 충족시켜주는 어떤 생산물을 생산하는
것에 국한되지 않는다. 인간에 의한 인간의 착취에 대한 투쟁도 나
에게 있어서는 노동이다. 우리 시대는 이 투쟁으로서의 노동이 더
절실하고 긴박하게 요구되고 있다."(《조국은 하나다》, 185쪽)

  물론 김남주가 말하는 정신노동이란 생산에 종사하는 노동자의

편에서 투쟁하는 건전한 활동이다. 자본가의 편에서 착취를 도와
주는 나쁜 활동(체포, 고문, 구사대, 어용노조, 자유민주주의 언론, 소시민
적 지식인 등)을 그는 옳은 노동에 포함시키지 않는다.

> 지상의 모든 富
> 쌀이며 옷이며 집이며
> 이 모든 것의 생산자여
>
> 그대는 충분히 먹고 있는가
> 그대는 충분히 입고 있는가
> 그대는 충분히 쉬고 있는가
> 그렇지 않다 결코
> 그대는 가장 많이 일하고 가장 적게 먹고 있다
> 그대는 가장 따뜻하게 만들고 가장 춥게 입고 있다
> 그대는 가장 오래 일하고 가장 짧게 쉬고 있다
>
> ―〈민중〉 부분, 《조국은 하나다》

　착취자이거나 착취의 그늘에 붙어사는 사람들은 가난에서 벗어
나 선진국이 되고 있는 한국에 김남주가 말하는 것과 같은 착취가
이미 사라진 것이 아니냐고, 그러므로 김남주의 시는 현실성이 없
고 추상적이라고 반박할지 모른다. 그러나 그런 사람들은 서울 주
변 달동네나 시골 혹은 공장에 가서 그곳에서 살아가는 사람들의

이면을 들여다볼 필요가 있다. 아니면 역이나 버스 터미널 주변에서 구걸하는 사람들의 모습이나 길거리를 비참하게 방황하는 노숙자들의 모습을 보아도 된다. 생활고 탓에 자살이나 범죄를 저지르는 사람들이 얼마나 많은가를 매일 신문에서 읽기만 해도 된다.

예컨대 1980년대 초반에 부산에서 생활고에 시달리던 한 가장이 3남매를 바닷가로 데리고 가 억지로 물에 빠뜨려 죽인 사건이 있었다. 대도 조세형이 국회의원과 의사 집에 들어가 시가 2,000여만 원짜리 물방울 다이아몬드 반지와 까르띠에 여성 손목시계 등을 훔친 사건을 우리는 아직도 생생하게 기억한다. 1988년 10월 23일 자 〈조선일보〉를 보자. 문교부 집계로 당시 전국에서 국교생 8,155명이 그리고 서울에서만 2,025명이 점심을 굶고 있다는 기사가 '부동산 고액 투기 123명 명단 공개'라는 기사와 나란히 실려 있다. 고액투기자 가운데 5억 이상을 탈세한 사람이 39명이나 되었다. 1989년 2월 15일 자 〈한겨레신문〉에 의하면 당시 50만 평 이상의 땅을 소유한 자가 682명이며 전 인구의 5퍼센트에 해당하는 부자들이 전국의 임야 84.1퍼센트를 차지하고 있었다. 대통령이던 노태우는 수천억 원의 검은 돈을 착복했던 것이 훗날 밝혀졌다. 이 시기의 초등학생 점심값은 단돈 1,000원도 못 되었다. 1988년 6월 27일 서울에서 14살 된 소년 공원이 '공장이 불타면 쉴 수 있을 것 같아서' 공장에 불을 지른 사건이 일어났다. 대구에서 촌놈이라고 무시당한 데 분개하여 한 농촌 청년이 호텔 나이트클럽에 불을 질러서 일어난 참상, 부자들을 모조리 죽여야 속이 풀리겠다고 이를 갈던 지존파들의 독기 어린 모습, 부녀자들을 납치하여 팔아먹는 인신매매, 지하철 공사장의 가스 폭발, 성수대교와 삼풍백화점 붕괴, 윤락 여성들의 방화사건 등 크고 작은 사건들이 엄밀하게 따져 보면(현상이 아니라 본질을 분석하면) 결국 자본주의 사회구조의 모순, 특히 가진 자에 의한 못 가진 자의 착취와 연관되어 있다. 물론 자본주의 사회 안에도 나쁜 일과 더불어 좋은 일, 어두운 면과 함께 밝은 면이 있고 밝게 살아가려는 사람도 많다. 그러나 "세상 참 재미없어 못 살겠다, 콱 뒤집어져 버리면 좋겠다!"라 생각하는 사람이 더 많다는 데 문제가 있다. 1996년 2월 25일 자 〈한겨레신문〉은 서울대학교 사회복지연구소의 '소득분배구조에 관한 연구 보고서'를 보도했다. 이 보고서에 의하면 1966년에서 1992년 사이에 최고-최저 계층의 소득차가 4배가량 증가했고 극빈층 비율이 여전하며(8.7퍼센트) 사회보장제도가 오히려 고소득층에 유리하게 작용하여 빈부격차를 가중시켰다.

김남주의 비판은 착취 문제에만 집중되지 않는다. 그는 자본주의 사회구조 속에서는 가진 자나 못 가진 자, 힘 있는 자나 힘없는 자, 착취하는 자나 착취당하는 자 모두 소외될 수밖에 없다는 사실에 눈을 돌린다. 쉽게 말하면 인간이 인간다운 삶을 누릴 수 없다는 것이다. 왜냐하면 자본주의 사회에서는 돈이 모든 것을 지배하므로 인간의 가치도 돈의 유무에 따라서 평가되기 때문이다. 모든 인간관계에서 무의식적으로 경제적인 이해타산이 작용한다. 다방에 앉아 있는 사람, 길거리를 지나다니는 사람들의 모습을 유심히 살펴보라. "어디 한탕 할 데 없나?" 하고 노리는 것 같은 모습들이다. 우리 민족의 성향이 잘못되어 그러는 것은 결코 아니다. 몇몇 개인의 잘못만도 아니다. 네가 죽지 않으면 내가 죽고 네가 손해를 보지 않으면 내가 손해를 보아야 하는 자본주의 법칙에 찌든 결과이다. 왜 같은 민족인 남북한 사람이 다른 성격을 지니고 있는가? 자본의 법칙은 냉정한 '이리의 법칙'이다. 자본의 법칙은 인간성이라든가 동지애 같은 것을 허용하지 않는다. 돈벌이를 위해서 조직(갱단, 사기단, 부동산 투기단 등)이 생기지만 돈을 얻고 나면 이 돈 때문에 다시 이들 사이에서 투쟁이 시작된다. 부자들은 더 많은 돈을 벌기 위해 혈안이 되어 있다. 돈 앞에서는 사랑도 우정도 부성애나 모성애도 부부 관계도 순식간에 물거품이 된다. 다른 사람의 목숨을 파리 목숨보다도 더 하찮게 생각하는 풍조가 만연한다. 이 모든 악폐가 자본주의라는 사회구조에서 연원하는 소외 현상임에도 불구하고 자유민주주의를 선전하는 부르주아 지식인들은 자본주의의 근본적인 모순에 대하여 눈감아버리거나 자본주의의 본질 문제만 나오면 꿀 먹은 벙어리가 된다. 혹은 그것은 인간이 영원히 피할 수 없는 모순이기 때문에 종교에 귀의하라고 권유하거나 그래도 사회주의 국가에서보다는 낫다는 식으로 얼버무린다. 그러나 얼버무리거나 미지근한 것을 가장 싫어했던 김남주는 거짓말을 하지 않는다.

다만 억울한 것은 벗이여 (그대는 고개를 끄덕여 주겠지)

세상의 모든 죄악의 뿌리

사유재산의 뿌리를 뽑아버리지 못하고 가는가 하는 것이라네

…

나는 죽으면서 유산으로 남기지 않겠네 가난한 사람들에게

나는 천주학쟁이가 아니기 때문에 기도와 자비를

나는 자선사업가가 아니기 때문에 부자들이 먹다버린 뼈다귀를

나는 자유주의자가 아니기 때문에 허위의 가면을 쓴 이데올로기를

(자유주의는 지배자들에게는 타협과 복종의 이데올로기고 가난뱅이들에

게는 반동과 배신의 이데올로기다)

학대받는 이들에게 유산으로 남기지 않겠네

나는 남겨 두고 가겠네 민중들에게

부자들과 싸워서 잃은 것이라고는 착취와 억압 밖에는 없는

밤 하늘의 별처럼 헤아릴 수 없이 많은 민중의 자식들에게

바위와 같은 단결을 남겨 두고 가겠네

철의 규율과 같은 조직을 남겨 두고 가겠네

언젠가 내가 부자들의 모가지에 들이 대었던 사랑의 무기

나의 칼 나의 피를 남겨 두고 가겠네.

—〈죽음을 대하고〉 부분, 《조국은 하나다》

사유재산 문제는 자본주의의 모순과 연관되는 가장 핵심적인 문제이다. 자유민주주의에 대한 비판도 그러므로 이 문제와 직결되어 있다.

위에는 자본가가 주인으로 앉아 있고

밑에는 노동자가 종으로 깔려 있고

한 나라에 두 국민이 주인과 종으로

갈라져 있는 나라 그런 나라에서는

먹고

자고

싸고

그런 동물적인 자유는 있어도

등쳐 먹고

속여 먹고

뺏아 먹고

그런 약육강식의 자유는 있어도

한 사람은 만인을 위해

만인은 한 사람을 위해

일하고

노래하고

싸우는

그런 자유는 없다네

감옥에도 없고

감옥 밖에도 없다네

—〈담 안에도 담 밖에도〉 부분, 《솔직히 말하자》

모든 것을 경쟁으로 몰아가는 자본주의 사회에서는 인간성이 훼손되지 않을 수 없다. 황금만능주의가 인간성을 파괴한다.

역시 돈이다 돈의 낯짝에는
체면이고 뭐고 양심이고 뭐고 없다
돈의 얼굴에서 인간성을 찾는 것은
갈보의 보지에서 처녀성을 찾는 것처럼 무익하다.

—〈침발라 돈을 세면서〉 부분, 《조국은 하나다》

자본주의 사랑은
남자가 여자에게 여자가 남자에게 1회용 반창고고 인스턴트 식품
이다
낮과 밤이 없이 돌아가는 포르노 영화다
개씹이고 닭씹이고 말씹이다
당나귀 좆이 여성의 우상이다.

—〈자본주의 사랑〉 부분, 《조국은 하나다》

자본주의 사회에서 돈은 인간성뿐만 아니라 순수한 남녀 간의 사랑도 오염시킨다.

"도대체 인간이란 것에 지쳤소. 자연 속에서 인간처럼 잔혹하고 야비하고 저속하고 이기적인 동물이 또 있을까요? 이리, 늑대, 여우, 재컬(여우와 늑대의 중간형으로 사자를 위해 짐승을 사냥한다는 짐승)

까지도 제 종족만은 해치지 않을 것이오./ 소위 만물의 영장이라고 하는 인간만이 제 사적인 욕망을 채우기 위해 제 종족을 학살하고, 속이고, 우롱하고, 억압하고, 천대하고, 경멸하고, 잡아먹을 것이오./ 인간 일반에 대한 환멸은 아니오, 이기심이 본질인 자본주의 사회의 인간에 대한 환멸이오."(〈단식은 수인에게 남은 유일한 무기〉, 《산이라면 넘어주고 강이라면 건너주고》, 104쪽)

"항상 내가 하고 싶은 말이지만 인간은 노동 특히 육체노동에서 멀어질수록 짐승에 가까와진다오. 제 노동으로 하루를 살지 않는, 다시 말해서 남의 노동으로 살아가는 족속들을 보시오. 그들이 얼마만큼 추악하게 비인간적인 삶을 살아가고 있는가를. 나는 남의 노동의 대가로 호의호식하며 세상에도 희한하고 동물적인 쾌락을 즐기는 가진 사람들보다 그들 때문에 비인간적인 삶을 강요당하며 어렵게 어렵게 일하며 살아가는 못 가진 이들이 더 인간적이고 덜 불행하다고 생각하고 있소."(〈콩알 하나라도 나눌 수 있는 세상을 위해〉, 《산이라면 넘어주고 강이라면 건너주고》, 134쪽)

"그들 자본가에게서 인간성을 기대한다는 것은 악마에게서 선의를 기대하는 것보다 더 어리석은 일입니다. 놈들은 타협이나 화해의 대상이 아니라 오직 타도의 대상일 뿐입니다. 놈들은 가난에 있어서 우리 민중의 불구대천의 원수입니다. 놈들은 외적의 앞잡이이고 해방과 통일의 길에 가로놓인 장애물입니다.(〈아홉번째 맞이하는 감옥 속의 봄〉, 《산이라면 넘어주고 강이라면 건너주고》, 181쪽)

"나는 자본주의 사회의 이기주의적 계산에 너무 많이 오염되어 있어요, 똥바다에 빠지지 않고 누구도 이 사회에서 순결하게 살 수 없어요."(〈시인은 싸우는 사람〉,《산이라면 넘어주고 강이라면 건너주고》, 202쪽)

"우리 사회에서 돈을 벌자면 구두쇠처럼 인색해야 하고 정나미가 떨어질 정도로 모질어야 하고 심지어는 자기의 이익을 위해서는 남을 속일 줄 알아야 하고 남의 신세마저 망쳐 먹어도 눈 하나 까딱하지 않을 만큼 독해야 하니까요."(〈돈 버는 사람들〉,《산이라면 넘어주고 강이라면 건너주고》, 228~229쪽)

"요즘 세상은 시골에서 싱싱한 건강과 아름다운 영혼을 지니며 살려는 남녀들을 가만두지 않는다. 어떻게 해서든지 탐욕으로 질척거리는 도시의 뒷골목으로 끌어들여 타락의 쓰레기통에 처박아 놓든지, 공장지대의 그으름으로 더럽혀진 굴뚝 속으로 처박아 넣어버린다. 그리고 싱싱하고 아름다운 사람은 도대체가 오래 살 수 없는 곳이 우리 사회의 거짓 없는 현상이다. 이 현상이 도시로 도시로 농촌의 건강한 젊은 남녀를 흡사 자석으로 끌려가듯 이끌어가서 가혹한 노동과 비인간적인 거래가 악귀처럼 날뛰는 거대한 괴물과도 같은 세계에 매몰시켜 버리고 만다. 오직 돈과 관계되는 추악한 육욕적인 사랑만이 지고의 가치로 변해버린 사회이다."(〈농촌의 기막힌 현실〉,《산이라면 넘어주고 강이라면 건너주고》, 230쪽)

김남주의 위대성은 그가 자본주의의 모순을 파헤치고 자본주의 원리에 따라 살아가는 남한 사람들의 소외된 모습을 밝히는 데 있다기보다 오히려 혁명을 통해 자본주의적 사회구조를 무너뜨리라고 거침없이 외치는 데 있다. 그는 가진 자들의 선의나 양심, 동정, 화해 따위를 기다리는 나약한 감상주의자가 결코 아니었다.

> 대지로부터 곡식을 거둬들이는 농부여
> 바다로부터 고기를 길러내는 어부여
> 화덕에서 빵을 구워내는 직공이여
> 광맥을 찾아 불을 캐내는 광부여
> 돌을 세워 마을의 수호신을 깎아내는 석공이여
> 무한한 가능성의 영원한 존재의 힘 민중이여!
>
> 그대의 삶이 한 시대의 고뇌라면
> 서러움이라면 노여움이라면
> 일어나라 더 이상 놀고 먹는 자들의
> 쾌락을 위해 고통의 뿌리가 되지 말고
>
> 이제 빼앗는 자가 빼앗김을 당해야 한다
> 이제 누르는 자가 눌림을 당해야 한다
> 바위 같은 무게의 천년 묵은 사슬을 끊어 버려라
> 싸워서 그대가 잃을 것이라고는 아무 것도 없다 쇠사슬 말고는
> 승리의 세계가 있을 뿐이다.
>
> ―〈민중〉 부분, 《조국은 하나다》

투쟁의 목표가 인간에 의한 인간의 착취를 송두리째 뽑아버리는 혁명이지 타협이나 개혁이 되어서는 안 된다.

폭군의 모가지에 숨통이 붙어 있는 한
자유는 질식한다 이것은 진리다
이 진리를 거부한 자 있으면 그는 필시 겁보일 터

부자의 배때기가 불룩불룩 숨을 쉬고 있는 한
가난뱅이 창자는 쪼르륵 소리를 면치 못한다 이것은 진리다
이 진리를 거부한 자 있으면 그는 필시 사기꾼일 터

그래 나는 묻겠다 겁보에게
그 모가지에 칼이 들어가지 않고
폭군이 억압의 사슬을 놓은 적이 있었던가
역사 이래 있었던가

그래 나는 묻겠다 사기꾼에게
그 배때기에 칼이 들어가지 않고
부자들이 착취의 손아귀를 놓은 적이 있었던가
역사 이래 있었던가

대답하라

대답하라

대답하라

―〈대답하라 대답하라 대답하라〉 전문, 《솔직히 말하자》

노동자보다 훨씬 더 유리한 방어수단을 장악하고 있는 자본가들이 스스로 물러나는 일은 없다. 혁명에 의해 이들을 무너뜨리고 노동자뿐만 아니라 자본가들도 스스로의 오류와 질곡에서 해방되게 하는 일이 바로 투쟁의 목적이다.

"되풀이 말해서 노동자는 해방투쟁의 모든 전선에서 선두에 서야 합니다. 자기 계급의 배타적이고 이기적인 울타리에 갇혀서는 안됩니다. … 노동자는 자기 자신만을 자본가로부터 인간적인 대우를 받음으로써 자기 자신을 해방시키는 것이 아니라 피억압민중 전체를 해방시킴으로써 비로소 자기를 해방하는 것입니다. … 노동자는 전 인류의 해방자로 떨쳐 일어서서 싸울 때 자기 해방도 가능한 것이지 자기의 계급적인 편협함에 사로잡혀 전 인류의 행복을 망각하면 자기 자신의 행복도 획득하지 못합니다."(〈나의 시의 한계를 단정하는 당신에게〉, 《산이라면 넘어주고 강이라면 건너주고》, 214쪽.)

김남주의 삶이나 문학이나 인생관을 자유민주주의의 잣대로 재려 하는 사람은 김남주를 옳게 이해하거나 평가할 수 없다. 자본주의의 본질 문제를 건드리지 않고 김남주에 접근하려는 사람은 김남주의 핵심을 비껴갈 뿐이다. 김남주를 옳게 이해하고 비판하는 것과 김남주의 핵심을 비껴가는 것은 전혀 다른 문제에 속한다. 김남주는 누구 못지않게 '자유'와 '민주주의'를 사랑했다. 그러나 그것은 인간에 의한 인간의 착취를 종식시키는 인간해방과 분리될 수 없기 때문에 그것을 간접적으로 합리화하는 자유민주주의의 허상을 파헤치고 비판하지 않을 수 없었던 것이다.

너털웃음 짓고 있는 김남주.

유물론과 관념론 ———————————

김남주는 학교에서보다도 오히려 감옥에서 철학 공부를 많이 한 듯하다. 감옥에서 그는 애인이나 가족들에게 루카치의《청년 헤겔》, 녹두 출판사에서 펴낸《세계철학사》(I~Ⅲ), 청목 출판사에서 펴낸《철학사전》등을 구해서 넣어달라고 부탁하는 편지를 보냈다. 이런 책들을 통해서 맑스주의는 물론 유물론 철학 일반에 관해 포괄적인 지식을 습득하고 그의 세계관을 보다 확고하게 구축해 간 것 같다. 이는 그의 시가 깊은 의미를 지닐 수 있는 토대가 되었으며 김남주의 문학정신을 이끈 나침판 역할을 했다. 이 가운데서《세계철학사》는 맑스주의 입장에서 쓴 철학교과서라고 말할 수 있다. 이 책이 그의 손에 들어갔는지 확실하지 않지만 김남주의 세계관은 전반적으로 맑스주의의 영향을 많이 받은 것이 분명하다. 그러므로 우리는 먼저 맑스주의의 근간이 되는 유물론의 본질, 발생 동기, 발전과정을 자세하게 이해할 필요가 있다. 맑스주의철학은 변증법적 유물론과 역사적 유물론으로 구성되어 있다.

철학의 가장 중요한 핵심문제가 유물론과 관념론 사이의 논쟁이다. 철학의 다른 문제들(존재론, 인식론, 가치론, 미론 등의)은 이 핵심 문제가 어떻게 해결되느냐에 따라서 좌우되었다. 서양 철학이 최초로 발생한 곳은 그리스였고 서양 철학의 아버지라 불리는 탈레스는 "아르케는 무엇인가?"라는 최초의 철학적 질문을 던졌다. 그리스 말 아르케arche는 '원질'의 의미를 지닌다. 그러므로 탈레스는 이 세상의 모든 것이 발생되어 나온 최초의 근원을 물었고 그것이 물이라고 대답했다. 물은 일종의 물질이다. 물론 탈레스 이전에도 인류는 이런 물음을 제기했고 또 나름대로 해답을 시도했다. 그러나 이전의 해답들이 상상을 기초로 하는 신화적인 색채를 지녔다면 탈레스에서부터 신화적이 요소가 제거되고 당시까지 가능한 과학적인 지식에 의거하여 해답이 시도되었다.

여기서 우리는 종교와 철학과 과학의 관계를 잠시 음미해보기로 하자. 과학이 일정한 대상을 집중적으로 연구하는 학문이라면(예컨대 물리학은 물리현상만을, 수학은 수의 관계만을, 사회학은 사회현상만을) 종교와 철학이 다루는 대상은 일정하게 제한된 것이 아니다. 모든 대상이 철학과 관계된다고 말할 수 있다. 우주, 자연, 인간, 사회, 역사, 예술, 도덕 등 철학이 관여하지 않는 것이 없다. 종교와 철학은 일정한 대상을 다루지 않고 포괄적으로 삶의 문제를 추구하는데서 비슷한 성격을 지닌다. 종교와 철학 모두 삶의 목적은 무엇이며 가장 행복한 삶은 무엇인가를 묻고 나름대로 해답한다. 더 간단히 말하면 진리가 무엇인가를 제시한다. 그러나 종교에서는 진리가 계시나 깨달음을 통해서 이미 정해져 있는 반면 철학에서는 그때그때 도달한 과학적 지식을 기초로 하여 진리의 내용을 새로이 규정하는 데서 양자 사이에 커다란 차이가 나타난다. 이미 정해진 종교의 진리는 새로운 과학 지식에 의하여 뒤바뀔 수 없지만 철학에서는 그러한 진리가 결코 용납되지 않는다. 철학자는 스스로의 성찰과 과학적 지식을 동원하여 모든 문제를 새롭게 규명한다. 철학자에게 신성불가침한 권위는 있을 수 없다. 그러므로 종교에 아부하지 않는 참된 철학자들은 때때로 종교로부터 박해를 받는다. 올림푸스 신전을 중심으로 하는 그리스신화의 타당성을 의문시하고 양심에서 들려오는 내면의 목소리에 귀를 기울여야 한다고 가르쳤던 소크라테스는 청년들을 유혹했다는 죄목으로 독배를 마셔야 했으며, 우주가 무한하다고 주장했던 근세의 철학자 브루노Bruno는 그것이 성서의 교리와 위배된다 하여 가톨릭교회의 재판을 받고 1600년에 로마의 광장에서 화형당해야 했다. 올바른 철학자들은 이처럼 결코 종교와 야합하지 않고 스스로의 진리를 위해서 목숨을 바칠 각오를 하는 것이다. 이것이 철학자와 과학자가 구분되는 또 다른 측면이다. 자기의 새로운 이론 때문에 목숨을 바치는 과학자는 드물다. 종교나 독재정권으로부터 박해받는다 해도 갈릴

레이처럼 스스로의 생각을 양보하면 그만이다. 그래도 그는 과학자이며 그의 과학적 진리는 손상되지 않는다. 과학적 지식을 삶의 의미와 직결시키지 않기 때문이다.

탈레스가 보여준 것처럼 서양 초기의 철학자들은 대부분 철학자인 동시에 과학자였다. 과학이 세분화되지 않은 상태에서 철학과 과학이 뒤섞였다. 또한 이들은 대부분 유물론자였다. 유물론이란 무엇인가?[5]

세계에 존재하는 모든 것은 인간의 의식 밖에서 존재하는 물질적인 것과 인간의 의식 안에 존재하는 정신적인 것으로 나누어진다. 물질과 의식의 관계에 대한 해답에서 철학은 서로 상반되는 두 방향으로 갈라지는데 그것이 유물론과 관념론이다. 유물론은 물질이 맨 먼저 존재했고 의식과 사유는 물질로부터 발생한 산물이라고 주장한다. 그러므로 세계가 어떤 절대자에 의해서 창조된다는 것은 있을 수 없는 일이다. 물질은 영원하며 불생불멸이다. 이에 반하여 관념론은 정신적인 것을 모든 세계의 근원으로 간주한다. 정신이 자연에 앞서 혹은 자연으로부터 독립하여 그 자체로 존재하고 물질이나 자연은 이러한 정신적인 것으로부터 발생한 산물이다. 관념론자들은 물질의 영원성을 부정하며 영원한 정신적인 실체를 가정한다. 신은 물질이 없는 정신적인 존재이므로 태초에 신이 있었다고 가정하고 물질세계가 신에 의해서 창조되었다고 주장하는 종교도 일종의 관념론이다. 어떤 사람들은 중간 입장을 취하여 물질과 정신이 처음부터 독자적으로 존재한다는 이원론적 세계관을 내세우기도 한다. 그러나 이들은 물질과 정신 사이의 통일이나 연관을 설명할 수 없고 그러므로 모호하고 철저하지 못한 입장에 빠진다. 결국 이들은 관념론으로 나아가게 된다.

유물론자들은 세계가 인간의 의식으로부터 독립하여 존재하고 세계 속의 다양한 현상 사이에는 인간의 의식에 의해서 결정되지 않는 객관적인 연관성, 곧 법칙이 존재한다고 주장한다. 동양철학적으로 말한다면 불생불멸의 기氣가 영원히 존재하고 이理는 기의 법칙에 불과하다. 인간의 의식은 뇌라고 하는 물질에 객관적 사물이 반영되어 발생한다. 영혼이나 정신도 모두 비슷한 과정을 통해 발생하고 소멸한다. 이에 반해 관념론자들을 의식으로부터 독립되어 있는 물질의 존재를 부정한다. 관념론은 다시 주관적 관념론과 객관적 관념론으로 나뉜다. 주관적 관념론은 인간의 의식이 모든 것을 결정한다고 생각한다. 의식 밖에서 존재하는 실체와 그 객관적 법칙을 부정한다. 주관적 관념론에 빠진 영국의 경험론자들은 사물의 필연적인 법칙 대신에 습관이나 개연성을 내세운다. 이들은 인간이 먹는 사과가 그 자체로 존재하는 것이 아니라 인간의 의식 속에 존재하는 '둥글고, 빨갛고, 달고, 시고' 등의 지각이 결합된 것이라고 주장한다. 물론 경험론자들도 실제 생활에서는 자기들의 모순적인 철학에서 벗어나 물질적인 대상으로서의 사과를 먹는다. 그러나 종교를 합리화하기 위해서 이들은 독자적인 물질의 실재를 부정한다. 경험론의 영향을 받은 실증주의, 실존주의, 실용주의 등 현대 부르주아 철학이나 "모든 것이 나의 마음먹기에 달렸다"라고 설파하는 불교는 주관적 관념론에 속한다. 객관적 관념론자는 인간으로부터 독립해서 존재하는 객관적 관념이나 정신을 세계의 근원으로 간주한다. 이들은 물론 자연 속의 일정한 법칙을 인정하지만 그 근원을 자연 속에서가 아니라 자연을 벗어난 정신적인 어떤 것에서 찾는다. 자연의 인과법칙 대신 선험적인 원리를 가정한다. '이데아'나 '절대정신'을 가정하는 플라톤이나 헤겔, 기를 떠나 그 자체로 존재하는 이를 강조하는 성리학, 신을 가정하는 종교 등이 객관적 관념론에 속한다.

종교와 가까운 철학자들은 모든 것을 거슬러 올라가면 원자와 같은 물질에 도달한다고 가정할지라도 이 물질이 어디서 왔는가를 묻지 않을 수 없고 결국 물질을 창조한 신이 존재해야 된다는 식으로 유물론을 반박한다. 그러나 역으로 유물론자들은 그러면 '신은 도대체 누가 만들었는가'라고 묻는다. 이에 대해 종교인들은 그런 질문은 말도 안되며 신은 누가 만든 것이 아니라 처음부터 존재한다고 답한다. 유물론자들도 똑같이 대답한다. 물질은 누가 만든 것이 아니라 처음부터 존재하는 영원한 어떤 것이라고.

서양 철학은 유물론에서 시작되었고 고대의 유물론은 데모크리토스에서 절정에 달한다. 데모크리토스는 세계에 존재하는 것은 더 이상 쪼개어질 수 없는 본질인 원자와 텅 빈 공간으로 이루어졌으며 원자는 질적으로 동일하고 원자를 움직이는 힘이 원자 안에 내재해 있다고 주장했다. 인간의 영혼도 물질적인 원자가 섬세하게 변한 것에 불과하다. 육체가 소멸하면 영혼을 구성했던 원자도 다시 일반적인 물질적 원자로 변한다. 그러므로 영혼은 불멸이 아니라 사멸한다. 그러나 그리스의 민주 사회가 와해되는 시기에 등장한 플라톤은 불생불멸하고 완전무결하고 순수 정신적인 이데아의 세계를 고안하면서 서양 철학에 관념론을 도입했고 그것은 서양 철학의 역사에서 커다란 재앙을 낳는 불씨가 되었다. 현실의 과학적인 인식과 개조에 실망한 사람들은 항상 관념의 세계로 도피하기 마련이다.

모든 철학은 종교나 예술과 마찬가지로 그 시대의 산물이고 일정한 집단의 이익을 대변한다. 플라톤 이후 서양 철학의 역사는 유물론과 관념론 사이의 투쟁으로 점철되었다. 그것은 철학적인 논쟁에 그치지 않고 비종교인과 종교인, 진보적인 사회 세력과 보수적인 사회 세력 사이의 투쟁을 주도하는 원리가 되었다. 중세의 봉건 사회를 이끈 이념은 스콜라철학이라는 관념론이었으며 근세 시민 사회를 확립하는 시민혁명의 이념을 제공한 것은 유물론적인 계몽주의 철학이었다. 자본주의 사회의 모순을 분석하고 노동자의 편에 서서 계급이 소멸된 평범한 사회를 만들려 한 것이 유물론을 기초로 한 맑스주의 철학이었으며 제국주의와 자본주의를 옹호하고 대변하는 철학이 실존주의나 실용주의와 같은 관념론이었다.

진보적인 세력을 무너뜨리고 보수적인 사회를 계속 유지하려는 세력들은 무엇보다도 유물론을 비난하고 모멸하는 데 심혈을 기울인다. 예컨대 관념론을 옹호하는 자들은 유물론을 마치 황금만능주의나 물질주의와 동일시하려 한다. 그러나 이는 철학의 본질과 발전과정을 조금도 이해하지 못하는 데서 오는 무지의 소치이다. 유물론은 물질만능주의나 물질만을 숭배하는 생활 태도와는 정반대이다. 유물론은 물질이 정신에 앞서서 존재하며 정신의 근원이라고 주장한다. 다시 말하면 물질을 떠나서 혹은 물질에 앞서서 존재하는 정신을 부정한다. 그렇다고 정신의 작용이나 가치마저 부정하는 것은 아니다. 정신은 물질의 최후 단계에서 발생한 가장 고차적인 산물이며 그러므로 물질에 역작용을 하면서 물질을 이끌어 갈 수 있다. 발생학적으로는 2차적인 정신이 인간의 사회생활에서는 물질보다 더 중요한 역할을 한다. 물질에 대한 정신적인 역작용이 없었다면 인류의 문화는 지금처럼 발전되지 못했을 것이다. 황금만능주의는 인간의 가치를 화폐로 평가하는 자본주의 사회에서만 가능한 사고방식이다. 그러므로 황금만능주의를 조작하는 것은 자본주의를 옹호하는 관념론 철학이다. 유물론 철학은 화폐에 의해서 인간의 가치가 가늠되는 황금만능주의의 원인과 거기서 오는 인간의 소외를 과학적으로 분석하고 그에 대한 대안을 과학적으로 제시한다. 유물론은 결코 이상의 세계로 도피하거나 비합리적인 힘에 의지하여 문제를 해결하려 하지 않는다.

서양의 고대 및 근세 철학이 보여주는 것처럼 참다운 휴머니즘은 과학적인 지식과 직결되는 유물론 철학을 통해서만 가능하다. 김남주도 이러한 사실을 명확하게 인식했다. 아무리 훌륭한 이상이 제시된다 해도 관념론적 사고에 의해서는 자연과 사회가 올바르게 파악되거나 변화하지 않는다. 우리나라에서는 조선 500여 년 동안 통치 계급이 성리학과 같은 관념론을 이용하여 봉건도덕을 합리화하고 유물론적 사고를 억압하면서 과학적이고 합리적인 사고의 길을 차단했다. 물론 이 시기에도 유물론 철학이 존재했다. 김시습, 서경덕, 대부분의 실학자들, 임성주, 이규경, 최한기 등은 기氣 철학이 중심이 되는 유물론 철학을 중시했고 유물론 철학의 원리에 따라 자연과 인간과 사회를 과학적으로 분석하고 여기서 나타나는 비인간적인 요소들을 철폐하려 했다. 예컨대 봉건제도의 기초가 되는 반상의 구분이나 남존여비의 사상을 비판하고 미신 타파에 앞장섰으며 철학을 과학과 연관시켜 민중의 삶에 실천적으로 도움이 되는 방향으로 이끌어가려 했다. 그러나 그때마다 봉건 통치배들은 유물론자들을 사문난적으로 몰아세워 핍박했다. 인간과 사회를 과학적으로 분석하는 유물론에 의해서 봉건정치나 봉건도덕의 비인간적인 모습이 드러나고 결국 봉건제도의 뿌리가 흔들려 양반 계급의 기득권이 손상될 수 있는 위험을 간파했기 때문이다. 성리학을 토대로 조선 500년 동안 봉건도덕이 너무 강조되고 권장되었는데 그 결과는 어떠했는가? 공리공론에 빠진 통치배들이 국방을 게을리한 나머지 나라를 빼앗기고 무고한 민중들이 일본 식민지의 노예로 살아야 하지 않았던가?

일제 식민통치 기간에도 일본 군국주의자들은 유물론의 확장을 차단했다. 유물론에 의해서 파시즘의 본질이 드러나고 민중의 역사의식이 고조되는 것을 두려워했기 때문이다. 해방 후 잠시 유물론이 민중 사이에서 크게 확장되었으나 미국을 등에 업은 이승만

정권에 의해 박해받았고 지금까지 한국 철학은 온갖 서양의 관념론에 오염되어 있다. 관념론이 서양에서 어떤 목적으로 발생했고 서양 사람들이 왜 우리에게 관념론만을 유일한 철학처럼 권장하는가를 파악하지도 못한 채 남한의 철학자들은 외국의 새로운 학설들을 앵무새처럼 지껄이고 있다. 다행히 광주민중항쟁을 계기로 용감하고 애국적인 학생들이 자주독립을 성취해야 하는 우리나라의 현실에 가장 적합한 철학이 유물론이라는 사실을 깨닫고 관념론의 허구성을 폭로하며 유물론 습득에 앞장서고 있다. 노동해방의 이념을 제공하는 맑스주의적인 유물론에 앞서 시민혁명의 이념을 제공하는 계몽주의적 유물론의 습득도 중요하다. 왜냐하면 한국의 비극은 봉건사회의 잔재를 철저히 청산하고 시민사회로 넘어가도록 견인차가 되는 시민혁명이 없었으며 시민혁명을 유도하는 계몽주의적 유물론을 습득하지 못한 데 있었기 때문이다. 봉건사회를 완전히 청산하지 못한 채 외세의 강요에 의해서 우리에게 급작스럽게 자본주의가 주입되었다. 결국 봉건 잔재와 급조된 자본주의가 혼란스럽게 뒤섞여 있는 것이 우리의 역사적 현실이다. 김남주는 자본주의의 모순을 파헤치고 인간 해방을 실현하는 데 도움을 줄 수 있는 유물론을 습득했고 일생 동안 확고한 유물론자로 남았다. 그것이 김남주를 한국의 모든 다른 민중시인을 능가하게 하는 요인 하나였다. 그는 유물론이 인간의 본질을 생산 활동인 노동에서 찾고 사회발전에서 생산관계가 중심이 되는 경제문제를 중시한다는 사실에서 출발하였다. 김남주의 말을 들어보자.

"내 시 세계의 특징이라면 사회적 현실과 인간관계를 유물론적이고 계급적인 관점에서 보는 데 있을 것이다. … 내가 이런 관점에서 현실과 인간을 보게 하는 데 큰 작용을 한 것은 자본주의의 발전법칙과 유물론적 세계관에 관한 내 나름대로의 교양일 테고…."(〈나는 이렇게 쓴다〉,《시와 혁명》, 67쪽)

　"사랑을 주제로 한 네루다의 시는 소위 순수시의 옹호자들이 사랑의 대상으로 또는 비유로 삼고 있는 자연의 현상이나 신화 속의 미남 미녀 따위를 인간의 노동과 물질적인 삶에서 떼어 내어 노래하지 않는다. 네루다는 하이네가 그랬던 것처럼 궁둥이 없는 비너스, 유방 없는 천사, 관념적인 천상의 여인 등을 노래하지 않는다. 그의 시에는 수없이 많은 꽃의 이름과 이슬, 바람, 별, 달, 태양이 등장하나 노동의 대지와 인간의 투쟁이 없는 자연 따위는 나오지 않는다. 한마디로 말해서 그의 시는 정신과 육체, 물질과 의식이 때로는 싸우고 때로는 합일하는 유물론적인 통일 속에서 하나로 용해되어 있다."(〈사랑과 혁명의 시인 파블로 네루다〉,《시와 혁명》, 86쪽)

　"이 참에 내가 당신에게 부탁하고 싶은 것은 어떤 대상을 보는데 있어서 관념으로써가 아니라 실제적인 구상으로써 사물과 인간을 체험하도록 노력해 봤으면 하는 것이오. 그리고 어떤 사물과 인간을 보는 데 있어서도 물질적인 것과 경제적인 요인을 소홀히 하지 말라는 것이오. 아니 오히려 경제적인 요인을 주된 것으로 하여 관찰해 보시오. 우리가 소위 인간을 해방한다고 입버릇처럼 말하고들 있지만 관념과 신과 신화로써 인간과 역사와 사회를 체험해 가지고서는 인간해방은 불가능하리라는 생각이오."(〈산이라면 넘어주고, 강이라면 건너주고〉, 《산이라면 넘어주고 강이라면 건너주고》, 23~24쪽)

"의식이 존재를 결정하는 것이 아니라 인간의 사회적 존재가 의식을 규제한다는 것을 잊지 말기 바랍니다. … 올바른 세계관, 올바른 역사관, 대지와 민중, 반反관념, 대충 이런 것들을 염두에 두고 주변을 한번 살펴보시오. 노동을 사랑하는 사람은 아마 내 생각으로는 세상에서 가장 아름다운 것을 창조할 것입니다."(〈민중과 더불어〉, 《산이라면 넘어주고 강이라면 건너주고》, 30쪽)

"사회 현실을 인식하는 데 기초과학으로서 경제학은 나와 같은 리얼리스트 시인에게 필수 불가결한 학문이라오."(〈내가 드리는 사랑의 시〉, 《산이라면 넘어주고 강이라면 건너주고》, 71쪽)

유물론을 최고형식으로 체계화한 철학이 맑스주의다. 김남주가 어느 정도로 맑스와 엥겔스의 이론들을 습득했는지 분명하지 않다. 다만 맑스주의의 철학을 잘 알고 있다는 사실이 그의 글과 시에서 드러난다. 물론 그는 어떤 철학자의 이론을 체계적으로 연구할 필요도 없었고 또 그러한 현학적인 연구를 생득적으로 싫어했기 때문에 일반적인 독서를 통해서 중요한 것을 자기 사상의 피와 살로 만들어간 것 같다. 그는 여러 곳에서 맑스 혹은 맑스주의자들의 말을 인용하거나 원용하고 있다.

"사물에서 적대적인 모순은 투쟁에 의해서만 해결된다든지 물질적인 힘은 물질적인 힘에 의해서만 전복된다든지 하는 마르크스주의자의 명제가 있는데 내 시의 '전투성'도 그런 명제에 비추어

서 보면 크게 틀리지 않을 것이다."(〈나는 이렇게 쓴다〉, 《시와 혁명》, 72쪽)

"진리란 실천을 통해서 깊어지고 폭이 넓혀지는데 지금의 나의 처지로는 책을 통한 간접적인 실천밖에 경험할 수 없소. … 난 편력 기사의 시절은 종지부를 찍고 이제 수업 시절에 임하고 있소."(〈화로 속의 불씨처럼〉, 《산이라면 넘어주고 강이라면 건너주고》, 37쪽)

맑스와 엥겔스는 많은 저술을 남겼지만 그 가운데서도 가장 중요한 저술이 맑스의 《자본론》이다. 자본주의를 분석한 이 책에서 맑스는 자본주의가 자본 자체의 법칙에 의해서 필연적으로 몰락한다는 사실을 제시했다. 자본은 그 본질상 소수에게 집중되기 마련이고 자본가는 보다 많은 이윤을 얻기 위해 과잉생산을 하고 노동자를 착취한다. 그 결과 실업이 늘어나고 물가가 오르며 빈곤이 증대된다. 그것은 자본가의 악의에 의해서라기보다도 자본 자체의 법칙에 의한 것이다. 자본주의 사회에서는 자본가나 노동자나 다 함께 자본의 법칙을 벗어날 수 없다. 그것은 생산력과 생산관계 사이의 적대적인 모순으로 치닫는다. 빈곤, 실업, 착취, 경제 공황 등으로 사회가 혼란해질 때 노동자계급은 단합하여 혁명을 일으키고 사유재산을 폐지한다. 자본가계급이 무너지고 착취가 사라지는 새로운 사회가 건설된다. 자본의 모순이 혁명의 객관적 요인이라면 노동자들의 계급의식과 조직적인 활동이 주관적 요인이다.

자본주의 사회가 무너지고 나타나는 사회형태가 맑스주의에 의하면 사회주의와 공산주의다. 사회주의는 자본주의가 무너진 뒤 나타나는 과도적인 제도로서 최후의 이상적인 사회인 공산주의의 실현을 위한 준비 단계다. 맑스주의에 따르면 사회주의는 '능력에 따라 일하고 일한 만큼 가져가는' 사회이며 공산주의는 '능력에 따라 일하고 필요한 만큼 가져가는' 사회이다. 사회주의와 공산주의에서는 지금까지의 역사발전 단계에 존재했던 사유재산과 계급이 소멸되며, 따라서 인간에 의한 인간의 착취가 사라진다. 생산수단의 사유화가 허용되지 않음으로써 자본가가 존속할 수 없다. 물론 생산수단 외의 소비재에 한해서는 사유재산이 인정된다. 국가는 자본주의 사회로부터 간섭과 침략을 막아내기 위한 과도적인 현상이며 온 세계에 사회주의가 실현되면 국가도 자연히 소멸한다. 맑스주의에 의하면 사유재산이 폐지되는 사회에서만 정치적 자유와 경제적 자유를 포함한 가장 현실적인 자유가 실현된다.

김남주는 맑스와 엥겔스가 비판하고 극복하려 했던 사회적 모순이 존재하는 한 맑스주의가 유효하다는 확신을 가졌다. 인간에 의한 인간의 착취가 존재하는 곳에서 김남주는 투쟁의 고삐를 늦출 수 없다고 다짐했다. 그는 말했다.

"시인은 억압과 착취가 있는 곳에 있어야 한다."(〈시인은 사회변혁의 주체〉,《시와 혁명》, 216쪽)

"싸움할 상대가 없어지면, 민족을 억압하고 민중을 착취하는 무리들이 없어지면 나의 시도 썩어지지 않을 것이오."(〈이상 사회를 위해〉,《산이라면 넘어주고 강이라면 건너주고》, 106쪽)

김남주는 감옥에서 나온 뒤에도 투쟁의지를 포기하지 않았다.

1992년에 출간된 그의 시집에 실린 〈벽〉이라는 시를 읽어 보자. 여기서 시인은 새로운 투쟁의 결단을 자신에게 채찍질하고 있다.

이웃 몰래 침 발라 돈을 세는 소유의 벽

이데올로기에는 눈이 먼 허위의 벽

자본과 권력이 쌓아올린 계급의 벽

벽을 보면 나는 치고 싶다
주먹이 까지도록
벽을 보면 나는 들이받고 싶다
이마가 깨지도록

오 시인이여
벽을 등지고 앉아 팔짱을 낀 채
먼 산만 바라보고 있는 젊은 시인이여
무슨 일로 그렇게 눈쌀을 찌푸리고 있느냐
창창한 나이에 생각은 무슨 생각이 그리도 깊으냐
그 내력 내 알 바는 아니다만
팔짱만 끼고 그렇게 앉아만 있지 말거라
그 마음 무엇을 찾고 있는지 내 알 수는 없다만

궁리만 하고 그렇게 바라보고만 있지 말거라

차라! 벌떡 일어나
소유의 벽
허위의 벽
계급의 벽이 넘어질 때까지
가라! 벼랑의 끝까지
이제는 앉아서 행복을 쫓는 시절은 지났다
치켜든 주먹 전진하는 발걸음
이것이 이제는 젊은 날의 초상이어야 한다

늙은이의 지혜가 젊은이의 용기를
병신다리로 만들게 해서는 안되겠다

—〈벽〉 전문, 《이 좋은 세상에》, 94~95쪽.

　그러나 투쟁은 말이나 생각만으로 수행되는 것이 아니다. 건전한
역사의식, 사회의식, 세계관을 밑받침으로 해야 한다. 관념의 유희
가 얼마나 인간을 병들게 만드는지 김남주는 너무나도 잘 알고 있
었다. 다시 그의 말을 들어보자.
　"무엇보다도 문학하는 사람은 올바른 역사관을 갖고 있어야 합
니다. 올바른 세계관을 갖고 있어야 합니다. 신에 근거한, 관념론
에 근거한 세계관이 되어서는 아니 될 것입니다."(〈민중과 더불어〉,

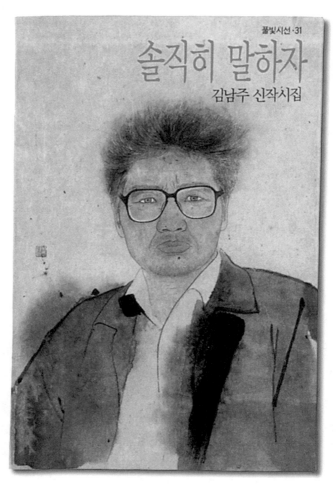

풀빛시선·31

솔직히 말하자

김남주 신작시집

1989년 도서출판 풀빛에서 펴낸 시집 《솔직히 말하자》.

《산이라면 넘어주고 강이라면 건너주고》, 29쪽)

　"《프랑스에서의 계급투쟁》, 《루이 보나파르트의 브뤼메르의 18일》, 《프랑스 내전》 등 마르크스의 프랑스혁명 삼부작은 나로 하여금 현실의 인간을 계급적으로 보는 안목을 갖게 했으며, 정치란 지배계급의 물질적 이익을 실현시켜 주는 수단에 불과하다는 인식에 이르도록 했다. 내가 사전처럼 책상 위에 올려놓고 읽고는 하는 《자본론》은 자본의 비인간성에 치를 떨게 하고 있으며, 나로 하여금 이 비인간성에 대한 외부의 저항 없이 자본은 인간의 얼굴을 하지 않으리라는 확신을 갖게 한다."(《한겨레신문》, 1993년 6월 14일 자 인터뷰에서)

　자칫 잘못하면 철학은 현실과 유리된 허황한 공론이나 지적인 유희로 전락하기 쉽다. 실제로 많은 철학자가 민중의 삶과는 거리가 먼, 난해하고 추상적인 논쟁만을 일삼는다. 그것은 비단 중세의 스콜라철학이나 조선시대의 유학에만 관계되는 것이 아니다. 오늘날 한국에서 열리는 철학발표회의 담론이나 무수히 쏟아져 나오는 철학 책들을 뒤적여 보는 사람들은 얼마나 무용한 연구가 수행되며 얼마나 무용한 돈과 정력이 낭비되고 있는가를 곧 깨닫게 될 것이다. 민중에게 이러한 철학은 아무 쓸모없을 뿐만 아니라 오히려 해가 된다. 자본주의의 모순을 건드리지 않게 한다는 의미에서 삶의 지엽적인 문제들에 눈을 돌리게 하는 부르주아 철학들의 공적을 환영하는 것은 자본가계급뿐이다. 유물론 철학은 인간과 사회와 역사를 과학적으로 분석하고 그 모순들을 철저히 파헤치며 구체적인 대안을 제시해 자본가들을 불안하게 만들지 모르지만 항상 깨어 있는 민중의 벗이 된다. 사회를 과학적으로 변혁할 무기가 된다. 그러므로 유물론 철학을 공산주의 이론에 적용시킨 맑스는 〈포이어바흐에 관한 테제〉에서 "철학자들은 세계를 다양하게 해석했을 뿐이다. 중요한 것은 세계를 변혁하는 일이다"라고 말했다. 이 말에서도 유물론 철학의 중요한 특징이 잘 드러난다.

김남주는 철학을 전공하지 않았으면서도 틀림없이 훌륭한 철학자였다. 더군다나 유물론자였다. 이는 아인슈타인이 물리학자인 동시에 훌륭한 철학자인 것과 비슷하다. 김남주는 과학적인 사회분석에 의해서만 민족 문제가 올바르게 해결될 수 있기 때문에 유물론 철학으로 무장하지 않는 지식인들의 현실 참여가 매우 나약하다는 사실을 잘 보여주었다. 참다운 과학자나 위대한 예술가는 유물론자일 수밖에 없다. 사물이 그 자체로 존재하며 그 자체의 법칙을 지니고 있다는 사실을 부정하는 사람은 종교인이 될 수는 있어도 과학자는 될 수 없다. 과학이 제시하는 지식을 기초로 하지 않는 진리에 매달리거나 철학의 핵심 문제를 비껴가는 사람이 종교인은 될 수 있어도 올바른 철학자가 될 수 없는 것과 마찬가지다. 이런 의미에서 괴테는 "과학을 갖고 있는 사람에게는 종교가 필요 없다"라고, 포이어바흐는 "철학은 종교에서 멀어질수록 참된 철학이 된다"라고 말했다. 이에 덧붙여 김남주는 "올바른 철학을 알지 못하는 시인은 위대한 작품을 쓸 수 없다"라고 말하는 듯하다.

종교의 본질 ─────────────────────────────

유물론자들은 필연적으로 무신론자가 될 수밖에 없다. 모든 것이
물질로부터 나와 물질로 돌아간다는 확신은 필연적으로 신의 존재
를 배제하기 때문이다. 유물론자인 김남주도 당연히 무신론자였
다. 그의 가문은 원래 종교와 거리가 멀었다. 모든 유물론자는 무
신론자이지만 모든 무신론자가 유물론자인 것은 아니다. 철저한
무신론 철학자였던 니체와 사르트르는 관념론 철학자였다. 다시
말하면 이들은 신의 존재를 부정했지만 그렇다고 만물의 근원이
물질이라고 생각하지는 않았다. 무신론자는 신의 존재를 부정한
다. 불교는 '신 없는 종교'로서 무신론적 색채가 강하다. 기독교를
적극적으로 비판했던 프리드리히 니체Friedrich Nietzsche가 불교 비판에

는 다소 소극적인 이유가 여기에 있다. 김남주도 기독교를 비판했지만 불교에 대해서는 거의 언급하지 않는다. 그렇다고 그가 불교를 높이 평가하는 것도 아니다. 불교식으로 결혼한 것은 민중 생활로 습관화된 불교에 특별한 적개심이 없었기 때문이다. 그러므로 그는 '민중불교'와 대화를 나누었다. 그러나 불교도 종교가 지닌 근본 성격을 버릴 수 없다. 김남주는 종교의 기능을 사회적 입장에서 비판했다. 그의 종교 비판을 고찰하기 전에 우리는 종교의 본질이 무엇인가를 규명할 필요가 있다.[6]

종교는 초자연적인 힘에 대한 믿음이고 경배이다. 종교의 본질은 인간이 환상이나 상상 속에서 비물질적인 존재(귀신, 신, 천사, 악마, 불멸하는 영혼 등)를 창조해내고 그들에게 고개 숙이며 그들을 경배하는 데 있다. 인류의 역사가 발전하면서 종교는 여러 민족에게 상이한 모습으로 나타났다. 어떤 민족은 여러 신을 숭배했고(다신교), 어떤 민족은 유일신을 숭배했다(일신교). 또 어떤 민족은 하나의 신에 의해서는 악의 근원을 설명할 수가 없기 때문에 선과 악을 관장하는 두 신을 가정했다. (기독교에서는 신이 인간을 사랑하여 자유를 주었는데 그것을 인간이 잘못 사용하여 악이 생겨났다는 식으로 해명한다. 그러나 이러한 해명은 역부족이다. 인간에게 자유를 줄 때 인간이 그것을 잘못 사용하리라는 것을 신이 미리 알았느냐 몰랐느냐의 문제가 제기되기 때문이다. 모르고 주었다면 신이 아니다. 신은 과거, 현재, 미래를 모두 알고 있어야 하기 때문이다. 알고 주었다면 나쁜 신이며 악은 곧 신이 만든 것과 다름없다. 그 책임은 인간이 아니라 신에게 있다.)

과학은 발전할수록 현실을 더 올바르고 더 완전하게 반영한다. 과학은 현상을 정확하게 기술할 뿐만 아니라 현상 사이의 연관성을 해명하여 현상이 발생하고 발전하는 데서 작용하는 법칙을 연구한다. 자연과 사회의 발전법칙에 관한 과학적인 인식에 의거하여 인간은 사태의 흐름과 발전의 방향을 예견하고 그에 따라 효과적인 행동을 취할 수 있다. 종교도 현실을 반영하지만 과학과 달리 옳은 반영이 아니라 왜곡되고 환상적인 반영이다. 환상은 무에서 발생하는 것이 아니라 인간의 주변 세계로부터 나온다. 기묘한 꿈까지도 인간이 그 자신을 둘러싼 자연이나 사회생활에서 일어나는 현상으로부터 얻은 상상의 내용으로 구성되어 있으며 이러한 상상들이 꿈속에서는 현실에서와 달리 과장되고 분열될 뿐이다. 종교는 현실을 환상적으로 반영하면서 세계를 양분한다. 종교적 인간은 객관적인 현실 세계가 아닌 환상적이고 꾸며진 신들의 세계, 지상의 세계를 넘어서는 천상의 세계를 고안했다. 종교는 어떻게 만들어졌고 신은 어떻게 창조되었는가?

최초의 인간이 낙원에서 모든 것을 소유하고 있었다는 성서의 이야기는 하나의 환상적인 창작에 불과하다. 원시사회에서 인간은 생활필수품을 조달하기 위해 생사를 건 투쟁을 하지 않으면 안 되었다. 원시 공동사회에는 생산수단의 사유화, 계급, 인간을 통한 인간의 착취가 아직 나타나지 않았지만 인간은 결핍, 위험, 힘든 노동을 벗어나지 못했다. 당시에는 자연에 대한 과학적인 지식이 거의 없었으므로 자연현상 앞에서 인간은 무력했다. 원시인들은 자연현상을 스스로의 행동이나 생각에 미루어 파악하기 시작했다. 원시인들은 모든 자연의 대상 속에 인간의 의식과 같은 어떤 것이 들어 있다고 생각하면서 사물을 의인화했다. 예컨대 강이 화를 내면 물이 불어나 홍수가 나고 인간의 식량을 빼앗고 주거지를 침수시킨다. 하늘이 화가 나면 비, 우박, 천둥, 번개 등을 내린다. 그러므로 원시인들은 이러한 대상 앞에 고개 숙이며 아부했다. 다른 한편으로 원시인들은 꿈이라는 현상을 체험하고 육체와 분리된 영혼이 존재한다는 착각에 빠졌다. 오늘날에도 어떤 사람들은 꿈에 나타나는 사람의 영혼이 일시적으로 그의 육체와 분리되어 돌아다닌다고 생각한다. 꿈속에서 행한 행위에 대해서 그에게 책임을 묻는 원시민족도 있었다. 원시인들은 영혼에 대한 환상적인 상상력을 자연으로 확대했다. 인간의 행위가 영혼(의식)에 의해서 이끌린다면 자연에서 모든 변화를 유도하는 것도 비물질이고 초자연적인 정령 혹은 신일 것이라고 가정했다. 이렇게 하여 신과 종교가 발생했다. 그것은 거대한 자연 앞에서 무력한 인간이 만들어낸 기발한 착상이었다.

　종교의 본질에 대한 규명이나 기독교에 대한 비판은 기독교를 태어날 때부터 몸으로 익힌 서양의 철학자들이 이미 철저하게 수행했다. 《종교의 본질에 대하여》에서 독일의 철학자 루트비히 포이어바흐Ludwig Feuerbach는 신이 인간을 창조한 것이 아니고 반대로 인간이 신과 성서를 창조했으며 인간이 신을 창조하게 된 심리적, 사회적 동기와 그 과정을 객관적으로 자세하게 규명했다. 그 뒤에 독일의 철학자 니체도 《안티크리스트》라는 저서에서 기독교와 성직자들을 저주한다. 기독교가 있지도 않는 세계를 만들어 인간의 삶을 약화한다는 것이 비판의 주안점이었다. 현대의 프랑스 철학자 장 폴 사르트르Jean Paul Sartre와 영국의 철학자 버트런드 러셀Bertrand Russell도 스스로 공언하는 무신론자이고 종교 비판가이다.

종교의 본질이나 발생 동기, 또는 발생 과정의 해명과 더불어 보다 중요한 것은 종교의 기능이다. 아직도 우리 곁에서 종교가 많은 작용을 하고 있기 때문이다. 처음부터 종교는 인간이 과학적으로 자연을 지배해가는 문명화의 과정을 방해하고 인간을 기적이나 초자연적인 힘에 의지하게 만들며 인간생활에 오히려 해를 끼쳤다. 착취하는 인간과 착취당하는 인간으로 갈라지는 사회가 형성되면서 종교의 부정적인 역할은 더욱 강화되었다. 착취계급은 생산수단을 갈취하여 사회적 부를 독점하면서 종교를 이용한다. 다시 말하면 종교는 생산 수단의 사유화, 계급적인 불평등, 인간에 의한 인간의 착취, 국가권력 등을 합리화하고 옹호하는 유용한 도구가 된다. 예컨대 자본주의 사회에서 종교는 노동자들을 설득하여 아무런 불평 없이 즐거운 마음으로 착취자들을 위해 일하게 하고 그 대가로 사후의 보상을 약속한다. 종교는 착취자의 지배에 불만을 나타내거나 그들에 대항하여 투쟁하는 사람들을 죄인으로 몰아세우고 사후에 예상되는 지옥의 벌을 상기시키며 이들의 투쟁을 저지한다. 종교는 민중에게 계급 사회의 질서가 신에 의해서 만들어졌기 때문에 인간은 그것을 운명처럼 받아들여야 한다고 강조한다. 참고 복종하며 원수(착취자)마저 사랑할 것을 가르친다.

지금까지 인류역사에서 대부분의 종교는 국가의 권력을 신성시하거나 문제 삼지 않으면서 국가권력이 지닌 착취의 본질이나 계급적인 성격을 은폐했다. 종교는 민중을 억압하는 착취국가의 가장 효과적인 도구가 되어 왔다. 노예제 국가, 봉건제 국가, 초기 자본주의 국가들은 대부분 어떤 한 종교를 국가 종교로 선포했다. 근세 절대주의 국가들은 교회와 국가를 분리시키라는 노동자들의 요구를 묵살하거나 기껏해야 형식적으로 종교의 자유를 인정하고 종교와 국가를 분리하는 것 같은 태도를 취하지만 실제로는 종교와 상부상조했다. 국가는 종교재단에 각종의 특혜를 베풀고, 종교 재단들은 경제적인 부를 마음대로 축적해가며 교육 사업, 의료 사업, 언론 사업 등을 통해 편향된 이념을 민중에게 주입시키고 있다. 종교가 순수한 정신적 구원을 목표로 한다면 이윤이 수반되는 현실세계의 사회사업을 왜 추진하며 국가는 왜 그것을 장려하겠는가? 심지어 공민을 교육하는 교육기관까지도 종교 재단에 넘겨주어 학생들은 자기가 다니는 학교와 관계되는 종교의 영향을 어느 정도 받지 않을 수 없게 된다.

서구의 역사상에 나타난 민중의 계급투쟁은 때때로 착취자와 야합한 종교를 배척하는 투쟁의 형태를 취했다. 이때마다 종교는 민중운동의 지도자들을 악마로 낙인찍어 화형에 처했다. 근세의 시민사회가 형성될 무렵 유럽의 지식인들은 가톨릭교회에 대항해 싸웠다. 그것은 가톨릭교회가 봉건제의 충실한 동조자였기 때문이다. 가톨릭교회는 지주의 권리를 신성한 것으로 간주하고 왕과 황제를 신의 선택자로 규정하며 농노제를 합리화했다. 가톨릭교회 자체가 하나의 봉건지주였다. 교회와 수도원은 막대한 토지를 소유했고 농민들은 교회와 수도원을 위해 부역을 하고 각종 세금을 바쳐야 했다. 가톨릭 주교나 사제 등 고위 성직자들은 원칙적으로 봉건지주 가문에서 나왔다. 그러므로 자본주의의 발전을 저해하던 봉건제에 대한 부르주아지의 투쟁은 가톨릭교회에 대한 투쟁 형태를 취했다. 18세기의 진보적인 부르주아 사상가들은 대부분 유물론자였고 무신론자였다. 그러나 권력을 장악하자마자 부르주아지의 자유정신은 사라졌다. 이들은 이제 지배계급이 되어 자본주의를 유지하고 민중운동은 무마시키기 위해 다시 종교를 이용했다. 물론 이전과 달리 상당히 유연하고 교묘한 방법을 사용했다.

19세기 말 서구 제국주의는 아시아를 비롯한 제3세계를 식민지화하기 위한 수단으로 기독교를 이용했다. 정신적인 구원이라는 기치 아래 잠입한 선교사들은 실제로 제국주의 침략의 선발대였다. 제3세계 민중을 종교의 그물로 얽어매고 나면 그 나라를 식민지화하는 것이 훨씬 용이하다는 것을 서구 제국주의자들은 잘 알고 있었다. 신 앞에서의 평등과 내세에서의 구원을 선물로 약속하며 서구인들은 제3세계로부터 많은 자원과 보물을 거침없이 약탈했다. 노동운동이 발전하고 노동계급에 과학적인 사회주의의 이념이 확장되면서 제3세계의 인민들이 기독교의 정체를 파악하기 시작하자 몇몇 종교 운동은 사회주의 이념을 수용하는 것처럼 행동했다. 그 대표적인 예가 해방신학이다. 그러나 여기서도 종교적 편견은 노동계급의 혁명운동에 막대한 손상을 가했다. 기독교의 사랑과 용서라는 이념을 통하여 종교는 착취자에 대한 증오심을 없애고 민중의 혁명적인 결단을 약화시키기 때문이다. 김남주가 종교를 적대시 한 가장 큰 이유는 바로 종교가 침략의 도구로 사용된 사실이었다. 그렇기 때문에 그는 민족의 자주성을 회복하기 위한 전제가 민족혼을 좀먹는 외래종교의 척결이라는 사실을 깨닫지 못하는 민족시인들을 조소했다.

생산수단이 대기업이나 소수 재벌들의 수중으로 집중되는 현대 자본주의는 수십억의 인간을 빈곤, 기아, 실업, 질병 혹은 다른 고통이나 궁핍의 상태로 몰아넣는다. 이러한 상황에 직면하여 역사의식이 부족한 민중은 자연히 종교로 눈을 돌리고 종교는 내세를 약속하며 이들을 위로한다. 오늘날 사회적 모순이 큰 나라일수록 종교의 열기가 강해진다. 특히 미국과 남한이 종교의 천국으로 변해가고 있다. 재벌들은 종교의 조직을 돕기 위해 기꺼이 막대한 헌금을 낸다. 종교에서는 헌금으로 들어오는 돈의 질을 따지지 않는다. 노동자를 착취하여 번 돈이건 사기를 해서 번 돈이건 상관없이 많은 돈을 낸 사람에게 축복을 주고 그를 위해 기도한다. 종교 단체가 아예 재벌이 되는 경우도 있다. 종교에 바친 막대한 헌금들이 결국 설교 등을 통해 자본가를 겨냥한 노동운동을 무력화할 수 있다는 사실을 영리한 자본가들은 잘 알고 있다. 결국 종교와 자본가가 말없이 상부상조하고 있는 것이다.

종교는 그 성격상 보수적이다. 종교는 사회적 체념, 수동성, 정체성의 옹호자이고 진보의 적대자이다. 종교는 인간을 낡은 것에 집착하도록 길들이며 새로운 것을 지향하려는 노력을 방해한다. 종교는 진보적인 과학 발전이나 세계관을 억압하기 위해서 모든 수단을 사용한다. 중세에서는 무력을 사용하기까지 했다. 성서의 세계상이나 내용과 어긋나는 주장을 하는 철학자나 과학자 들은 종교 재판을 통해서 이단으로 낙인찍히고 화형당했다.

종교는 인간의 지상 생활이 허무한 것이며 '영생'이나 '열반'이 중요하다고 가르친다. 현세의 고통과 궁핍을 감사하는 마음으로 참는 자만이 천국에 간다고 가르친다. 그러므로 아무리 나쁜 착취자라도 감사하는 마음으로 머리를 숙이며 사랑해야 한다는 것이다. 내세가 그렇게 중요하다면 왜 종교인들이 먼저 빨리 내세로 가지 않는가? 왜 노동자들이 고통받으며 천당의 행복을 동경하고 있는 동안 종교인들은 몰래 지상의 쾌락을 즐기고 있는가? 왜 교회에 가서 "사후에 천당에 가고 싶은 사람 손들어 보시오" 하면 모두 손을 들지만 "지금 당장 천당에 가고 싶은 사람 손들어 보시오" 하면 아무도 손들지 않고 옆 사람의 눈치만 살피고 있겠는가?

많은 사람이 종교적인 진리가 옳은지, 신이 있는지 확신하지 못하면서도 종교를 가지면 아주 악한 인간은 되지 않는다는 것, 곧 종교의 도덕적 역할을 인정하면서 종교를 관용하려 한다. 그러나 그것은 먼 곳을 보지 못하는 근시안적인 태도이다. 종교는 착취자에 공손히 복종하는 태도를 선으로 간주하고 착취자를 무너뜨리는 데서 삶의 의미를 찾는 투쟁적인 민중의 도덕을 악이라 낙인찍는다. 그리고 이러한 선악의 기준을 영원히 변치 않는 진리처럼 가르친다. 그러므로 자유민주주의의 부르주아 도덕에 만족하는 사람에게는 종교적인 가르침이 나쁠 이유가 없다.

종교는 가진 자와 못 가진 자로 나뉜 사회를 신의 이름으로 합리화할 뿐만 아니라 인종차별, 남녀 불평등 등을 직접, 간접으로 옹호한다. 신 앞의 평등이란 결국 보이지 않는 세계 안에서의 평등일 뿐 현실 사회 안의 평등이 아니다. 성서에 의하면 여성은 창조될 때부터 열등한 성이다. 여성은 남성이 심심하지 않도록 남성의 갈비뼈 하나로 만들어졌다. 또한 하느님이 아담에게는 '영원한 영혼'을 불어넣었는데 여인의 영혼에 대해서는 아무 말도 하지 않는다. 여성은 결국 영혼(이성)이 없는 인간이다. 뱀의 유혹에 넘어간 것도 이브이다. 왜 똑같이 선한 인간인데 이브가 넘어갔을까? 성서가 가부장적인 사회에서 발생했기(창작되었기) 때문이다. 성서에 의하면 여인의 출산도 부정한 행위이다. 신 앞에 평등한 여성은 성직자가 될 수 없고 성직자들의 뒷바라지나 해야 한다. 그런데도 오늘날 한국에서는 종교에 빠지는 여성들의 비율이 훨씬 더 높다. 한국에서 얼마나 많은 여성이 고통받고 있는가를 말해주는 증거다.

종교의 가장 큰 해악은 우리 민족이 해결해야 하는 사회문제를 과학적으로 분석하고 능동적으로 해결하는 대신 절대자에 의지하여 신비화하는 데 있다. 민중의 생활과 밀접한 관계가 있는 전쟁과 실업을 예로 들어 보자. 모든 나라의 민중은 오래전부터 전쟁의 참화에서 벗어나려 했다. 그러나 종교적, 관념론적 접근은 이 문제의 해결에 대한 옳은 방법을 제시하지 못했다. 종교인은 전쟁이 인간의 죄에 대한 신의 징벌이라고 생각했다. 적을 이기고 평화를 이룩하기 위해 종교인은 신에게 승리와 평화를 주도하도록 기도했다. 관념론자들은 국제 연합, 조약, 외교 정책 등에 의해서 영원한 평화가 보장될 수 있다고 믿었다. 그러나 착취계급이 존재하는 한 어떠한 조치나 조약도 전쟁을 제거하거나 평화를 보장할 수 없다.

권력을 장악한 자본가와 지주 들은 쉽게 조약을 깨뜨리며 충분한 군사력을 갖고 있을 때 침략을 감행한다. 그리고 '세계 평화를 위하여'라는 기치를 내세운다. 더욱이 오늘날 군수산업 재벌들은 보이지 않는 모든 수단을 동원하여 전쟁을 일으키거나 일으키도록 사주하고 그로부터 막대한 돈벌이를 하고 있다. 군비 확장이나 전쟁에서 엄청나게 이득을 얻는 것은 항상 대자본가이다. 전쟁을 통해서 이들은 세계를 새롭게 분할하고 시장, 식민지, 원료, 값싼 노동력을 손에 넣는다. 전쟁을 없애려면 우리는 전쟁을 일으키는 근본 원인을 제거해야 한다. 다시 말하면 착취계급과 자본가를 무너뜨려야 한다. 국가의 권력이 노동자가 중심이 되는 민중의 손으로 넘어갈 때 착취계급이 사라지고 전쟁의 원인도 제거된다. 종교는 평화를 위한 투쟁에서 민중을 도울 능력이 없을 뿐만 아니라 오히려 전쟁 도발자에게 봉사한다. 노동자의 관심을 기도하는 일에 집중시키면서 종교는 효과적인 평화 투쟁을 방해한다. 수백만의 평화 애호가들이 공동전선을 결성하여 필요할 경우 침략자들에게 물리적 힘으로 대항할 때, 다시 말하면 파업이나 무장봉기를 통해서 제국주의 정권을 무너뜨리고 전쟁 도발자들을 응징할 수 있을 때만 참다운 평화가 보장된다.

현재 많은 나라에서 실업자 수가 늘고 있다. 종교는 실업률 하락을 위해 어떤 일을 할 수 있는가? 종교는 다만 이렇게 말할 뿐이다. "기도하라! 신에 의지하라! 그러면 신은 너희를 도와줄 것이다." 종교는 실업의 원인을 밝히고 그것을 제거하기 위한 투쟁을 고무하는 것이 아니라 "곧 취업이 되겠지!"라는 식으로 인내와 기다림을 가르친다. 수천의 실업자 가운데 한 사람이 우연히 일자리를 얻는다면 교회는 말할 것이다. "보라, 그는 신을 믿고 기도하여 일자리를 얻었다. 기도하라! 신은 너희를 도와줄 것이다!" 실업을 없애는 가장 좋은 방법은 사유재산을 공유화하는 것이다. 다른 방법은 결코 없다. 자본의 법칙이 그것을 허용하지 않는다. 이런 말을 들으면 종교인은 마치 악마라도 만난 것처럼 두려워한다. 종교를 유지하는 기반이 무너지기 때문이다.

종교를 옹호하는 사람들은 종교가 항상 존재했고 또 존재할 것이라고 주장한다. 많은 부르주아 학자나 신학자들은 신을 믿고 경배하는 종교감이 인간에게 고유하다는 사실을 증명하려고 애쓴다. 이들은 종교감이 신에 의해서 인간에게 주어진 생득적인 것이라고 말한다. 심지어 동물에게까지 종교감을 인정하려는 학자들도 있다. 그러나 이는 잘못된 생각이다. 종교는 일종의 사회적, 역사적 산물이다. 종교는 일정한 사회 발전의 단계에서 발생한 사회의식의 한 형태이다. 인간이 종교를 전혀 믿지 않았던 시대가 있었다. 오늘날 사회주의 국가 제도 아래서는 종교가 소멸하고 있으며 사람들이 종교 없이도 잘 살아가고 있다. 이런 의미에서 현대 영국의 철학자 러셀은 도덕과 습관은 사회가 발전하면서 변할 수 있지만 종교는 결국 사라지게 될 것이라고 말했다. 그러나 자본주의가 존재하는 한 종교가 연명하고 종교가 연명하는 한 자본주의가 무너지지 않는다. 이들은 서로 맞물려 있기 때문에 유물론과 사회주의에 대하여 필사의 항쟁을 계속한다.

어떤 사람들은 이 세상에 아무리 과학으로 해결하려 해도 할 수 없는 신비적인 문제가 존재한다는 사실을 들어 종교를 합리화하려 한다. 그렇다. 과학이 모든 것을 완전하게 해명할 수 없다. 그렇다 할지라도 과학은 완전한 해명을 향해 나아가고 있다. 과학이 모든 것을 해결하지 못한다는 이유 때문에 불합리하고 신비적인 것에 눈을 돌리려는 것은 남성과 여성이 결혼한다 해도 임신하지 못하는 경우가 있음을 예로 하여 마리아의 잉태를 합리화하려는 것처럼 무모하고 어리석은 일이다.

김남주는 종교의 본질을 규명하기보다도 종교의 현상들을 시나 산문 속에서 비판하는데 이는 그가 이미 종교의 본질을 충분히 간파하고 있다는 것을 의미한다.

> 하늘에서 가장 먼 곳에 땅이 있고
> 땅에서 가장 먼 곳에 하늘이 있다

그리고 하늘과 땅 사이에 교회와 나란히

자본가의 빌딩이 키를 다투며 서 있다

키가 작은 나는 바닥을 기다시피 하여

빌딩의 스카이라운지와 교회의 첨탑이 만들어 놓은 그늘을 짊어지고

허위와 욕망의 거리를 빠져나간다

신음처럼 깔린 빌딩의 맨 아래층에서는

철판을 두들겨 패는 노동자의 망치소리가

아우성이 되어 찢어진 내 오른쪽 귀를 아프게 하고

교회의 문턱께에서는 앉은뱅이 행상을 쫓는 경찰의 호루라기소리가

미처 아물지 못한 내 왼쪽 고막을 울게 한다 그리고

십자가의 위선과 라운지의 호사 때문에 내 얼굴은

노여움의 경련으로 거미줄처럼 찌뿌려진다

당돌하게도 나는

도시의 옆구리를 차고 달리는 열차에 뛰어들었다

열차는 냅다 돼지 멱따는 소리를 지르더니

들판을 가로질러 시커먼 굴속으로 들어가더니

산간벽지 외딴 곳에 나를 내동댕이쳤다

얼마나 지났을까 상처투성이의 몸으로 내가 일어선 곳은

일어서 내가 발을 딛은 곳은 하늘과

도시의 허영에서 가장 먼 곳이었다 거기에는

낫과 호미의 노동이 있었고 노동이 끝나는 곳에는

춤과 노래가 어울려서 깊어가는 밤이 있었고

그곳에서는 도시처럼 노동 위에 군림하는

교회의 십자가와 자본가의 빌딩 따위를 필요로 하지 않았다.

—〈당돌하게도 나는〉 전문, 《조국은 하나다》

결국 교회는 노동자들에 대한 자본가들의 착취를 간접적으로 합리화하고 도와주는 역할을 한다. 세계의 진보적인 민중시인들을 향해 김남주는 말한다.

한마디로 말하자 그들의 시에는

인간이 있는 것이다 육체를 가진 인간이 있고

인간과 인간 사이를 원수지게 하기도 하고 동지이게 하기도 하는

물질이 있는 것이다 그 깊이와 역사가 있는 것이다

거기에는 꽃이 있고 이슬이 있고 바람의 숲이 있되

인간없는 자연 따위는 없다 거기에는

인간이 있되 계급없는 인간 일반따위는 없다 거기에는

관념이 조작해 낸 천상의 화해도 없다

그들 시에서 십자가와 성경은 하나의 재앙이었다 적어도 가난뱅이

들에게는

보라 하이네를

보라 마야코프스키를

보라 네루다를

보라 브레히트를

보라 아라공을

사랑마저도 그들에게는 물질적이다 전투적이다 유물론적이다

—〈그들의 시를 읽고〉 부분, 《조국은 하나다》

　세계의 민중 시들은 대부분 종교와 거리가 먼 유물론적인 경향을
띤다. 내세보다 인간의 현실과 자연의 아름다움을 노래한다.

사후의 부활? 아나 천주학쟁이 너나 먹어라 내던져주고 써라

사후의 평가? 아나 비평가 너나 처먹고 입심이나 길러라 하고 써라

—〈시를 쓸 때는〉 부분, 《조국은 하나다》

　사후의 영생이 아니라 현실의 올바른 삶이 인간을 인간답게 한다.

하늘 나라에 가장 가까운 것은

예배당의 십자가가 아니다

자본가의 천국

무슨 무슨 호텔 꼭대기의 스카이라운지도 아니다

총 든 자들이 몽땅 차지하고 있는 그 정상도 아니고

지금 이 땅에서

하늘 나라에 가장 가까운 것은

십자가의 첨탑이 드리운 그늘에 덮여

거적떼기 위로 삐어져나온 동사자의 발가락이다

돌아라 돌아라 빨리빨리 돌아라

돌아라 돌아라 쉬지 말고 돌아라

정신없이 돌아가는 자본가의 기계에 먹혀

열 개 중에서 다섯 개가 떨어져나간

어느 선반공의 피묻은 손가락이다

나머지 다섯 손가락으로는

해고장 말고는 받을 것이 없는 노동자의 분노고

그렇다 이 땅에서

하늘 나라에 가장 가까운 것은

착취와 교회의 위선에 죽음을 선고하고

압제자의 추적을 받고 있는 어둠의 자식들이다

얼어붙을 하늘을 찢어발기는

고문실의 비명소리고 감옥의 철창이다

―〈하늘 나라에서 가장 가까운 것은〉 전문, 《솔직히 말하자》

    김남주는 네루다의 시를 인용하여 가톨릭뿐만 아니라 개신교도 인민의 편이 아니라는 사실을 주지시켰다.

    "나는 네루다의 이 시를 읽을 때마다 16세기 독일농민전쟁 때 루터가 한 농민에 대한 배신을 떠올립니다. 그는 조금 전까지만 해도 인간은 그리스도 앞에서 자유이고 평등이라고 설파해놓고 농민들이 영주의 착취와 억압으로부터 해방투쟁을 벌이자 농민들을 지칭하여, 저것들은 인간이 아니라 짐승이나 쥐새끼 같은 동물이라며, 쏘아 죽이고 찔러 죽이고 밟아 죽이고 때려 죽이라고 했습니다. 봉건귀족들에게 말입니다. 그래야 천국에 간다고 말입니다."(〈시와 혁명〉, 《시와 혁명》, 32쪽)

오랜 고통의 세월을 참는 동안 종교에 귀의할 생각은 없었느냐는 질문에 김남주는 다음과 같이 대답했다.

"저는 뭐든지 사회운동의 시각에서 사물을 보는데 그렇게 본다면 종교는 사회운동에 도움은 되나 궁극적으로 노동자·농민의 세계를 이루는 데는 방해가 됩니다. 자본주의 사회 내에서 인권과 민권쟁취에 도움은 되나 궁극적으로 종교는 지배계급이 피지배계급을 착취하는 근본 구조를 개혁한 적이 없습니다. 그 고통을 완화시키는 아편 역할을 해왔을 뿐이지요."(〈시인은 사회변혁의 주체〉, 《시와 혁명》, 231~232쪽)

김남주는 감옥에서 썼다.

"이 순결은 본능적으로 혁명적인 민중의 의식을 잠재우는 아편으로서의 종교에 물들지 않아야 하고…."(〈세월을 초침과 분침으로 재지 말고〉, 《산이라면 넘어주고 강이라면 건너주고》, 141쪽)

그는 교도소를 방문해 증언하는 어떤 종교인에 관해 말했다.

"그는 전주에서 제법 생활이 윤택한 집안의 마누라이고 며느리이고 어머니였는데 증산교를 믿음으로써 아픈 몸이 나았고 영혼과 육신이 그렇게 안온할 수 없다는 것이었습니다. 나는 종교에 관해서는 관심이 없기 때문에 그냥 흘려들었습니다. 아니 관심이 없다기보다는 허황된 것이었기에 호기심을 가지고 들었습니다."(〈12.16 선거의 교훈〉, 《산이라면 넘어주고 강이라면 건너주고》, 185쪽)

우리나라에서도 서양에서와 마찬가지로 감옥에 갇힌 사람들이나 사형수들에게 종교인들이 접근하여 온갖 좋은 말을 한다. 마음이 약해져 있는 사람에게 종교적 신심을 불어넣기 위해서이다. 실제로 감옥에서 개종하고 온순한 양처럼 되어 자본주의에 잘 적응하는 사람도 있다. 그러나 김남주는 포이어바흐나 니체처럼 종교의 본질을 파악하고 있었기 때문에 종교인들의 설득을 비웃었다. 김남주는 감옥에서 나온 뒤에도 수미일관하게 종교를 비판했다. 눈을 감을 때까지 그는 결코 종교나 신에 굴복하지 않았다. 그것은 미국에 굴복하지 않았던 그의 철저성과 함께 그에게 커다란 자긍심을 심어주었다. 《이 좋은 세상에》에 다음과 같은 시가 실려있다.

> 하늘에서 사자 교황성하께서
> 지상의 거처에 내려오시던 날
> 국무총리에다
> 국회의장에다
> 한 나라의 대통령까지 우루루 몰려가
> 나라의 관문 김포공항에까지 달려가

황공무지로소이다 하늘나라의 사자를 영접하시던 날

그렇게 성스럽고 그렇게 영광스러운 날

나는 역사기행인가 뭔가 한답시고

신촌에서 버스를 타고 강화도로 가다가

양화대교 근처에서 그만 내려버렸다 거기서 내려

그 옛날 프랑스 함대가 하늘나라의 선교사를 앞세워

우리나라를 넘봤다 해서 침범했다 해서

대원군이 그 선교사의 목을 쳐서 강물에 던졌다는 산을 올랐다

그 산 깎아지른 산

한강에서 올려다보면 아찔한 산

절두산切頭山 꼭대기에 올라 나는 떠올렸다

제국주의 침략사에 나오는 대원군의 무서운 말을

"천주학쟁이를 내세워 오랑캐들이 이곳까지 와서

우리의 맑은 물을 더럽혔으니 어쩔 수 없다

천주학쟁이의 피로 이 더러운 물을 씻을 수밖에"

— 〈절두산〉 부분, 《이 좋은 세상에》

예수쟁이는 십자가 밑에 무릎을 꿇고

학살자와 희생자가 다 같은 형제나니

용서의 눈물을 흘리라 기도하고

— 〈남도의 피바다 앞에서〉 부분, 《이 좋은 세상에》

김남주 시인의 저작들.

김남주처럼 종교가 가진 자의 입장에 서서 지배자의 권리를 간접
적으로 옹호하고 착취를 종결하려는 민중의 투쟁을 마비시키는 아
편 역할을 하고 있다는 사실을 잘 파악하거나 이를 가차 없이 폭로
한 시인은 드물다. 확고한 유물론적 세계관이 없는 사람들에게 이
는 불가능하고 두려운 일이 되기 때문이다.

누구를 위한 예술인가?

김남주는 시를 쓰기 위해서 문예 이론 같은 것을 학습하지는 않았다. 그는 다음과 같이 말한다.

"창작 기량을 향상시킨답시고 나는 문장론이라든가 수사학이라든가 문예이론서적 따위를 일부러 읽은 적은 없다. 명시적으로 정평이 나 있는 고전을 읽음으로써 시작의 도움 같은 것을 얻곤 한다. 그리고 나는 표현 능력, 기발한 발상법, 완벽한 형식 따위가 뛰어난 문학작품을 생산해내는 기본적인 요인이라든가 시적 재능이라고는 생각하지 않는다. 위대한 작품을 창조해내는 유일한 길은 위대한 삶인 것이다. 그 길이란 적어도 자본주의 사회에서는 자본의 비인간성, 부패와 타락에 대한 전면전에 시인 자신이 몸소 참가하는 길밖에는 없는 것이다."[7]

'위대한 고전'과 '위대한 삶'이 그의 시를 탄생시키는 두 가지 근원이다. 동시에 그는 시인의 태도와 시의 성격에 관한 확고한 견해가 있었다. 그는 편지나 에세이를 통해서 그의 입장을 자세하게 밝힌다.

예술 작품뿐만 아니라 모든 사물은 형식과 내용으로 구성되어 있다. 예술 작품에서 형식과 내용의 관계를 어떻게 파악하느냐에 따라 예술의 본질이나 목적의 파악도 달라진다. 다시 말하면 상반된 예술론이 나올 수 있다. 예컨대 형식주의자들은 예술 작품의 형식을 과대평가하면서 내용을 소홀히 취급한다. 이들은 예술 작품에서 형식과 그 형식 속에서 가공되는 재료나 소재만을 본다. 그러나 이러한 고찰 방식은 잘못이다. 예컨대 진흙으로 벽돌을 만드는 경우와 도자기를 만드는 경우를 생각해보자. 두 경우 진흙이라는 똑같은 재료가 사용된다. 그러나 벽돌과 도자기 사이에는 형태상의 차이뿐만 아니라 내용상의 차이도 나타난다. 벽돌공은 무조건 형에 맞추어 벽돌을 만들어내지만 도예공은 작품 하나하나에 내용을 집어넣는다. 예술품이 재료와 형식만으로 이루어진다고 생각하는 사람은 벽돌과 도자기 사이에 형식적인 차이가 있을 뿐 내용적인 차이가 없다고 생각하는 사람과 같다. 예술의 형식과 내용에는 서로를 조건 짓는 변증법적인 관계가 있다. 하나가 없으면 다른 것도 존재할 수 없다.

"인간 만사의 아름다움은 형식과 내용의 통일에 있다. 내용과 형식 중 어느 것을 더 중시하고 어느 것을 덜 중시할 수는 없는 것이다. 문제는 내용과 형식의 변증법적인 관계이다. 내 경우에 있어서 내용이 먼저 있고, 형식은 나중에 있다. 상식적인 이야기지만 물론 그것은 상호 침투한다."(〈나는 이렇게 쓴다〉, 《시와 혁명》, 68쪽)

내용과 소재는 일치하지 않는다. 하나의 소재가 다양한 내용을 창조할 수 있다. 예컨대 농민이나 노동자의 삶을 소재로 하여 어떤 작가는 어려운 환경 속에서도 조그만 행복에 만족하는 농민이나 노동자를 묘사할 수 있고 다른 작가는 비참하게 착취당하는 모습을 묘사할 수도 있고 또 다른 작가는 착취에 맞서 용감하게 투쟁하는 모습을 묘사할 수도 있다. 그러므로 농민이나 노동자의 삶을 다루는 모든 문학이 민중문학이 될 수 없는 것이다. 결국 그 내용이 문제되며 내용은 작가의 역사관과 세계관에 의해서 큰 영향을 받는다. 그러므로 김남주는 "무엇보다도 문학하는 사람은 올바른 역사관을 갖고 있어야 합니다, 올바른 세계관을 갖고 있어야 합니다."(〈민중과 더불어〉, 《산이라면 넘어주고 강이라면 건너주고》, 29쪽)라 강조한다.

예술 작품의 내용은 소재로부터 성장하며 소재는 내용과 부합해야 한다. 노동자의 투쟁을 묘사하면서 그 소재를 조선 봉건사회로부터 빌려올 수는 없다. 훌륭한 예술 작품이 만들어지기 위해서는 형식과 내용이 변증법적으로 통일되어야 하며 그에 앞서 소재와 내용이 서로 부합해야 한다. 예컨대 1920년대의 표현주의에서는 이따금 사회적 모순이 개인 간의 모순으로 환원되었는데 그것은 소재와 내용의 불일치를 나타낸다. 어떤 예술가들은 형식의 변화를 통해 예술을 발전시키려 한다. 독일적인 가극을 시도한 리하르트 바그너 Richard Wagner, 12음기법을 고안한 아놀드 쇤베르크 Arnold Schonberg, 만화 예술을 발전시킨 디즈니, 비디오 예술을 발전시킨 백남준 등이 그 예이다. 그러나 이러한 시도도 그에 합당한 내용이 수반되지 않을 때 단순한 모험으로 끝난다. 이들은 대부분 보잘 것 없는 내용을 형식의 혁신으로 치장하려 했지만 그 결과는 신통치 못했다.

올바른 내용과 올바른 형식이 유기적으로 결합될 때만 불후의 예술이 탄생한다. 유기적인 결합은 유기적인 삶으로부터 발생한다. 김남주는 항상 예술이 발생하는 토대가 민중의 삶임을 강조한다. 그러나 올바른 예술은 삶으로부터 저절로 발생하는 것이 아니다. 삶의 본질과 과정을 올바르게 파악하는 작가만이 올바른 작품을 창작할 수 있다. 그러므로 작가에게는 무엇보다도 올바른 세계관과 역사관을 체득하는 일이 중요하다. 예술가의 주관적인 생각이나 전통적인 선입견 속에서는 현실이 옳게 파악될 수 없다. 예술가는 먼저 인간과 사회의 발전 법칙을 알아야 한다. 올바른 예술 형식은 기술의 습득 같은 형식적인 요인에 의해서 결정되는 것이 아니라, 올바른 예술관에 의해서 결정된다. 많은 요인이 예술의 형식을 결정하지만 가장 중요한 것은 예술 작품의 내적인 법칙이다. 내적인 법칙이란 바로 내용과 형식의 통일이다. 내용과 형식의 유기적인 통일 혹은 변증법적인 통일이란 이 양자가 결코 분리될 수 없다는 것, 우리가 그것을 분리하여 생각하자마자 예술은 일면적으로 일그러진다는 것을 의미한다. 내용 없는 형식은 공허하고 형식 없는 내용은 산만하다. 예술의 독특한 특성이 형식의 아름다움 속에 들어 있다는 것은 부정할 수 없다. 그러나 형식의 아름다움이란 결국 내용과 조화를 이루는 아름다움이다. 내용이 빈약한 시는 말장난에 지나지 않는다. 예술 작품 속에서 내용은 그 특성에 알맞은 형식을 선택하며 그 관계를 규정한다. 다시 말하면 내용과 형식이 예술 작품 속에서 다 같이 중요하지만 결정적인 역할을 하는 것은 오히려 내용이다. 이처럼 중요한 내용을 왜 형식주의자들은 소홀히 취급하는가? 이들은 사회적인 내용, 곧 정치, 경제, 역사와 관계되는 내용들을 두려워하고 기피하려 하기 때문이다. 쉽게 말하면 이들은 사회의 모순 앞에 눈을 감으면서 기존 사회를 간접적으로 옹호하려는 의도를 뒤에 숨기고 있다.

예술 작품에서 형식의 중요성을 과대평가하고 시의 본질을 언어의 선택과 정리에서 찾으려 하는 형식주의는 심미주의와 함께 순수예술의 두 주류를 형성한다. 김남주는 형식주의를 포함한 순수예술을 단호하게 거부한다. 김남주는 '시는 혁명을 이데올로기적으로 준비하는 문학적 수단'이라 공공연하게 선언한다. 학교에서는 대부분 '예술'을 '순수예술'과 일치시켜 가르치며 이러한 교육에 물든 독자들은 김남주의 이 말에 매우 당황할 것이다. 우리는 먼저 '순수예술'이란 무엇이며 그것이 어떤 사회적 배경 아래서 발생했는지를 알아보기로 하자.

'순수예술'이라는 개념은 역사적으로 발생한 범주에 속하며 원래부터 존재한 것이 아니다. "예술은 원래 순수하다"라는 고정관념에 사로잡혀 있는 사람은 "성서는 하늘에서 떨어진 진리다"라고 믿는 사람처럼 맹목적이고 우둔하다. 순수예술 혹은 '예술의 자율성'은 역사적으로 자본주의 사회가 정착되면서 나타난 현상이었다. 다시 말하면 고대나 중세에서 순수예술이라는 개념은 존재하지 않았다. 그리스에서는 예술이 인간 도야와 시민교육의 한 수단이었고 중세에는 신의 섭리를 더 잘 표현하기 위한 수단이었다. 봉건제도가 무너지고 근세가 시작되면서 시민계급은 '개인의 해방'을 기치로 내세웠다. 순수예술은 초기 단계에서 두 가지 측면을 지녔다. 하나는 중세의 종교적인 속박에서 벗어나려는 노력이고 다른 하나는 자본의 구속으로부터 벗어나려는 노력이었다. 자본주의가 정착되면서 황금과 화폐가 '보이지 않는 손'으로 등장하여 모든 인간관계를 규제하기 시작했다. 그것은 예술을 상품화하고 예술가를 자본가의 심부름꾼으로 만들며 예술의 고유한 특성을 짓밟으려했다. 이러한 위험을 벗어나려 한 것이 '순수예술' 운동의 커다란 동기였다. 예술을 자본가의 그늘 아래서 가두어두지 않으려는 선의에도 불구하고 이 운동은 처음부터 환상적이었다. 자본주의 아래서 예술가가 자율성을 유지할 수 있다는 이념 자체가 그러했다. 예술가들의 독자성과 존엄성을 지키기 위해서는 예술의 자율성 속으로 도피할 것이 아니라 자본주의와 투쟁함으로써 예술을 민중의 향유물로 만들었어야 했다.

자본주의가 발전하면서 빈부의 차가 커지고 자본가에 의한 노동자들의 착취가 심화됨에 따라 인간 해방을 부르짖는 노동운동이 일어났다. 그것을 뒷받침하는 과학적 유물론이 강화되자 부르주아 지식인들과 예술가들은 스스로의 기득권을 방어해야 할 처지에 직면했다. 이들은 종교, 관념론 철학, 순수예술을 무기로 사용했다. 처음에 어느 정도 긍정적인 의미를 지녔던 예술의 자율성 운동이 이제 반동적인 역할을 수행하기 시작했다. 자본 덕에 주관적인 자유만이라도 향유할 수 있다고 생각한 부르주아 예술가들은 예술을 정치, 사회문제로부터 분리시키며 자본주의를 간접적으로 옹호하기 시작했다. 많은 사람이 서정시를 가장 아름다운 본래의 시로 착각한다. 그러나 같은 이유에서 김남주는 서정시를 거부한다.

　"나는 시라는 것을 내가 헤쳐가야 할 길을 위한 무기 이외의 것으로 생각해 본 적이 없습니다. 그래서 나는 가능하다면 내 시에서 소위 서정성을 빼버리려고 의식적으로 애를 쓰기도 했는데 그것이 어느 정도 성공적으로 되었는지 모릅니다./ 특히 내가 제거하려고 했던 서정성은 소시민적 서정성, 자유주의적인 서정성, 봉건사회에서 자연스럽게 이루어진 고리타분한 무당굿이라든가 판소리 가락에 묻어 나오는 골계적, 해학적, 한적 서정성이었습니다."(〈시의 길 시인의 길〉,《산이라면 넘어주고 강이라면 건너주고》, 143쪽)

　물론 김남주가 모든 서정성을 배제한 것은 아니다. 인간 해방을 위한 투쟁 의지를 도색하거나 민중의 관심을 오도하고 역사의식을 희석하는 서정성을 지탄할 뿐이다. 민중이나 혁명 투사에게도 서

정성은 없을 수 없다. 혁명성과 결부된 서정성, 예컨대 죽음을 앞
둔 빨치산의 사랑 같은 것을 배제할 이유가 없었다. 그의 시에도
이러한 서정성이 나타난다.

차마 부끄러워
밤으로 찾아든 고향
달도 부끄러워 숨어 버렸나
보이는 것은 어둠뿐
들판도 그대로 어둠으로 깔리고
어둠으로 보이는 것은 농민의
농민에 의한 농민을 위한
허수아비뿐이다

차마 부끄러워
어둠으로 기어든 마을
똥개도 부끄러워 짖지를 않나
길은 넓혀졌지만 지붕도 벗겨졌지만
개똥불처럼 전깃불도 가물거리지만
원귀처럼 소소리처럼 들리는 한숨
소리 껍데기뿐이다

차마 부끄러워

도둑처럼 밀어 여는 사립문

고양이도 부끄러워 엿보지 않나

텅빈 마당이 허전하고

텅빈 마굿간이 허전하고

발길에 밟히는 것은 소스라치게 놀라

달아나는 쥐새끼뿐이다.

—〈달도 부끄러워〉 전문, 《조국은 하나다》

이 시를 이 시대의 대표적인 친일 문학가 서정주의 〈국화 옆에서〉
와 비교해보자. 아름다운 말이나 아름다운 소재라는 측면에서 둘
은 비슷하다. 언어의 구사에서 서정주의 시가 앞서 있는지도 모른
다. 그러나 김남주의 시에는 구체적인 민중의 삶이 토대가 되어 있
다. 개인의 감정을 승화시키는 아름다운 언어의 집합이 아니다. 구
체적인 삶과 거리가 먼 서정성이란 개인감정의 한계를 벗어나지
못한다.

인간의 삶은 항상 사회적 조건과 결부되기 때문에 어떤 영역에서
도 절대적인 자율성은 있을 수 없다. 그것은 하나의 허구이고 환상
이다. 순수를 표방하는 예술가들이 얼마나 위선적인가를 역사적인
실례를 통해서 살펴보자. 일제 식민지 아래서 우리나라의 문학가
들이 취했던 태도를 우리는 다음과 같이 네 방향으로 나누어 생각
할 수 있다.

첫째, 공개적으로 친일 문학을 한 경우이다. 유감스럽게도 우리

에게 서정 시인으로 알려진 많은 문인이 여기에 속한다. 중·고등학교 교과서에 등장한 친일 문학가만 해도 주요한, 김동환, 김상용, 김소운, 노천명, 모윤숙, 서정주, 이광수, 김동인, 정비석, 장덕조, 최남선, 백철, 조연현, 이효석, 최정희, 유치진 등이 있다.[8] 이들은 모두 문학적인 재능을 동원하여 일본 군국주의를 찬양하거나 전쟁을 부추기며 여기에 적극 참여할 것을 호소했다.

둘째, 문학의 순수성을 내세우며 간접적으로 일제의 침략 정책을 옹호한 경우이다. 이효석의 수필 〈낙엽을 태우면서〉를 예로 들어 보자. 여기에는 참으로 평화롭고 아름다운 이야기가 나타난다. 낭만이 깃든 전원생활이 한 폭의 그림처럼 묘사된다. 그러나 문제는 이 작품이 일제의 침략 아래 우리 민족이 말할 수 없는 고통을 당하던 때 쓰였다는 것이다. 이 수필을 읽으면 우리는 그때가 마치 살기 좋은 황금시대였던 양 착각하게 된다. 일본의 침략이 우리나라에게 다행한 일처럼 생각된다. 순수문학의 이중성이 바로 여기에 있다.

셋째, 마음속으로는 일제에 항거하지만 실천적으로 저항할 수 없어 순수문학으로 도피한 경우이다. 여기에 속하는 문인들은 일말의 민족적 양심이 있었지만 적극적으로 저항하지 못했다.

넷째, 적극적인 반일 독립운동을 고무하는 작품을 쓴 경우이다. 여기에 속하는 문인들은 문학 이외의 활동에도 참여했고 그 때문에 투옥되고 고문당하고 살해되기까지 했다. 이들은 명성이나 돈을 염두에 두지 않았으며 일제의 탄압 때문에 많은 작품을 쓸 수 없었지만 이들의 작품은 민족의 숨결 속에 영원히 살아 있다.

첫째와 넷째의 경우를 다 같이 '참여문학'이라 할 수 있으며 둘째와 셋째의 경우를 '순수문학'이라 할 수 있다. 그러나 엄밀한 의미에서의 순수문학은 결코 존재하지 않는다. 순수문학은 위에서 말한 것처럼 두 가지 모습을 지니고 있다. 그 시대의 지배 세력을 간접적으로 옹호하는 입장과 거기에 간접적으로 저항하는 입장이다. 그러나 '순수'라는 모습의 가면을 쓰고 있기 때문에 그 정체가 쉽게 드러나지 않는다. 지배 체제를 간접적으로 옹호하는 순수문학은 유리한 상황 아래서 곧 지배 체제를 직접 옹호하는 참여문학으로 변신하여, 지배 체제에 간접적으로 저항하는 순수문학은 상황에 따라 반체제 운동 편에 가담할 수 있다. 그 반대편으로 변신도 가능하다. 친일 문학가들이 시세가 불리해지자 순수문학가로 둔갑하여 은신하는 경우도 있고, 반독재 투쟁에 열렬했던 참여문학의 기수들이 가족 등 일신상의 이유로 체념에 빠져 감상주의나 신비주의로 기우는 경우도 있다. 순수문학을 주창하던 이들이 문인협회의 감투를 얻기 위해 비열한 음모를 꾸미는 경우도 있고, 쟁쟁했던 친일문학가들이 해방 후 신변 안전을 위해 반공투사로 변신한 경우도 있다. 순수문학을 민중운동에 대한 방패막이로 사용하는 경우도 있다. 이러한 내막을 호도하기 위해 어떤 사람들은 예술이나 작품은 정치나 작가의 사생활과 무관하다고 말한다. 그러나 이는 한 인간을 작품 세계와 생활 세계로 양분하여 작가들의 추한 뒷면을 가리기 위한 억지에 지나지 않는다. 아시아 민족을 파멸로 몰아닝은 전범자 히로히토가 순수시를 썼다고 하여 그 작품을 높이 평가할 사람이 있겠는가? 우리나라의 민주 발전을 군홧발로 짓밟은 독재자 박정희가 '새마을 노래'를 짓거나 시골 농촌의 아름다움을 시로 표현한다 해서 거기에 감동할 사람이 있겠는가?

결국 절대적으로 '순수한 예술'이란 있을 수 없다. 순수한 학문이나 순수한 철학이 있을 수 없는 것과 마찬가지다. 인간은 사회를 떠나 존재할 수 없다. '순수'란 많은 경우 스스로의 정체를 숨기기 위한 은폐이고 위장일 뿐이다. 모든 학문이나 예술은 항상 사회적 실천과 연관된다. 예술도 사회생활을 올바르게 인식하고 반영하며 사회를 변혁하는 데 적극 동참해야 한다. 물론 지배체제나 지배세력의 정당성에 따라 참여의 성격도 달라진다. 히틀러 정권이나 일제, 미제와 같이 민중을 억압하고 가진 자의 지배를 더욱 더 강화하려는 파시즘 세력에 대해서는 이들에 저항하는 참여 예술이 바람직하고, 서구의 제국주의로부터 독립하여 민주국가를 형성해가는 제3세계에서는 민중이 중심이 되는 새로운 사회의 건설에 적극 참여하는 예술이 바람직하다. 학문과 철학과 예술의 정당성은 항상 인간 해방이라는 인류의 과제에 비추어 평가되어야 한다.

"소위 순수예술을 표방하는 예술 지상주의자들은 '내면의 자유' 운운하면서 현실로부터의 도피를 미화하고 있습니다만 그것은 자기의 기만일 수밖에 없는 것입니다. 왜냐하면 사회적 존재로서 시인은 현실에 등을 돌리고서는 시를 쓰는 행위 이전에 그 존재 자체가 불가능하기 때문입니다."(〈시와 변혁운동〉, 《불씨 하나가 광야를 태우

리라》, 322~323쪽)

  김남주는 형식주의나 심미주의 예술과 같은 '예술을 위한 예술'
을 거부하고 민중해방투쟁에 참여하는 혁명적인 예술을 실천했고
권장했다. 방법론적으로 혹은 문예사조 상으로 이러한 예술이 '사
실주의'(리얼리즘)라 불린다. 사실주의는 낭만주의와 상반되며 자연
주의와 구분된다. '사실주의'는 이들과의 비교를 통해서 더 잘 이
해될 수 있다.

  낭만주의가 주로 환상적인 꿈과 공상의 세계를 그린다면 사실주
의는 구체적인 현실의 세계를 그린다. 동화의 세계와 르포 문학의
세계가 그 차이를 잘 말해준다. 문예사조상 고전주의에 대한 반발
로 낭만주의가 나타났고, 낭만주의에 대한 반발로 사실주의가 나
타났으며, 사실주의의 잘못된 극단화가 자연주의로 흘러갔다. 물
론 '사실주의적'인 예술 기법은 어느 시대에나 있었고 특히 과학적
인 사고방식이 주도하던 근세에 두드러졌다. 자연주의 예술가들은
사회를 기계적인 인과법칙 속에서 조명한다. 여기서는 예술의 목
적이 현실의 기계적인 재현으로, 창조적인 주관이 기계적인 완숙
으로 환원된다. 자연주의가 극치에 달하면 예술의 인식 기능과 가
치 평가 기능이 소멸되고 만다. 자연주의가 발생하게 된 사회적 배
경에는 자본주의의 발전에 따르는 개인의 무력감이 놓여 있다. 거
대한 자본 속으로 인간의 창조력이 흡수되는 사회에서 개인의 독
창성은 사라진다. 사회를 개조하거나 변혁할 수 있는 힘을 상실한
채 예술가는 주어진 상황을 객관적으로 묘사하는 데 만족한다. 이

들은 일상성, 야만성, 범죄성, 천박성 등을 인간의 어쩔 수 없는 운명처럼 묘사한다. 사회나 인간의 본질 대신에 현상을 미시적으로 묘사한다. 예컨대 광주민중항쟁을 소재로 한 시나 소설을 쓰면서 자본주의의 모순, 노동해방, 미 제국주의의 정체와 같은 본질문제를 제쳐놓고 계엄군의 야만성, 시민군의 용감성, 시민들의 단결, 사태의 과정 등을 자세하게 묘사하는 경우가 여기에 해당한다. 김남주는 이러한 자연주의의 맹점을 잘 파악하고 있었다.

"민중은 절망하는 것만이 아니고 희망하고 있고, 민중은 퇴영적이고 보수적인 면이 있으면서도 진보적이고 혁명적인 데가 있는 것이오. 희망적이고 진보적이고 혁명적인 면에 대한 할애가 있어야 할 것 같소. 그리고 대부분의 시가 자본주의적 분업의 소산인 인간의 비인간화, 날이 갈수록 야수화되어가는 인간의 짐승화, 민중 생활의 자질구레하고, 구차스럽고, 미분화된 삶을 자연주의적 수법 내지는 몽따쥬 수법으로 나열한다든지 깁고 있는데 이 '누더기 같은 시'에 관해서도 한번 반성해 보아야 할 것 같소. 아마 이런 현상은 시인들의 '구체적'인 것에 대한 오해에서 오지 않나 생각되오./ 문학은 구체적인 현실의 직접적 감성적 반영이고, 그러한 현실의 예술적 반영의 확대재생산 외 아무것도 아니오. 그런데 많은 사람들이 '구체적'이란 개념을 잘못 이해하고 현상 하나하나를 개별적으로 파악하고 있는 것이오. 그리하여 대부분의 시인들이 현상의 세세함의 끝이 없는 지루한 나열주의에 떨어지고 있소. 그 결과 시인들이 시대의 중대한 문제와 그 본질적인 여러 특징들을 전형적인 상황에서 동적이고 응축된 형태로 그리지 못하고 자꾸만 피상적인 현상들만을 너저분하고 지루하고 길게 늘어놓는 데 그치고 있소."(《이상사회를 위해》, 《산이라면 넘어주고 강이라면 건너주고》, 107쪽)

사회의 본질을 파악하기 위해서 예술가는 건전한 역사의식이 있어야 한다. 다시 말하면 역사의식이 부족한 예술가는 결코 사회 발전의 본질을 파악할 수 없고 사실주의적 작품도 창조할 수 없다.

"소설의 내용이 인류의 어머니인 대지에 그 기반을 두고 그 기반 위에 뿌리를 내리고 노동을 하며 삶을 영위하는 민중의 현실적인 삶일 때, 그 대지, 그 민중의 현실적인 삶이 구체적인 역사적, 사회적인 배경에서 예술적으로 형상화될 때 비로소 위대한 리얼리즘의 문학이 되리라고 생각합니다."(《예술은 노동의 산물》, 《산이라면 넘어주고 강이라면 건너주고》, 221쪽)

프리드리히 엥겔스Friedrich Engels는 사실주의의 불가결한 요소로서 전형성·객관성·진실성을 들고 있는데 이 가운데서도 특히 중요한 것이 전형성이다. 전형성은 구체성이나 총체성이라는 말과 연관된다. 주인공은 고립되어 있는 우연한 개인이 아니라 모든 사회 구성원과 연관되는 전형적 인물이 되어야 한다고 말할 때 전형성의 의미가 다소 분명하게 드러난다. 김남주도 이 문제에 눈을 돌렸다.

"19세기 러시아의 리얼리스트들 푸시킨, 레르몬토프, 네끄라소스, 고골리, 고리끼, 톨스토이, 숄로호프의 작품을 읽고 느낀 것은 예술의 위대함은 단순과 소박에 있다는 것이네. … 여기서 '리얼리스틱'이란 말에 주의해 주게. 그것은 현실을 있는 그대로 역사와 사회의 총체성 속에서 객관적으로 구체적으로 재생산해내는 것이네. '객관적'이라고 내가 말했는데 그렇다고 해서 당파성을 부정하는 것은 아니네. 오히려 그 반대네./ … 인간은 어차피 자기의 계급을 초월할 수 없는 것이네. 태어나면서부터 아니 어머니의 뱃속에서부터 인간은 계급의 낙인이 찍혀 나오는 것이네. 소위 객관주의자들이 있는데 그들의 실증적 주장이라는 것은 자기기만이고 허위이고 엉터리라네."(〈혁명의 시인들〉, 《산이라면 넘어주고 강이라면 건너주고》, 259~260쪽)

"시인은 독자인 대중에게 복잡하게 보이기만 하는 사회 현상이나 계급 관계를 선명하게 부각시켜줌으로써 자기 시의 이해를 돕는 것이지 사회 현상을 무분별하게 자연주의적으로 나열한다거나 계급에 대한 애매한 태도를 보임으로써 자기 시의 이해를 돕는 것은 아닙니다. 그리고 현실을 구체적으로 묘사한다는 것의 의미가 현상의 다양성을 모조리 그린다는 것으로 이해되어서는 안되겠습니다. 구체적이란 말의 철학적 개념은 사물 하나하나를 끊임없이 나열한다거나 사물의 제 측면을 모조리 드러낸다는 것이 아닙니다. '구체성이란 다양성의 통일'이고 어떤 현상이나 사물의 주요한 측면이나 경향을 일컫는 말입니다. 즉, 전형성의 동의어라고도 할 수 있겠습니다. 엥겔스의 '전형적인 상황에서의 전형적인 성격'이란 말은 이런 의미에서 이해되어야 할 것입니다."(〈시와 혁명〉, 《시와 혁명》, 36쪽)

자본주의가 정착되면서 부르주아 예술가들은 대부분 자본주의를 직접·간접으로 옹호하는 예술을 발전시켰지만 일부는 자본주의를 비판하는 방향으로 나아갔다. 이러한 예술 방향을 우리는 '비판적 사실주의'라고 말한다. '비판적 사실주의'는 자본주의가 고도로 발달된 19세기에 나타난 시민계급의 사실주의를 의미한다. 이 시기에 사실주의는 봉건잔재뿐만 아니라 자본주의가 만든 인간의 비참함에 대해서도 비판의 화살을 돌린다. 비슷한 시기에 나타난 낭만주의도 사회비판에 가세했지만 낭만주의가 중세나 이상의 세계로 되돌아가려는 경향을 보인 반면, 비판적 사실주의는 이상세계를 만들어내지 않는다. 다시 말하면 이들은 작가의 주관적이고 자의적인 인간상이나 사회상을 배제하고 현실에 눈을 돌린다. 이들은 자본주의 사회구조에서 나타나는 이기주의, 기생주의, 이익추구, 소외, 착취 등의 문제를 날카롭게 다루었다. 에밀 졸라Emile Zola의 《제르미날》이 그 전형적인 예이다. 그러나 이들에게는 명확한 역사의식과 사회변혁에 대한 확고한 목표가 없었다. 이러한 한계에도 불구하고 19세기의 사실주의에서 처음으로 사실주의의 원리와 방법이 완숙하게 발전되었다. 주인공을 영웅처럼 이상화하거나 도덕화하는 대신 심리적으로 묘사했고 무엇보다도 개인과 사회 사이의 연관성을 자세하게 서술했다. 이들은 자본주의 사회의 모순을 개선할 수 있다는 낙관적인 생각을 지니고 있었다.

비판적 사실주의의 전통을 계승하여 여기에 과학적 세계관을 융합시킨 것이 '사회주의적 사실주의'다. 김남주의 문학에는 '사회주의적 사실주의'의 경향이 짙게 깔려 있다. 이러한 경향을 그는 진보적인 세계 민중시인의 작품을 읽으며 그리고 우리 민중의 역사와 삶을 체험하며 스스로 체득했다. 그는 한국적인 상황에 적합한 문학 형식을 선택했고 이 형식을 잘 소화해냈다.

"한마디 시에 관해 더 해두고 싶소. 그것은 시의 길이에 대한 것이오. 앞에서 나는 시는 압축과 긴장을 그 생명으로 한다고 했소. … 시는 긴 분석도 아니고 느슨한 산문적 이야기도 아니오. 현실의 변혁을 위한 무기로써 시는 촌철살인의 풍자이어야 하고 백병전의 단도이며 치고 달리는 게릴라전이오. 가장 길어야 옛 조상들이 사용했던 청송녹죽 죽창의 길이요."(《이상사회를 위해》, 《산이라면 넘어주고 강이라면 건너주고》, 108쪽)

여기서 한국적인 상황에 적용된 김남주 식의 사실주의적 창작 기법이 명쾌하게 표현되고 있다. '압축과 긴장'은 그가 강조하는 시의 세 가지 특성, 곧 대중성·계급성·전투성이 가장 잘 실현될 수 있는 형식이다.

김남주는 스스로 말하는 것처럼 민중해방을 실현하기 위해 투쟁하는 혁명시인이다. 혁명시인에게 가장 중요한 것이 역사의식이다. 역사의식이란 무엇인가? 역사의식이란 인류의 역사 발전에 대한 확고한 신념이다. 이러한 신념은 보편적인 인류의 역사 발전과 특수한 한국의 역사 발전이 변증법적인 연관성 아래서 통일적으로 고찰될 때만 얻어질 수 있다.

그때그때 상황에 따라 본능적으로 적응하며 사는 동물과 달리 인간은 과거를 돌이켜보고 미래를 관망하며 계획적인 삶을 산다. 다시 말하면 인간은 인간 특유의 '역사의식'을 지니고 살아간다. 인간은 환경에 적응하면서 동시에 환경을 바꾸어간다. 그러나 모든 개인이 그리고 모든 민족이 항상 역사의식을 지니고 살아가는 것은 아니며, 항상 올바른 역사의식을 지니는 것도 아니다. 고도로 발달한 문명은 인간의 역사의식을 마비시키기 쉬우며, 인간조종의 기술이 발달한 사회 체제 안에서 올바른 역사의식을 지닌다는 것은 쉬운 일이 아니다. 역사의식이 결핍된 민족은 결국 파멸하고 개인도 그러한 비극으로부터 제외될 수 없다.

'올바른 역사의식'은 국수주의적인 혹은 편협한 민족주의적인 투쟁 의식과 거리가 멀다. 일제나 나치의 파시즘에 동조한 일본인들이나 독일인들에게 올바른 역사의식이 있었다고 말할 수 없다. 또한 국가나 민족을 배제하는 추상적인 인류애의 정신 속에서도 올바른 역사의식은 자라날 수 없다. 올바른 역사의식을 지니기 위해서는 역사의 발전법칙, 역사를 움직이는 주체와 동인에 대한 보편적이고 과학적인 인식이 필요하다.

역사에 눈을 돌려 보면 거기에는 무수한 사건들이 소용돌이치고 있다. 개인, 국가, 민족의 흥망성쇠가 계속해서 일어난다. 이러한 모든 사건은 우연의 결합인가, 아니면 어떤 보편적인 법칙에 따라 진행되는 것인가? 이것이 역사의식과 연관하여 제기되는 첫 번째 중요한 문제이다. 관념론적인 역사관에 의하면 역사는 우연한 사건들의 복합체에 불과하며 역사의 발전법칙은 있을 수 없다. 유물론적인 역사관은 그와 달리 이러한 발전법칙을 인정한다. 자연에는 물질의 필연적인 법칙이 존재하며, 인간은 자연의 법칙에 따라 발생했고 인간이 만들어 가는 사회도 이러한 자연법칙을 벗어나 존재할 수 없다는 것이다. 물론 유물론자들도 자연과 인간사회의 발전법칙이 동일하지 않다는 사실을 인정한다. 그러나 이러한 차이는 질적인 차이가 아니다. 인간사회가 훨씬 더 복잡하게 변했을 뿐이다. 역사의 발전이 기계적인 인과법칙에 따라서 이루어지는 것만은 아니지만, 그렇다고 하여 우연에 의해 지배된다거나 자연을 초월한 어떤 신적인 존재에 의해 결정되는 것은 아니다. 유물론적인 역사관은 현상과 본질의 연관성을 염두에 두면서 자연과 인간과 사회를 과학적으로 분석한다. 그리하여 인간의 생명은 물질에서 발생되었다는 것, 인간에게서 가장 기초가 되는 것이 의식주라는 것, 의식주가 해결되는 기초 위에서 모든 다른 정신적인 활동이 수행된다는 것, 그러므로 인간의 본질은 생산 노동에 있다는 것 등을 확인한다. 인간의 본질이 노동에 있으며 생산 활동이 사회의 기저가 된다면 역사의 발전법칙이나 그 동인도 생산관계에서 찾을 수밖에 없다. 인간이 어떤 방식으로 생산을 하며 생산물을 어떻게 분배하느냐에 따라서 사회의 구조가 형성되고 역사가 발전한다. 원시사회-고대사회-중세사회-근대사회-현대사회로 발전해온 인류의 역사를 그 현상에서뿐만 아니라 본질에서 파악한다면 결국 어떤 사람들이 생산수단을 소유했으며 생산방법이 어떻게 발전했고 거기서 나오는 생산물의 분배를 둘러싸고 어떤 투쟁이 이루어졌는가의 문제가 고찰의 핵심으로 들어서지 않으면 안 된다. 생산력과 생산관계의 마찰이 사회형태를 뒤바꾸는 계기가 된다는 것이 유물론적 역사관의 기본명제이다.

관념론자들은 역사의 발전법칙 자체를 부정하든가, 그 법칙을 자연을 초월한 어떤 절대자의 의지에서 찾는다. 또한 역사발전의 동인을 생산 활동에서 찾는 것이 아니라 정신적인 활동에서 찾는다. 정치·종교·철학·예술 등의 이념적인 영역이 역사발전을 결정하고 주도한다고 생각한다. 물론 유물론자들도 이념적인 영역이 역사발전에 끼치는 중요성을 간과하지 않는다. 그러나 유물론자들은 양 영역의 연관성을 항상 염두에 두고 결정적인 요인을 물질적인 영역에서 찾는 반면 관념론자들은 양 영역이 독립되어 있는 것처럼 생각하면서 결정적인 요인을 정신적인 영역에서 찾는다. 관념론자들과 유물론자들의 역사 파악은 물질과 정신의 존재론적 파악과 긴밀하게 연관된다.

진정한 유물론자들은 인간의 정신이 물질에 기계적으로 종속되어 있다고 생각하지 않는다. 또한 인간의 자유를 경제적인 결정성에 종속시키지 않는다. 자유와 필연의 관계를 변증법적으로 이해하려는 데 유물론의 특성이 있다. 자연 속에는 객관적인 법칙이 존재한다. 물론 이러한 법칙도 절대적이고 기계적인 필연성을 나타내는 것은 아니다. 변증법적인 도약이 항상 수반되기 때문이다. 인간은 자연의 법칙을 인식해간다. 자연법칙을 파악하지 못하는 인간은 자연의 노예처럼 행동할 수밖에 없다. 불가사의한 자연 앞에 머리를 숙이며 기도한다. 자연의 법칙과 필연성을 인식하고 자연을 스스로의 목적에 합당하게 이용할 수 있을 때만 인간은 자연의 주인이 되어 자연을 지배할 수 있다. 필연성을 인식하는 것이 가장 중요한 전제이다. 결국 자유는 필연성의 통찰이다. 필연성이 자연 속에서는 무의식적으로 상호작용하는 힘의 결과인 반면, 역사 속 필연성은 일정한 목적을 설정하고 그것을 성취하려는 인간의 행위에서 나타난다. 그러나 이러한 노력 자체는 필연성의 인식이 전제되지 않는 한 참된 자유가 될 수 없다. 인간 행위의 결과는 각 개인이 설정하는 목적에 부합하게 된다. 이런 의미에서 사회 속에도 자연 속에서와 마찬가지로 일정한 필연성이 존재한다고 말할 수 있다. 물론 객관적 조건에 따라 결과가 달라질 수도 있다. 그러나 이러한 변화까지도 그 내막을 살펴보면 필연적이라고 말할 수 있다. 역사의 필연성을 인식하는 것은 자연의 필연성을 인식하는 것보다 훨씬 더 복잡하다. 역사에는 자연의 가장 복잡한 산물인 인간의 행위가 결합되어 있기 때문이다. 인간은 스스로의 행동 동기를 사회 구조 속에서 파악하며 역사를 인식한다. 인간은 그가 태어난 역사적 조건들을 스스로 선택할 수 없다. 그러나 그것은 인간이 태어난 조건들에 어쩔 수 없이 적응해야만 한다는 의미는 아니다. 역사적 조건들은 인간 행위에 일정한 제한을 가한다. 이러한 제한 속에서 인간은 사회적 발전의 요구와 일치할 수도 있고 상반될 수도 있다. 일정한 사회상태의 일정한 필연성이 인식될 때, 인간의 행위가 사회적 상황에 의해 영향을 받는다는 사실이 파악될 때, 인간은 오히려 이러한 필연성을 스스로의 결단과 행위를 통해서 변화시킬 수 있는 가능성을 얻는 것이다. 누가, 어떤 계층이 사회적 변혁의 물질적이고 도덕적인 주체인가를 파악하고 그러한 인식을 기초로 하여 인간은 새로운 사회질서를 만들기 위한 투쟁에 동참할 수 있는 것이다. 그러므로 올바른 역사의식은 자주·민주·통일을 성취해야 하는 한국 민중에게 커다란 힘을 줄 수 있다.

김남주의 역사의식은 인간의 본질을 밝히는 데서 시작된다. 그는 '노동이 인간의 본질을 형성하는 활동'임을 반복해서 강조한다. 이러한 인식을 기초로 그는 인류의 역사가 생산수단의 소유를 중심으로 가진 자와 못 가진 자, 착취하는 자와 착취당하는 자로 갈라진 역사였다는 것, 가진 자가 스스로 물러나는 경우는 없기 때문에 역사의 주체인 노동자가 힘을 합해 가진 자들을 무너뜨리고 인간이 해방되는 평등한 사회를 만들 수 있으며, 만들어야 한다는 굳은 신념을 지니고 있었다. 그는 노동자가 주인이 되는 것이 자연과 사회의 객관적인 법칙이고 정의이기 때문에 언젠가는 그것이 기필코 성취된다는 확신을 가졌으며 이러한 확신을 토대로 시라는 무기를 사용하여 평등한 세상을 좀 더 빨리 실현시키기 위한 투쟁에 앞장섰다. 김남주의 말을 들어보자.

"인간은 자연을 자기에게 이롭게 바꾸는 노동을 해오면서 인간 자신도 바뀌어 왔다고 한다. … 역사의 어느 단계에서 제 노동으로 하루하루를 사는 사람과 남의 노동을 빼앗아 먹고 사는 사람이 갈라지게 되었다."(〈노동이야말로 인간의 본질〉, 《산이라면 넘어주고 강이라

면 건너주고》, 233쪽)

"대중이야말로 혁명이 제 발을 딛고 일어서는 기반일 뿐만 아니라 '역사의 기관차'로서 혁명을 밀고 가는 원동력인 것입니다. 그러나 우리는 여기서 대중이라는 개념을 무분별하게 사용해서는 안 됩니다. 우리가 사회학적으로 대중을 말할 때 그것은 근로대중 일반을 뜻합니다. 그러나 우리가 혁명적인 관점에서 대중을 말할 때는 거기에 특별한 의미가 있습니다. 즉, 그것은 계급으로서의 집단을 의미하는 것입니다. 왜냐하면 혁명이란 다름 아닌 계급투쟁이기 때문입니다."(〈시와 혁명〉,《시와 혁명》, 21쪽)

"역사상 가진 자들이 기왕에 소유한 재산과 권력을 스스로 내놓는다거나 조금이라도 양보한 적은 없었다. 그들이 가끔 인간적인 얼굴을 내비친 적이 없지 않아 있기는 했었는데 그런 경우에도 그들의 자발성이 그렇게 한 것이 아니었던 것이다. 그것은 가난한 이들의 집단적인 저항과 투쟁의 산물이었던 것이다. 그들은 또한 가난한 이들이 역경을 당했을 때 자선남비에 동전 몇 푼을 던지고는 하는데 거기에도 앞날을 내다보는 교활하고 치밀한 계산이 깔려 있다는 것을 잊어서는 안될 것이다. 시인은 이들이 가면 뒤에 감추고 있는 것을 꿰뚫어볼 수 있는 혜안을 가져야 할 것이다. 현상만 보고 본질을 보지 못하는 것은 눈뜬 봉사와 다를 바가 없는 것이다."(〈내 시를 읽는 독자들에게〉,《시와 혁명》, 54쪽)

생산수단의 소유 여하에 따라서 계급이 나뉘고, 역사는 본질적으로 이러한 계급 사이의 투쟁사이므로 결국 역사의식이 있다는 것은 계급의식이 있다는 것과 같다. 그것은 모든 것을 계급적인 관점에서 본다는 것이다.

"계급사회에서는 어떤 형태의 사회적 의식도 계급의 낙인이 찍혀 있습니다. 일상적인 생활에서부터 고도한 사고의 형태에 이르기까지 즉, 생활습관·감정·기분 등에서부터 사상·이론·견해 등에 이르기까지 사람들은 의식적이건 무의식적이건 자기의 계급적 성격을 드러내기 마련입니다. 심지어 사람들이 일상적으로 사용하는 몸짓 하나하나 말투 하나하나에까지 계급의 성격이 배어 있습니다."(〈시와 혁명〉,《시와 혁명》, 28~29쪽)

지배 계급은 자기들 계급에 유리한 세계관을 학교교육을 통해서 주입시키는데 그 대표적인 예가 '충효'의 이데올로기와 '화해와 용서와 협조와 타협'의 이데올로기다. 전자는 봉건사회를, 후자는 자본주의를 유지하기 위한 수단이 된다.

"지배계급은 노동자·농민의 자식들이 태어나 사물의 이치를 분별할 나이가 되면 학교교육을 통해서 그들의 세계관을 주입시킵니다. 가장 흔해빠진 예가 '충효'의 이데올로기입니다. 이것은 모든 인간관계가 수직적 신분관계로 굳어져 있었던 봉건사회의 이데올로기였는데 인간관계가 수평적인 자유로운 인격 위에 기초해 있다고 법적으로 보장되어 있는 자본주의사회에서도 여전히 지배계급에 의해서 이용되고 있습니다. 또 하나의 예는 화해와 용서와 협조와 타협의 이데올로기입니다. 이것은 계급사회인 자본주의사회에서 자본가계급이 자기의 이익과 특권을 유지하기 위해서 이용하는

기만의 이데올로기입니다. … 왜냐하면 자본가계급과 적대관계에
있는 노동자에게는 노예적인 삶을 영속시키는 이데올로기이기 때
문입니다. 노동자 계급은 자기의 적인 자본가계급을 전복함으로써
만 진정한 자유인이 되기 때문입니다. 그것은 화해와 용서와 타협
과 협조로써가 아니고 비타협적인 가차없는 투쟁을 통해서만이 가
능합니다."(〈시와 혁명〉,《시와 혁명》, 29쪽)

김남주는 이처럼 사회의 현상(화해, 용서, 타협, 협조)에 부착하는
피상적인 시인이 아니었고 사회의 본질(자본가의 착취, 계급투쟁)을
꿰뚫어본 날카로운 시인, 역사의식으로 무장한 철학자였다. 그는
계속해서 말한다.

"시인은 부르주아적 자유주의 이데올로기의 허위성과 천박성을
폭로하여 노동자·농민을 이로부터 해방시키고 노동대중의 머릿속
에 해방투쟁의 혁명적 이데올로기를 심어주는 것을 자기의 사명으
로 해야 합니다."(〈시와 혁명〉,《시와 혁명》, 30쪽)

"계급사회에서 모든 투쟁과 운동의 배후에는 계급간의 이해관
계가 은닉해 있다는 것을 시인은 놓쳐서는 아니될 것입니다. 허위
의 세계를 들추어내어 진실을 밝히는 것이 시인의 펜이라고 할 때
그 펜 끝에는 계급간의 투쟁이 흘리는 피가 묻혀 있지 않으면 그는
제대로 진실을 캐내지 못한 시인일 것입니다."(〈시인은 싸우는 사람〉,
《산이라면 넘어주고 강이라면 건너주고》, 203쪽)

예술가는 올바른 역사의식을 지녀야 한다. 올바른 역사의식의 바
탕 위에서 올바른 예술이 만들어진다. 비판적 사실주의, 사회주의

적 사실주의, 당 문학, 노동문학, 민중문학의 기초가 되는 것이 바로 구체적 현실과 작가의 역사의식이다. 올바른 역사의식이 없을 때 사실주의는 천박한 자연주의의 수준에 머문다. 순수예술, 형식주의, 낭만주의, 자연주의, 상징주의, 초현실주의, 구조주의, 포스트모더니즘 등에는 역사의식이 결핍되어 있다. 부르주아 예술은 그 모습을 어떻게 바꾼다 해도 민중해방에 방해가 될 뿐이다. 올바른 역사의식은 보편적인 인류역사의 발전에 대한 통찰과 더불어 우리나라의 특수한 역사적 상황에 대한 통찰을 요구한다. 그러므로 추상적인 자본주의 비판이나 계급투쟁의 도식화만으로써 충분하지 않다. 우리 민족의 현실문제가 그 토양으로서 들어서야 한다. 다시 말하면 자주·민주·통일의 문제가 항상 함께 연계될 때만 우리 민족에게 바람직한 문학이 탄생할 수 있으며 이 점에서 김남주는 뛰어난 시인이다.

예술의 목적이 그 자체에 있지 않고 인간의 삶과 직접·간접으로 연관된다면, 우리는 묻지 않을 수 없다. "누구를 위한 예술인가?" 가진 자를 위한 예술일 수도 있고 못 가진 자를 위한 예술일 수도 있다. 스스로를 위한 예술일 수도 있고 어떤 집단을 위한 예술일 수도 민족을 위한 예술일 수도 있다. 독재를 위한 예술일 수도 있고 민주주의를 위한 예술일 수도 있다. 개인이나 집단의 이해관계를 초월하여 모든 사람을 위한 예술이 있었으면 좋겠지만 유감스럽게도 그런 예술은 이상 속에서만 존재한다. 모든 사람의 이해관계가 일치하지 않으며 예술도 이러한 이해관계를 벗어날 수 없기 때문이다. 예술은 사회적 현상으로서 구체적인 사회세력과 연관을 맺고 있다. 순수예술의 이론가들은 보편적인 인간을 내세워 예술이 계급 간의 이해관계를 초월하는 것처럼 주장하지만 실제로 그런 주장 자체가 어느 한편을 지지하고 있는 것이다. 문제는 분명하다. 어떤 예술이 못 가진 자, 힘없는 자, 소외된 자의 편에 서서 사회를 좋은 방향으로 변혁하는 무기 역할을 할 때 우리는 그것을 휴머니즘적인 예술로 높이 평가할 것이며 반대로 가진 자, 권력자, 엘리트 등을 직접·간접으로 옹호하는 입장에 서서 현상을 유지하려 할 때 우리는 그것을 반휴머니즘적인 예술로 질타하게 된다. 예술지상주의를 비판하는 김남주의 시 〈예술지상주의〉를 읽어보자.

> 예술지상주의 그것은 애초에
> 이승은 떠남의 세계였고 현실은 네미씹이었다
> 그에게는 예술지상주의자에게는
> 문명은 파괴되어야 할 적이었고
> 자학과 광기와 절망이 삶의 전부였다
> 그에게는 나이도 없었다
> 예술이라면 제 애비도 몰라보는 후레자식이 예술지상주의였다
> 염병할! 그놈의 사후의 명성이란 것도
> 그에게는 부질없는 무덤이었다
> 예술이라면 예술 아니 모든 것이
> 저주해야 할 대상이었다 쓰레기였다

부르조아 새끼들의 위선이 거만이 구역질나서 보들레르는
자본의 시궁창 파리 한복판에서 악의 꽃을 키웠다
랭보는 꼬뮌 전사의 패배에 절망하여
문명의 절정 빠리를 떠났다

시에다 똥이나 싸라 침을 뱉고

대한민국의 순수파들 절망도 없이
광기도 자학도 없이 예술지상주의를 한다
수석과 분재로 예술지상주의를 한다
학식과 덕망의 국회의원으로 예술지상주의를 한다
자르르 교양미 넘치는 입술로
자본가의 접시에 군침을 흘리면서 예술지상주의를 한다
에끼 숭악한 사기꾼들
죽으면 개도 안 물어가겠다
그렇게 순수해가지고서야 어디 씹을 맛이 나겠느냐

—〈예술지상주의〉 전문, 《사상의 거처》

　김남주는 현실을 사랑하기 때문에 절망과 저주가 뒤섞인 목소리
로 현실을 거부하는 서구의 예술지상주의자들과 달리 목가적인 전
원생활을 즐기면서 민중을 배반하는 한국의 순수 예술가들을 이
시에서 신랄하게 비판한다. 겉으로는 아름다운 분위기를 발산하

는 것 같지만 속은 검고 위선으로 가득 차 있는 것이 말하자면 순수 예술가들의 정체이다. 순수예술을 표방하는 문인들이 국회의원이 되거나 예총의 감투를 쓰고 군사독재정권의 하수인 노릇을 하는 경우가 우리에게 있었지 않는가? 순수예술이라는 이름 아래 민중을 배반하는 예술가들이야말로 '숭악한 사기꾼'이다.

김남주는 예술의 혁명적 내용을 중시하면서 순수예술의 정체를 밝혀냈고 확고한 역사의식을 지니고 우리시대의 예술가, 특히 시인들이 무엇을 할 수 있는가를 명확하게 보여주었다. 그는 어중간하고 미지근한 것을 가장 싫어했으며, 자신이 누구를 위해서 시를 쓰는가를 분명히 밝혔다.

"간단히 말하자. 나는 어느 편이냐 하면 가지지 못한 사람들 편이다."(〈노동이야말로 인간의 본질〉,《산이라면 넘어주고 강이라면 건너주고》, 234쪽)

"강자와 약자가 맞붙어 싸우는데 누구의 편도 들지 않는다면 객관주의적 입장, 다시 말해서 중립의 입장을 취한 사람은 결국 강자의 편에 선다는 것과 같은 것이 아니겠소?"(〈콩알 하나라도 나눌 수 있는 세상을 위하여〉,《산이라면 넘어주고 강이라면 건너주고》, 135쪽)

"시인은 마땅히 노동하는 인간을 찬양하고 노동의 적을 저주해야 합니다. 그리고 노동의 성과를 약탈해 가는 착취자들의 잔인성과 비인간성을 폭로해야 하고 부패와 타락이 본질인 그들의 비도덕성을 만천하에 드러내야 합니다. 한마디로 말해서 피지배계급이 지배계급에 대해서 가지는 감정과 정서는 증오와 저주 그것이어야 하고, 사상은 말할 것도 없이 변혁사상이고 의지는 물질적인 힘에 의해서만 끝장이 난다는 투쟁의지입니다."(〈시와 변혁운동〉, 《불씨 하나가 광야를 태우리라》, 333쪽)

이런 의미에서 그는 결론을 내린다.

"계급사회에서의 시인의 의무란 첫째, 가난하고 착취당한 피지배계급에게 지배계급이 저지른 죄악상을 폭로하는 것이라고 생각합니다. 말하자면 이데올로기의 대중화에 기여해야 한다는 것이죠. 둘째, 폭로에서 끝나서는 안 되고 의식화된 대중을 조직으로 묶어 세우는 데까지 기여해야 합니다. 그러므로 '시인은 해방전사와 동의어다'라고 생각해요."(〈시인은 사회변혁의 주체〉, 《시와 혁명》, 227쪽)

끝으로, 김남주의 문학관 가운데 오해의 소지가 있는 표현이 "문학은 주장이 아니고 느낌이다"(《불씨 하나가 광야를 태우리라》의 한 산문 제목)라는 표현은 오해의 소지가 있다. 시가 삶 속에서 자연스럽게 발생해야 한다는 의미로 사용된 이 말이 잘못하면 주장과 느낌을 분리시키는 표현으로 들린다. 그러나 이는 김남주의 의도와는 거리가 멀다. 양자는 결코 분리되지 않고 서로 긴밀하게 연관되어 있다. 주장과 연결되지 않는 느낌은 감상에 불과하며, 느낌이 없는 주장은 이론에 불과하다. 김남주도 실제로 이 양자의 연관 속에서 삶을 살았고 시를 썼다. 이와 연관하여 김남주의 시들이 '각박한 도식성'(《시와 혁명》, 69쪽)만을 지니고 있다거나 '후진적인 노동자들이나 일반 독자들'(《산이라면 넘어주고 강이라면 건너주고》, 209쪽)에게 거부감을 일으킨다는 비판도 나왔다. 그러나 이는 문학의 본질이나 과제, 목적을 오히려 제한된 편견(부르주아적인) 속에서 파악하려는 데서 나오는 짧은 생각들이다. 김남주는 구체적인 삶 속에 들어 있는 역사적 본질을 응시하려 했으며 개별적인 인간이나 사물의 겉모양에 만족하려 하지 않았던 것이다. 구체적인 삶과 이념 사이의 변증법적인 연관성을 김남주만큼 날카롭게 파헤친 시인은 흔하지 않다. 모든 사람을 만족시키는 미지근한 시들이 결코 인간을 해방시키는 무기가 될 수 없다는 것을 그는 너무나도 잘 알고 있었다.

"나는 투쟁한다, 그러므로 존재한다" ────

근세 프랑스 철학자 르네 데카르트 René Descartes는 "나는 생각한다, 그러므로 나는 존재한다"라는 유명한 말을 남겼다. 이 말은 인간의 삶에서 가장 중요한 것이 사고(데카르트의 경우 명석·판명한 논리적 사고)임을 단적으로 표현하고 있다. 그러나 정신과 물질을 독립된 두 가지 실체로 생각하는 데카르트의 관념론적 사고방식에 대한 비판이 당시에도 이미 나타났다. 특히 유물론 철학자들은 물질(육체)이 있고 난 뒤에야 인간의 사고가 가능하다는 의미에서 "나는 존재한다, 그러므로 나는 생각한다"라고 표현하기도 하고 인간의 사고가 감정과 분리된 어떤 것이 아니고 감정이 고차적으로 발전되면서 나타나는 부산물에 지나지 않는다는 의미에서 "나는 느낀다, 그러므로 나는 존재한다"라고 표현하기도 했다. 현대 프랑스의 실존주의 문학가 카뮈는 반항(물리적, 역사적, 형이상학적)의 중요성을 강조하면서 "나는 반항한다, 그러므로 나는 존재한다"라는 의미에서, 같은 시기의 철학자 사르트르는 자유를 강조하면서 "나는 선택한다, 그러므로 나는 존재한다"라는 내용으로 각각 자신들의 사상을 전개했다. 모든 사상가는 나름대로 이러한 표현을 사용할 수 있다. 우리의 시인 김남주도 예외가 아니었다.

"나는 사랑하고 증오한다. 고로 나는 존재한다."(〈예술은 노동의 산물〉,《산이라면 넘어주고 강이라면 건너주고》, 220쪽) 김남주는 사랑과 증오를 삶의 원동력으로 삼았다. 그가 사랑하는 대상은 노동에 의해서 자신의 삶을 영위하는 노동자들이었고 그가 증오하는 대상은 타인의 노동 대가를 이용하여 살아가는 기생충과 같은 인간들이었다. 그러나 그는 마음속으로 노동자를 사랑하고 마음속으로 자본가를 증오하는 것으로 끝나지 않았다. 노동자가 행복해지고 자본가가 벌을 받도록 기도나 하는 것으로 만족하지 않았다. 그는 과학적 세계관과 역사관을 무기 삼아 노동자가 주인이 되는 사회의 실현을 위해서 투쟁했다.

"빼앗긴 것은 빼앗아야 합니다. 우리 진영의 사람들은 저들에 비해 너무나 순박하고 너무나 선량하고 너무나 안일해요. 저들을 인간이라고 착각해서는 안돼요. 우리가 고안해 낼 수 있는 모든 수단과 방법을 동원하여 타도해야 할 괴물이어요. 인간의 탈을 쓰고 있는 괴물이어요."(〈〈7.7선언〉의 허위성과 진정한 통일운동〉,《산이라면 넘

어주고 강이라면 건너주고》, 200쪽)

김남주의 시와 글은 '싸움'이나 '투쟁'이라는 말로 가득 차 있다. 그러므로 우리는 김남주의 표현을 다시 "나는 투쟁한다, 그러므로 나는 존재한다"라고 바꾸어도 무방할 것 같다. 투쟁이라는 말속에 사랑과 증오가 모두 포함되어 있다. 살아 있는 모든 것, 아니 존재하는 모든 것은 투쟁과 연관된다. 철학이나 예술도 일종의 투쟁이다. 맑스의 철학뿐 아니라 니체의 철학이나 칸트의 철학도 투쟁의 방법과 가능성을 제시한다. 그 방법들이 서로 다를 뿐이다.

김남주의 삶은 투쟁으로 점철되었다. 그는 시와 글을 통한 이론적 투쟁뿐만 아니라 시위의 주도나 전사활동과 같은 오히려 실천적 투쟁에 비중을 많이 두었다.

"우리는 우리 역사에서 글쟁이들의 역할을 너무나 과대평가해왔습니다./ … 지식인들의 나약성, 동요, 기회주의성, 소시민성, 자유주의적 작태 등을 비판하는 사람은 지식인들 자신이면서도 그들조차도 그 테두리를 나오려고 하지 않는 것이 오늘의 우리 현실이 아닌가 합니다."(〈시의 길 시인의 길〉, 《산이라면 넘어주고 강이라면 건너주고》, 145쪽)

"나는 적을 쓰러뜨리고 승리하기 위해서 싸우는 것이지 그냥 자유주의자들처럼 싸우는 것은 아닙니다. 자유주의자들의 싸움은 이기고 지고가 큰 관심이 아니고 그냥 불의라든가 비양심적인 것이라든가 하는 추상적인 것들과 싸울 뿐입니다. 그것도 조직적으로 칼을 들고 싸우는 게 아니고 무정부주의적으로 입으로 펜으로 싸울 뿐입니다./ 정치권력을 장악하려는 강고한 의지 없이 싸우는 싸움은 모두가 자유주의자들의 유희에 다름 아닙니다. 혁명적 조직을 가지고 싸우지 않는 싸움은 정치권력의 장악과는 아무런 관계가 없는 싸움입니다. 수천 수만의 자유주의자들보다 한줌의 혁명적 민주주의자들이 더 정치권력의 장악에 접근해 있습니다. 역사의 발전법칙은 철의 필연성을 가지고 관철됩니다. 우리는 철의 규율로써 이 역사법칙의 필연성을 자유의 왕국으로 실현시켜야 합니다."(〈부르주아 정치의 본색과 무기한 단식 계획〉,《산이라면 넘어주고 강이라면 건너주고》, 194쪽)

실천적 투쟁 가운데서도 가장 중요한 것이 정치투쟁이다. 그것은 지식인들이나 노동자들 모두에게 해당된다.

"노동운동은 절대 경제주의의 울타리에 갇혀서도 안 되고 경제주의에 굴복해서도 안 되며, 정치투쟁이 절대로 중요하다고 봅니다. 아직은 경제투쟁의 단계라고 주장하는 건 기회주의자들입니다."(〈시인은 사회변혁의 주체〉,《시와 혁명》, 234쪽)

오늘날에도 정부는 노동조합의 정치 참여를 엄단하는데, 정치투쟁이 배제된 노동운동은 핵심을 잃고 있다. 독재정권이나 보수적인 정권은 노동운동의 핵심을 제거하기 위해서 가능하면 노동운동에 정치활동을 허용하지 않으려 한다. 김남주의 투쟁은 '남민전'의 전사가 되면서 절정에 이르렀다. 제1부에서 밝힌 것처럼 김남주는 '남민전'에 가입하면서 전위조직인 '혜성대'의 일원이 되었고 '땅벌 1호' 작전에 공격조로 참여했다. 재벌 저택의 담을 넘어 조직의 자금에 사용될 돈을 강탈하려 했던 이 사건을 두고 부르주아 지식인들은 비난의 화살을 퍼부었다. 부르주아의 질서와 법에 어긋나기 때문이다. 감옥에서 김남주는 이렇게 썼다.

"지금은 손발이 묶여 속수무책으로 환장할 삶을 보내고 있지만 나도 한때는 이 땅에서 추위를 몰아내기 위해 칼바람 일으켜 도끼춤 추기도 했지요. 그것을 어떤 사람은 철없는 아이의 장난이라고 하고, 또 어떤 이는 제법 과학적인 용어를 구사하여 좌익소아병이니 과격주의니 하고, 심지어 어떤 사람은 우리의 실천적 운동이 현실 문제를 해결하는 데 오히려 방해 작용을 했다고 하더군요."(〈봄은 다시 찾아오려나〉,《산이라면 넘어주고 강이라면 건너주고》, 94쪽)

법이 가진 자와 권력자를 위해서 존재하느냐 아니면 힘없고 못 가진 자를 위해서 존재하느냐의 물음을 제기한 것은 기원전 5세기경 그리스의 소피스트 철학자들이었다. 소피스트의 한 사람인 트라시마코스Thrasymachos는 정의가 강자들의 이익을 대변하는 이념에 불과하다고 주장했다. 정의는 구체적으로 법을 통해 실현되므로 결국 그의 주장은 강자들이 스스로의 이익을 옹호하고 약자들을 통치하기 위한 수단으로 법을 만들었다는 것과 같은 의미이다. 18세기의 프랑스 철학자 루소는 사유재산을 점유한 부자들이 그것을 지키기 위해 법을 만들었다고 주장했다. 맑스는 부르주아 사회의 법과 국가가 자본가들의 착취를 도와주고 보장해주는 도구에 불과하다는 사실을 예리하게 파헤쳤다. 법 앞에 만인이 평등하다는 자유주의의 기치는 우리의 현실과는 거리가 멀다. 가진 자, 배운 자, 힘 있는 자들은 요리조리 법망을 피해가며 조그만 일에도 법망에 걸려드는 약한 자들을 비웃고 있는 것이 자본주의 사회의 부정할 수 없는 현실이다. '유전무죄'요, '무전유죄'다. 권력을 가진 정치가와 돈을 가진 자본가들이 상부상조하여 노동자·농민을 착취하는 과정이 이른바 '정경유착'이다. 겉으로 나타나는 현상만 보려는 사람들은 정경유착을 몇몇 사람의 도덕적인 타락으로 해석한다. 그러나 사회현상의 본질로 파고들면 여기에는 자본가들에 의한 노동자·농민의 착취라는 문제가 도사리고 있다. 부르주아 지식인들은 이 문제를 보지 않으려 한다.

김남주는 〈아나 법〉이라는 시에서 법을 지키라고 큰소리치는 양반들을 통렬하게 비웃고 있는데 실제로 그것은 부르주아 지식인들이나 자본가에게도 해당되는 질책이다.

> 법이라!
>
> 법이니까 지켜야 한다?
>
> 그래 지키기는 지키되 어디 한번 물어나 보자
>
> 땅을 일구어 봄에 씨앗 뿌리고
>
> 이마에 땀 흘려 태양 아래서
>
> 곡식을 키운 사람은 누구이고 가을이면
>
> 도둑고양이처럼 와서 알곡을 걷어간 놈은 누구냐
>
> …
>
> 에끼 순 날강도 놈들

학식과 덕망의 똥통에 대갈통 처박고
만세삼창 부르다가 급살맞아
사지를 쭉쭉 뻗고 뒈질 양반놈들아.

—〈아나 법〉 부분, 《조국은 하나다》

　사회현상의 배후에 숨어 있는 본질을 파악하려고 했던 김남주
는 프랑스의 사회철학자 프루동처럼 자본가의 재산이란 결국 노동
자들에게 돌아가야 하는 몫이 교묘하게 탈취된 장물에 지나지 않
는다는 결론에 도달한다. 이러한 장물을 다시 빼앗아 노동자들에
게 분배한다거나 자본가와 노동자를 다 함께 해방시킬 수 있는 사
회 건설을 위한 투쟁에 사용하는 것이 자본주의를 합리화하는 자
유민주주의의 법에는 어긋날지 모르겠으나 인간의 양심에는 어긋
나지 않는다는 확신을 가지게 된다. 의적 일지매나 임꺽정, 탐관오
리의 재산을 몰수한 전봉준, 정치가와 재벌들의 집을 털어 서민들
의 마음을 후련하게 했던 대도 조세형을 마음속으로 생각했는지도
모른다. 조세형이 절취한 물건 가운데는 개당 수천만 원에 달하는
파텍스 시계나 물방울 다이아몬드 반지 등이 끼어 있었다. 노동자
들의 최저임금이 월 10만 원을 조금 넘던 당시 상황에서 이 물건들
을 도둑맞은 장관이나 재벌들의 부인들이 과연 어떤 노동을 했겠
는가? 왜 이들은 잃어버린 물건들을 신고하지 않았으며 결국 주인
도 없는 고가의 물건들이 경찰서에서 나뒹굴고 있었겠는가? 대통
령 시절에 수천억 원의 검은 돈을 착복한 노태우는 과연 이것이 자

기 노동의 대가로 돈을 번 것인가? 수십, 수백 억 원을 뇌물로 바친 재벌들은 이 돈을 누구로부터 갈취했겠는가? 불쌍한 사람은 꼬박꼬박 세금을 내는 국민들이고 시키는 대로 일하고 주는 대로 받아 가는 노동자들이다. 자본가들은 노동자들을 '근로자', '산업 역군', '한 형제'라 부르며 달래지만 실제로 이들은 종이나 머슴과 다를 바 없다.

이제 확실해졌다 노동이야말로

인간을 인간이게 한 장본인이었다 짐승과는 다르게

살과 뼈와 피를 빚어낸 마술이었다 기적이었다

노동이야말로 인간의 출발점이고 과정이고 종착역이다

한 마디로 끝내자 인간의 본질은 노동이다

노동에서 멀어질수록 인간은 짐승에 가까와진다

이제 분명해졌다 적어도 나에게는

나의 가장 가까운 적은 노동에서 가장 멀리 떨어져 있는 인간이다

아니다 노동에서 이미 멀어져버린 인간은 인간이 아니다

그것은 된장 속의 구더기다 까맣게

감잎을 갉아 먹는 불가사의한 벌레다

쌀 속의 좀이고 어둠 속의 쥐며느리이고 축축하고

더럽고 지저분한 곳에서 서식하는 이이고

황소 뒷다리에 붙어 있는 가증스런 진드기이고

회충이고 송충이고 십이지장충이고 기생충이고 흡혈귀다

인간의 동지는 노동 그 자체다.

—〈감을 따면서〉 부분, 《조국은 하나다》

　노동자를 착취하는 자본가는 흡혈귀이고 자본가에 붙어서 몇 푼
안 되는 사례비를 받으며 자본주의를 직간접으로 옹호하는 지식인
이나 예술가들은 기생충에 불과하기 때문에 양심적인 사람들은 흡
혈귀를 박살내고 기생충을 박멸하기 위한 투쟁에 헌신해야 된다는
신념 아래 김남주는 스스로 전사가 되어 투쟁했던 것이다. 그의 이
념은 천백 번 옳았다. 김남주가 '의로운 강탈'을 하기 위해 넘었던
담의 집주인이 그의 이념을 1만 분의 1이라도 이해했다면 훗날 이
사람이 회장으로 있는 건설회사가 시공한 성수대교의 참사는 일어
나지 않았을 것이고 노태우에게 준 거액의 떡값 때문에 이 사람이
검찰에 소환되는 일도 없었을 것이다.

　그러나 김남주는 법과 질서를 파괴하는 불순분자 낙인이 찍힌 채
15년 형을 받고 감옥에 갇혀야 했다. 김남주의 이념은 옳았지만 그
가 의중에 두었던 최종 목표 실현을 위한 투쟁의 방법에는 다소 문
제가 있었다. 그의 목표는 '인간이 인간을 착취하지 않는' 평등한
사회, 다시 말하면 실제로(정치·경제적으로) '한 사람은 만인을 위해
만인은 한 사람을 위해'(《조국은 하나다》, 181쪽) 일할 수 있는 사회
의 실현이었다. 이는 인류에게 주어진 가장 고귀하고도 가장 어려
운 과제이며 지혜와 용기만으로 해결되기 어려운 과제이다. 뛰어
난 전략과 전술이 수반되어야 하며 민중의 지지를 얻어야 한다. 이

런 의미에서 당시 '남민전'의 활동이나 김남주의 투쟁은 다소 이상에 치우친 느낌을 준다. 노동자나 농민과의 구체적인 유대가 부족했기 때문이다. 물론 평탄하게 살아온 지식인들이 죽음의 위험을 무릅쓰고 투쟁했던 이들을 평가한다는 것이 얼마나 타당하겠느냐고 반문할 수 있다. 또한 민주운동의 탄압에 광분하던 당시의 군사독재가 그와 같은 것을 조금이라도 허용했겠느냐, 그러므로 김남주는 최선의 방법을 택하고 용감히 실천한 것이 아니냐고 대답할 수도 있다. 그러나 재벌의 돈을 강탈하여 '남민전'의 투쟁에 사용하려 했던 전략은 그 성공 여부를 도외시하고서라도, 그 이념의 정당성을 인정하더라도 당시의 객관적 조건에 미루어 너무 성급했던 것 같다. 다시 말하면 이러한 투쟁이 값을 발휘할 수 있을 만큼 당시의 객관적 조건이 성숙되지 못했다. 여하튼 스스로가 선택한 이념을 위해 용감히 투쟁하고 그 때문에 10여 년 동안 옥살이하며 고통받으면서도 결코 스스로의 결단과 행위를 한 번도 후회하지 않는 김남주의 결의에 우리는 탄복하지 않을 수 없다. 그는 진짜 혁명시인이었다.

모든 인간은 투쟁 속에서 살아간다. 노동자뿐만 아니라 자본가도, 혁명가뿐만 아니라 독재자도, 지식인도 예술가도 투쟁을 멈추지 않는다. 투쟁을 멈춘다는 것은 삶이 종결된다는 것을 의미한다. 자본가는 노동자를 보다 많이 착취하고 이러한 착취를 은폐하기 위해 투쟁하고 독재자는 민중운동을 억압하며 스스로는 민주주의라는 탈을 쓰고 국민을 속이기 위해서 투쟁한다. 물리적인 투쟁뿐만이 아니다. 오히려 이론적인 투쟁이 더 중요한 역할을 하는 경우가 많다. 투쟁에는 옳은 투쟁도 있고 그릇된 투쟁도 있다. 노조의 투쟁과 구사대의 투쟁은 질적으로 다르다. 투쟁의 질은 그것을 밑받침하는 철학과 역사관에 의해서 결정되고 투쟁의 효과는 얼마나 많은 민중의 지지를 받느냐에 따라 결정된다. 김남주의 삶은 투쟁으로 점철되었다. 감옥에서도 투쟁했을 뿐만 아니라 감옥을 나온 뒤에도 투쟁을 계속했다. 한편으로 양심수 석방을 위한 모임이나 민주화를 열망하는 노동자·학생들의 집회에 참석하면서, 다른 한편으로 시를 쓰면서 새로운 투쟁을 시작했다.

그러나 그는 이제 이 새로운 투쟁이 《함성》이나 《고발》을 만들던 대학 시절이나, 전사로 활동하던 남민전 시절이나, 마음껏 시를 쓰던 감옥에서의 투쟁과 달라지고 있음을 느끼고 고민하기 시작했다. 감옥에서는 육체적 고통과 함께 고독과 부자유라는 고통이 있었다. 그러나 이제 자유의 몸이 되어 그는 이런 고통들로부터 해방되었다. 그런데 또다시 다가온 갈등은 무엇 때문이었을까? 몇 가지 이유를 추정할 수 있다. 하나는 이제 처자를 책임지는 가장이 되어 자본주의 사회에 적응하며 살아가야 하는 데서 오는 갈등이다. 그것은 항상 자본주의를 무너뜨리기 위해서 투쟁해야 하는 자신의 인생관이나 삶과는 거리가 먼 것이었다. 그렇다고 이전과 같은 방식의 투쟁을 반복할 수는 없다. 새로운 조건에 맞는 투쟁방식을 선택해야 하고 새로운 동지를 구해야 한다. 물론 투쟁을 이끌어가는 원칙을 벗어나지 않는 범위 내에서이다. 다른 하나는 이 시기에 강화되어 가는 반동의 경향을 목격하는 데서 오는 실망과 갈등이다. 소련 및 동구권의 와해를 빌미로 반동 부르주아 지식인들의 목소리가 커졌고 이를 부추기는 언론에 힘입어 민중의 투쟁의식이 약화되었고 민주화 투쟁에 개량주의적 경향이 나타났다. 이 때문에 김남주의 이념이 흔들린 것은 아니지만 이전처럼 전사가 되어 싸울 수도 없었다. 그러므로 신체의 자유에도 불구하고 그는 커다란 부자유를 느꼈다. 이 시기의 한 시에서 "만인을 위해 싸울 때 나는 자유다"라고 다시 한 번 외치고 있다.

싸움에는 고군분투하는 외로운 싸움도 있고 조직에 참여하는 연대적인 싸움도 있다. 조직적인 싸움만이 적을 효과적으로 무너뜨릴 수 있지만 외로운 싸움도 우리는 과소평가할 수 없다. 객관적 조건에 따라 외로운 싸움이 크게 기여할 수 있다. 외로운 싸움도 이념을 같이하는 동지들이 있는 한 결코 외로운 것이 아니다. 또한 한국의 민중 그리고 세계의 민중이 그를 뒷받침해주고 있었다. 감옥 안에 갇혀 있는 동안 시를 통해서 수행한 김남주의 외로운 싸움은 미지근한 조직적인 싸움보다도 오히려 민중운동에 커다란 힘과 용기를 주었다. 김남주 자신도 이를 자랑스럽게 생각했으며 그것은 그가 살아갈 수 있는 힘이 되었다.

김남주는 출옥 후 이러한 외로운 투쟁을 포기했다. 아니 중단했다고 표현하는 것이 더 적합하다. 그 대신 진보적인 조직에 가담하여 활동했다. 그는 민족문학작가회의와 한국민족예술인총연합 이사가 되었다. 이 단체는 물론 보수적인 정치가들의 눈에는 좌익으

로 보일 만큼 진보적이었고 한국 예술을 건전한 방향으로 발전시
키기 위해 많은 기여와 노력을 하고 있다. 그러나 이 단체는 김남
주가 감옥에서 생각했던 투쟁과는 상당히 거리가 먼 활동을 할 수
밖에 없었다. 김남주가 비웃었던 자유주의적이고 리버럴한 예술가
와 지식인 들이 대부분 이 조직을 이끌어갔으므로 이 조직은 자유
민주주의의 이념을 고수했으며 김남주가 이상으로 하는 평등한 사
회를 건설하기 위한 투쟁에서는 다소 소극적일 수밖에 없었다. 이
러한 상황에서 김남주의 갈등은 자연스러운 것이었다. 새로운 상
황에 적응해간다는 것은 이전의 세계관과 역사관을 접어두고 투쟁
방식을 바꾼다는 것을 의미했다. 김남주는 이 시기의 고통을 다음
과 같이 털어놓는다.

"신체의 자유에서야 감옥에서보다는 더 많은 자유를 누리고 있
지만 사실 나는 사상이라든가 표현이라든가 창작이라든가 하는 정
신적인 자유에서는 감옥에서보다 훨씬 적은 자유밖에 누리지 못하
고 있는 것이다."(〈후기〉,《솔직히 말하자》, 203쪽)

"내일 모레 시집이 나올 모양인데 할 말도 생각나지 않고 어떤
감회도 떠오르지 않는다. 그 까닭을 헤하려 보지만 실마리 하나 잡
히지 않는다. 지난 3년 동안의 내 삶이 갈피를 잡을 수 없어 헝클어
진 실꾸러미처럼 어지러울 뿐이다. 사실 나는 최근 3년 동안 담 밖
의 현실에서 하는 일이 없었다. 그러니 내가 쓴 시가 내 마음에 들
리가 없을 뿐만 아니라 독자의 가슴에 닿을 턱이 없다. 생활이 있
어야겠다. 생활의 중요한 구성자인 노동과 투쟁이 있어야겠다. 노

동과 투쟁이야말로 콸콸 흐르던 시의 샘이 아니었던가! 자본은 인간성과는 양립할 수 없다. 자본은 인간의 탈을 쓰되 스스로 인간의 얼굴을 한 적은 없다. 이것은 철칙이다. 이 철칙이 전일적으로 관철되고 있는 현실에서 시와 시인의 일차적인 일은 저항의 몸짓일 터이다. 이 몸짓 없이 시를 쓰고자 하는 자에게 도피 있어라, 허위 있어라, 저주 있어라. 나와 나의 시에 도피 있어라, 허위 있어라, 저주 있어라."(〈후기〉, 《사상의 거처》, 161쪽)

김남주는 마음속으로 자본주의를 무너뜨리기 위한 투쟁의 길을 선택했다. 보이지 않는 독자와 보이지 않는 동지와 함께 그 길을 가려 했다. 그러나 준엄한 현실은 그의 결단을 가로막았다. 그가 좀 더 오래 살았더라면 그는 분명히 이러한 투쟁으로 다시 복귀했을 것이다. 마음의 갈등은 이미 감옥에서 허약해진 그의 신체를 더욱 더 헝클어뜨렸다. 결국 그는 정신이 극복할 수 없는 물질의 한계에 가로막혀 물질세계로 되돌아갔다. 그의 갈등은 그의 이념이 자본주의라는 현실세계와 쉽게 조화될 수 없는 데서 온 결과였다. 마음속으로 그는 늘 자본주의 세계에의 적응을 거부했다.

> 하루 살다 저 세상으로 간들 나 오늘 이 땅에서
> 이념의 깃발 하나 하늘 높이 펄럭이게 해야겠구나
> 그것이 비록 앙상한 나뭇가지에 걸린 걸레조각일지라도
> 그것이 비록 바람에 대롱거리는 관념의 해골바가지일지라도
>
> ─〈남도의 피바다 앞에서〉 부분, 《이 좋은 세상에》

1988년 도서출판 남풍에서 펴낸 시집 《조국은 하나다》.

그는 아마 마음속으로 다짐했을 것이다. "자본주의 세계 속에서 살아가기 위해서는 모든 것을 잊고 철저하게 자본가가 되어 약한 자를 착취하면서 마음껏 인생을 즐기든가, 정의롭고 양심적인 투사가 되어 감옥으로 가든가의 두 길이 있을 뿐이다!" 제3의 길은 기만과 허위의 길에 불과하다. 그런 길을 가는 사람들이 있다면 그들은 '뿌리 뽑힌 나무'와 같은 신세가 될 것이다. 현실은 김남주로 하여금 이념대로 살 수 없게 했다. 그의 마지막 시집《이 좋은 세상에》에 실려 있는 같은 제목의 시를 감상해보자.

아들은 쇠파이프에 머리가 깨진 채
피바람 오월 타고 저 세상으로 가고

아버지는 아들의 죽음에 저항하다
쇠고랑 차고 감옥으로 가고

어머니는 감옥에 저 세상에 남편과 자식을 빼앗기고
가슴에 멍이 들어 병원에 가고

옷가지 챙겨 들고 아버지 보러 감옥에 가랴
밥반찬 보자기에 싸들고 어머니 보러 병원에 가랴

누나는 세상 사람들에게 눈물 보일 겨를도 없다면서

꽃 한 송이 사들고 내일은 동생 보려 무덤 찾겠다네

—〈이 좋은 세상에〉 전문, 《이 좋은 세상에》

이 시에는 독재정권에 의해 유린된 민중의 가련한 삶이 잘 묘사되어 있다. 그러나 이전의 시에서 보였던 강인한 투쟁정신이 결여되어 있다. 투쟁이 과거의 산물로 변하고 이제 동정받는 초라한 삶이 부각된다. '투쟁의 시'에서 '생활의 시'로 변한 것일까? 마지막 시집에 실린 많은 시가 그렇다. 어떤 사람들은 이런 시들을 통해서 도식적인 이념과 사상으로부터 생활 속으로 돌아온 시인의 변화를 반기고 있다. 예컨대 이 시들을 해설하며 문학평론가 임규찬은 말한다.

"이제 그의 시가 구체적인 생활의 냄새와 숨결을 담아주기를 우리는 기대한다. 왜냐면 수많은 사람이 일상에 빠져들어 우왕좌왕하는 변화된 현실 사회에서 이제 이들과 더불어 일을 꾸며야 할 '생활의 전사'로 그가 복귀했기 때문이다."⁹

탁월한 분석에도 불구하고 다소 오해의 소지가 있는 말이다. 왜냐하면 벽으로 차단된 감옥에서도 김남주는 민중과 호흡을 같이했고 민중의 삶을 벗어나지 않았기 때문이다. '해방투쟁의 전사'로부터 '생활의 전사'로 복귀한다는 말 자체가 김남주에게는 어울리지 않는다. 이는 그가 지금까지 지녔던 세계관과 역사관을 수정하고 자유민주주의에 적응해가는 것 같은 인상을 줄 수 있다. '구체적인 생활의 냄새와 숨결'이란 무엇이며 그것이 김남주에게 특별한 의미를 주는가? 그것은 오히려 김남주가 의식적으로 거부했던 '생활의 군더기살'이 아닌가? 현상과 본질은 항상 변증법적인 연관성 속에 들어 있다. 그러나 김남주는 현상보다도 본질을 밝히려 했고 더 중요시했다. 생활과 투쟁을 분리하지 않았지만 선택을 해야 한다면 투쟁 쪽을 택했을 것이다. 그는 올바른 투쟁과 그릇된 투쟁을 분명하게 구분했으며 단호한 삶과 미지근한 삶을 구분했다. 구분의 척도는 역시 계급적인 관점이었다. 계급적인 관점이 배제된 생활은 그에게 동물적인 생활이나 다름없었다. 갈등을 겪었음에도 불구하고 김남주의 삶에는 마지막까지 이러한 투쟁의식이 결코 사라지지 않았다. 그의 시 〈지상에서 가장 아름다운 것〉은 이를 잘 말해준다.

달빛은
쓰러진 전사의 이마에서 빛나고
나는 문득 생각한다
지상에서 가장 아름다운 것
그것은 무엇일까 하고

별 하나 외로이
서산 마루 위에서 빛나고
바람이 와서
내 귓가에 속삭인다

싸우는 일이라고

푸르고 푸른 조국의 하늘 아래서

조국과 인민의 이름으로

싸우다가 죽는 일이라고

—〈지상에서 가장 아름다운 것〉 전문, 《이 좋은 세상에》

'투쟁이야말로 최후의 무기'라고 선언한 김남주는 투쟁의 방식에서 결코 교조적이지 않았다. 그는 투쟁에서 폭력을 배제하지 않았지만 폭력투쟁만을 승화시키지도 않았다. 그는 다음과 같은 시로써 그것을 표현했다.

소리 좋은 사람 목청 돋궈 싸우고

글자 아는 사람 붓대 세워 싸우고

꾀 많은 사람 꾀로 싸우고

힘 좋은 사람 힘으로 싸우자고

우리 오늘 약속 하나 있어야겠습니다

—〈우리 오늘 약속 하나 있어야겠습니다〉 부분, 《이 좋은 세상에》

왜 많은 사람이 사랑과 화해를 강조하는 마당에 김남주는 투쟁을 강조했을까? 그 해답을 우리는 우리나라의 특수한 상황과 연관하여 찾을 수 있다.

조국은 하나다 ──────────

김남주의 대표 시집은 《조국은 하나다》이다. 매우 적절한 제목이라고 할 수 있다. 김남주는 누구 못지않게 조국의 분단을 가슴 아파하고 원통해 했다. 다른 여러 문제에서처럼 그는 조국이 분단된 사실을 슬퍼만 한다거나 어쩔 수 없는 운명으로 받아들이는 대신 객관적으로 원인을 분석하고 분단의 벽을 무너뜨리기 위해 일생의 노력을 바쳤다. 분단된 나라는 반신불수의 인간과 흡사하다. 제 아무리 큰소리쳐도 병신에 불과하다. 우리는 나라 안에 있을 때보다도 나라 밖에 있을 때 이를 더욱 실감한다. 유럽인들이 한국 사람에게 던지는 첫 질문은 보통 '아직도 남북한이 싸우고 있느냐?'와 같은 것이다.

조국의 분단과 연관하여 김남주가 파악한 문제점을 몇 가지로 간추려보자. 먼저 김남주는 조국의 분단 원인을 추적했다. 조국의 분단은 외세의 강요에 의한 것이었다. 우리 민중은 결코 분단을 원하지 않았다. 미국과 소련이 자국의 이익을 위해서 약소국가를 둘로 갈라놓았다. 이러한 분단을 이용하여 권력을 잡고 일신의 영달을 추구하려는 무리들이 있었는데 이완용에 버금가는 신매국노들이었다. 소련과 달리 미국은 분단을 영구화하려 했고 안보를 구실 삼아 그것을 환영하는 무리들이 이 땅에 존재했다. 김남주의 시 〈오늘은 그날이다 3〉을 읽어보자.

> 오늘은 그날이다
> 미국이 필리핀을 먹을 테니까 일본이 눈 감아주면
> 일본이 조선을 삼켜도 미국은 입 다물고 있겠다며
> 가쓰라와 태프트가 비밀협약했던 날이다
> 그날을 아느냐 친구야
> 어찌 우리 모르랴 그날의 협잡을
>
> 오늘은 그날이다
> 도둑처럼 뒷문으로 일본군이 빠져나가자
> 침략처럼 앞문으로 미국군이 쳐들어온 날이다
> 그날을 아느냐 친구야
> 어찌 우리 모르랴 그날의 절망을

오늘은 그날이다

종남산終南山 꼭대기에 일장기가 내려지면

삼천리 방방곡곡에 태극기가 휘날릴 줄 알았는데

군정청 하늘에 성조기가 오르던 날이다

그날을 아느냐 친구야

어찌 우리 모르랴 그날의 배신을

오늘은 그날이다

38선으로 조선을 갈라먹자고

미국이 제안하고 소련이 동의했던 날이다

그날을 아느냐 친구야

어찌 우리 모르랴 그날의 분노를

오늘은 그날이다

꼭두각시 이승만이가 미국에 불려가더니

돌아와 하지와 사바사바하더니

남쪽 하늘에 단정수립의 풍선을 띄우던 날이다

아느냐 그날을 친구야

우리 어찌 모르랴 그날의 음모를

오늘은 그날이다

남과 북으로 조국이 두 동강나던 날이다

긁어모아 친일 매국노를 긁어모아

긁어모아 친일 자본가를 긁어모아

긁어모아 친일 지주들을 긁어모아

인간 쓰레기들을 긁어모아

이남에 이승만이가 괴뢰정부를 세우던 날이다

어제까지만 해도 어제까지만 해도

산 설고 물 설은 이국땅에서 항일투쟁을 했던 이들은

이승만의 적이 되어 역적으로 몰리던 날이고

어제까지만 해도 어제까지만 해도

항일 애국투사들을 체포하고 고문하고 투옥하고 학살했던 자들은

'건국의 공로자'가 되어 종로 네거리를 활보하던 날이고

분단의 조국을 막고자 38선을 넘나들던 김구 선생이

이승만의 비수에 맞아 38선을 베고 쓰러지던 날이다.

—〈오늘은 그날이다 3〉 전문, 《조국은 하나다》

　　이 시에는 분단의 원인과 과정이 일목요연하게 제시되어 있다. 해방 후 우리에게 가장 화급한 문제는 친일파 청산이었다. 이는 민족적인 자존심이나 복수의 문제에 그치는 것이 아니었고 조국의 민주화와 직결되는 문제였다. 왜냐하면 친일파를 청산한다는 것은 일본제국주의의 잔재를 청산한다는 것과 같은 의미를 지녔기 때문이다. 분단의 원인과 함께 친일파 청산의 문제가 분단과 관련하여

김남주의 시에 등장하는 중요한 테마이다. 김남주는 남북한이 이 문제의 처리에서 서로 다른 길을 걸었다는 사실을 날카롭게 파헤친다.[10]

> 해방 직후 이북의 감옥은
> 친일한 사람들로 우굴우굴했지
> 미처 남으로 도망치지 못했었겠지
>
> 해방 직후 이남의 감옥은
> 항일한 사람들로 **빽빽**했지
> 미처 북으로 넘어가지 못했었겠지.
>
> —〈남과 북〉 전문, 《조국은 하나다》

이른바 자유를 찾아 남쪽으로 내려왔다는 사람들 가운데 반사회적인 이기주의자들도 상당히 섞여 있었다는 사실을 날카롭게 파헤친다.

> 일제 때 친일한 사람들
> 고향 땅 북녘에서 살지 못하고
> 타향 땅 남녘으로 넘어왔지요
> **빼앗긴** 나라에서도 그들은
> 일장기 앞세우고 남부럽지 않게 살았으니

천석군 만석군 부자로

일본군 만주군 장교로

신사참배 황국신민으로

알게 모르게 잘도 살았으니

그들 봇짐 속에는 없는 것이 없었지요

현금에다 귀금속에다 어떤 사람은

가옥문서 토지문서까지 갖고 왔지요

좋은 세상 다시오면 그때 가서 고향에 가서

몰수당한 가옥과 토지 도로 찾겠다 벼르면서

그런 사람들을 친일한 사람들을

보배처럼 고스란히 받아들인 것은

남녘 땅이 제 땅이 된 아메리카 카우보이들이었지요

그리고 그들은 친일한 사람들 중에서

특고형사는 옆구리에 곤봉을 채워 경찰서에 심어주고

천주학쟁이는 십자가를 들게 하여 예배당에 심어주고

일본군 밑에서 말똥깨나 칠 줄 알았던 사람은

어깨에 총을 메게 하여 군대에 심어주었고요

아메리카 카우보이들 참 좋은 친구들이었지요

한쪽에서는

똥바가지로 쓰레기 처분한 것들을

한쪽에서는

십자가가 되고 무궁화가 되고 별이 되게 해줬으니까요

─〈봇짐〉 전문, 《이 좋은 세상에》

역사는 항상 옳은 심판을 한다. 사람은 속일 수 있어도 역사는 속일 수 없다. 민중을 배반한 정치가나 지식인 들은 결국 역사의 쓰레기장으로 던져지고 만다.

이 사진을 보세요

어깨에 총을 메고 입성도 초라한 이 소년을 보세요

이 소년은 맹세했다지요 장백산 밀림 속에서

붉은 피 하얀 눈에 적시며 빼앗긴 나라 되찾겠다고

그런 그가 지금은 북녘 땅에서

이른바 노동자 세상의 우두머리가 되었다지요

일제 때 일본 사람보다 더 일본적이었던 조선 사람들

그런 사람들 남김없이 세상 밖으로 몰아내고

이 사진을 보세요

허리에 닛본도 차고 보무도 당당한 이 청년을 보세요

이 청년은 맹세했다지요 만주벌 눈보라 속에서

한 목숨 다 바쳐 천황폐하께 충성하겠다고

그런 그가 한때는 남녘 땅에서

이른바 자본가 세상의 두목 노릇을 했다지요

일제 때 일본 사람보다 더 일본적이었던 조선 사람들

그런 사람들 죄다 나라 안으로 긁어모아

나도 오늘 맹세 하나 있어야겠습니다

나이 사십에 벌써 하얗게 늙어버린 거울 속의 내 몰골 앞에서

남의 나라 군대가 내 나라를 점령하고 있을 때

총을 메고 점령군과 싸우지는 못할지언정

점령군이 지휘하는 군대에는 들어가지 않겠노라고

—〈두 사진을 보면서〉 전문, 《이 좋은 세상에》

    김남주는 이처럼 어떤 역사학자보다도 더 명확하게 분단의 이면을 밝힌다. 다음으로 김남주에게 관심의 대상이 된 것이 분단을 고착화하려는 군사독재와 매판 자본가들의 속뜻이었다. 이들은 항상 자유라는 이름으로 친미반공에 앞장섰지만 이들이 말하는 자유는 실제로 민중을 마음대로 억압하고 착취하는 것에 불과했다.

미군이 있으면

삼팔선이 든든하지요

삼팔선이 든든하면

부자들 배가 든든하고요.

—〈쓰다만 시〉 전문, 《조국은 하나다》

미군이 없으면

삼팔선이 터지나요

삼팔선이 터지면

대창에 찔린 개구락지처럼

든든하던 부자들 배도 터지나요.

—〈다 쓴 시〉 전문, 《조국은 하나다》

    가히 최고라 할 수 있는 김남주의 시다. '촌철살인의 풍자'이고 '백병전의 단도'이다. 이 짤막한 시 속에 그는 증오하는 대상들이 유기적인 연관 속에서 파헤친다. 미군-분단-삼팔선-부자 등이 그의 날카로운 펜 끝에 찔려 신음하고 있다. 또 다른 시 〈삼팔선은 삼팔선에만 있는 것이 아니다〉를 읽어보자.

삼팔선은 삼팔선에만 있는 것이 아니다

당신이 걷다 넘어지고 마는

미팔군 병사의 군화에도 있고

당신이 가다 부닥치고야 마는

입산금지의 붉은 팻말에도 있다

가까이는

수상하면 다시 보고 의심나면 짖어대는

네 이웃집 강아지의 주둥이에도 있고

멀리는

그 입에 물려 보이지 않는 곳에서

죄 안 짓고 혼줄 나는 억울한 넋들에도 있다

삼팔선은 삼팔선에만 있는 것이 아니다

낮게는

새벽같이 일어나 일하면 일할수록 가난해지는

농부의 졸라 맨 허리에도 있고

제 노동을 팔아

한 몫의 인간이고자 고개 쳐들면

결정적으로 꺾이고 마는 노동자의

휘여진 등에도 있다

높게는

그 허리 위에 거재巨財를 쌓아올려

도적도 얼씬 못하게 가시철망을 두른

부자들의 담벼락에도 있고

그들과 한패가 되어 심심찮게

시기적절하게 벌이는 쇼쇼쇼

고관대작들의 평화통일 제의의 축제에도 있다

뿐이랴 삼팔선은

나라 밖에도 있다 바다 건너

원격조종의 나라 아메리카에도 있고

그들이 보낸 구호물자 속의 사탕에도 밀가루에도

달라의 이면에도 있고 자유를

혼란으로 바꿔치기하고 동포여 동포여

소리치며 질서의 이름으로

한강을 도강渡江하는 미국산 탱크에도 있다

나라가 온통

피묻은 자유로 몸부림치는 창살

삼팔선은 감옥의 담에도 있고 침묵의 벽

그대 가슴에도 있다.

—〈삼팔선은 삼팔선에만 있는 것이 아니다〉 전문, 《조국은 하나다》

　일말의 민족적 양심을 가진 사람으로서 이 시를 비판하거나 반박할 수 있는 사람이 있을까? 우리 민족에게 조금이라도 주체성이 있었더라면 이 시는 중·고등학교 교과서에 실렸어야 했다. 썩어빠진 친일 문학가들의 작품만이 즐비하게 늘어선 교과서에서 이 시는 조국을 지키는 위대한 기념비처럼 서 있었을 것이다.

　분단을 이용하여 권력을 잡고 재벌이 된 사람들과 여기에 기생하여 안정을 누리는 부르주아 지식인들은 자기들의 반민족적이고 반민중적인 본질을 은폐하고 합리화하기 위해서 이제 같은 민족이 살고 있는 북한을 중상모략하는 데 혈안이 되었고 김남주의 시는 다시 여기에 초점을 맞춘다.

지배자들은 항상 피지배자들에게

하나의 공식을 내리고 외우게 했다

염불처럼 주문처럼 맹목적으로

잘 외운 자는 몸종으로 곁에 두기도 하고

벼슬을 주어 나라를 다스리게도 했다

대신 공식을 의심하거나 거역하는 자는

이단으로 몰아 투옥하기도 하고 처형하기도 했다

예를 들어보자 중세 서양에서는 승려와

귀족들이 농노들에게 하나의 공식을 주었다

"태양이 지구의 둘레를 돌고 돈다"는

그것을 의심하거나 거역하여

"지구가 태양의 둘레를 돌고 돈다"고 하는 사람은

불에 태워 죽였거나 십자가에 목을 매달았다

38선 이남에서도 그랬다

양키제국주의자들이 잡아 준 터에 나라를 세워놓고

이승만과 그 일당들은 국민여러분에게 하나의 공식을 내렸다

"미국은 천국이고 이북은 지옥이다"는

이를 의심하거나 거역한 사람은

당연하게도 빨갱이로 몰아 처형하거나

좌익용공으로 몰아 투옥하거나 했다

—〈공식〉 부분, 《조국은 하나다》

어리석은 민족만이 외세의 부추김에 따라 자기 민족을 원수처럼
생각하는 멍청한 짓을 범한다.

> 나는 들어왔다 사십년 동안
>
> 사십년 동안 귀가 따갑도록 고막이 터지도록 들어왔다
>
> 이북에 대해서 이북 사람들에 대해서
>
> 어둡게 말하는 소리를 나쁘게 노래하는 소리를
>
> 욕하고 비꼬고 야유하고 경멸하고 비웃는 소리를
>
> 죽일 놈 살릴 놈 비분강개하는 소리를
>
> 때려죽일 놈 찔러죽일 놈 분노하는 소리를
>
> 귀에 못이 박히도록 들어왔다 그 동안 사십년 동안
>
> …
>
> 나는 듣지 못했다 나는 보지 못했다
>
> 사람을 통해서건 책을 통해서건
>
> 이렇게 제 동포를 증오하는 민족은
>
> 이렇게 제 겨레를 저주하는 국민은
>
> 보지도 못했고 듣지도 못했다
>
> 이렇게 집요하게 이렇게 끈덕지게 이렇게 사납게 이렇게 악랄하게
>
> 이렇게 모질게 이렇게 철두철미하게
>
> 제 민족과 제 겨레를 증오하고 저주하는 인간들을 보지도 듣지도
>
> 못했다 적어도 나는.

―〈사십년 동안이나〉 부분, 《조국은 하나다》

남한의 많은 사람이, 더욱이 배웠다 하는 지식인까지도 매스컴이 떠들어대는 대로 북한을 비방하고 그에 맞장구치며 좋아한다. 건전한 역사의식과 올바른 세계관을 지니지 못한 사람이 북한을 올바르게 이해할 수가 없는데 이런 사람들일수록 북한 연구의 대가로 추앙받는다.

어디 손 한번 들어 보시오
서울도 한복판 광화문 네거리에서
이북은 동토가 아니다라고
입을 열어 소리칠 수 있는 사람 있으면
입을 열어 소리치기까지는 못해도 감히
동토가 아니다 라고 머리 속에 생각을 담아 놓고 있는 사람이라도
있으면
어디 한번 손이라도 들어 보시오

어디 손 한번 들어 보시오
서울도 한복판 광화문 네거리에서
이북은 지옥이 아니다라고
입을 열어 외칠 수 있는 사람 있으면
입을 열어 외치기까지는 못해도 감히
지옥이 아니다 라고 머리 속에 생각을 담아 놓고 있는 사람이라도
있으면

어디 손 한번 들어 보시오

자유대한 사천만 인구 중에서

이북이 동토인 것을 제 눈으로 본 사람 있으면

이북이 지옥인 것을 제 육안으로 본 사람이 있으면

김삿갓 북한방랑기로가 아니고

귀순용사의 기자회견으로가 아니고

멸공투사와 반공명사의 TV대담으로가 아니고

제 눈으로 제 육안으로 이북이

동토이고 지옥인 것을 본 사람 있으면

어디 한번 손이라도 들어보시오

어디 한번 손 한번 들어주시오 제발

제 동족인 이북의 동포들 헐뜯지 않고

무사히 집으로 돌아갈 수 있는 사람이 있으면

돌아가 집에서 자유대한의 품에서

잠자리가 편할 수 있는 사람이 있으면

어디 제발 손 한번 들어주시오 손 한번

왜 아무도 없소 내 말이 들리지 않소

왜 아무도 없소 내 말이 들리지 않소

무엇이 두려워 누가 무서워

둘레둘레 옆 사람만 살피고 있소

자유대한에서 사천만 인구 중에서

왜 손 하나 들어주는 사람이 없소

왜 손 하나 들어주는 사람이 없소.

—〈어디 손 한번 들어 보시오〉 전문, 《조국은 하나다》

위정자들이 권력을 유지하기 위해, 지식인들은 기득권을 상실하지 않기 위하여 자본가들은 자본이 계속 위력을 발휘하기 위해 반공을 전가의 보도처럼 내세운다.

반공이 국시인 나라에서는

하루에도 골백 번 잡았다 놓았다

모든 것이 제 좆 꼴린대로다

저놈 좌경이다 저녁에 잡아넣었다가

아침에 내놓는다 이놈은 우경이라며

반공이 국시인 나라에서는

하루에도 골백 번 엎었다 뒤집었다

모든 것이 제 좆 꼴린대로다

아닌 밤중에 시민들을 떼죽음으로 눕혀놓고

수 백명 수 천명 무차별로 싹쓸이 해놓고

저놈 빨갱이다 해버리면 그걸로 만사 오케이다

저놈 폭도다 해버리면 그걸로 만사형통이다

반공이 국시인 나라에서는

되는 것도 없고 안 되는 것도 없다

그래서 그런지 총만 잡았다 하면

기나 고동이나 내가 대통령이다.

—〈반공이 국시인 나라에서는〉 전문, 《조국은 하나다》

조국의 분단을 생각하는 양심적인 한국인은 어느 정도 반미 감정
이 있다. 김남주의 반미 감정도 여기에서 기인한다. 물론 김남주의
반미 감정은 일시적 감정에서 나온 것이 아니고 객관적인 역사분
석에서 나왔다. 김남주는 전투 지휘권이 없는 우리나라를 미국의
식민지로 간주하며 우리나라의 군인들을 미국에 종속된 식민지 군
인으로 보고 있다. 그러므로 그는 군인이 되는 것을 거부했으며 오
히려 그것을 자랑스럽게 생각했다.

이제 아무도 삼팔선을 삼팔선이라 부르지 않지요

아메리카합중국의 국경선이라 그러지요

잘 먹고 잘 사는 놈들의 담벼락이라 그러지요

—〈마각〉 부분, 《조국은 하나다》

똑같은 푸른 하늘 아래서, 하나의 조선 땅 위에서 남북한 병사들
이 총부리를 맞대고 있다. 그것은 참으로 비극이 아닐 수 없다. 하
나의 조국을 위해 힘을 합쳐 외국의 침략을 물리치려 해야 마땅한
일인데⋯. 그러므로 김남주는 다음과 같은 시를 썼다. 영화 〈공동

경비구역〉을 연상하게 하는 시다.

눈이 내린다 38선의 밤에
하얗게 내린 눈은 북풍한설에 날리고
바람은 울어 바람은 울어
가시철망 분단의 벽에서 찢어진다
내 귀에 와서 내 고막에 와서 아픔으로 터진다

눈은 밤새도록 내릴 것 같은 눈은
북을 향해 치달리다 허리가 끊긴 철길 위에도 내린다
눈은 하염없이 내리는 눈은
총을 메고 북을 향해 서 있는 보초병의 철모 위에도 내린다
눈은 이제 바람이 자고 소리없이 쌓이는 눈은
병사와 나를 잇는 뜨거운 시선 위에도 내린다

병사여 나는 불러본다 그대를
어디서고 볼 수 있는 내 이웃의 얼굴 같기에
병사여 나는 불러본다 그대 이름을
부르면 형 어쩐 일이요 하고 반겨올 것 같기에
서울로 팔려간 서림이의 작은 오빠같고
빚에 눌려 홧김에 농약을 마셨다는 서산마을 농부같고
아무렇게나 불러도 좋을 다정한 동무같기에

병사여 그대를 믿고 나는 물어본다

그대가 지키고 있는 이 밤은 누구의 밤이냐

호미댈 밭 한 뙈기 없어

이 마을 저 마을로 품팔이 하고 다니는 그대 어머니의 밤이냐

일자리 빼앗기고 거리에서 거리로

허공에서 허공으로 헤매는 그대 누이의 밤이냐

누구의 밤이냐 그대가 지키고 있는 이 밤은

미제 총을 메고 그대가 지키고 있는 이 밤은

그대 나라의 국경선이냐, 그렇다면 그렇다면

누구를 위한 국경선이냐 저 38선은

병사여 그대를 알고 나는 물어본다

그대는 누구의 밤을 지키는 용사냐

고향에 돌아가면 일구어야 할 땅 한 뙈기 없는 병사여

제대하면 누이를 찾아 가난의 거리를 헤매야 할 병사여

그대가 지켜야 할 땅은 재산은 어디에 있느냐

남의 나라 총을 메고 이 밤에 삭풍의 밤에

북을 향해 그대가 겨누고 있는 것은 무엇이냐

그대에게도 저 너머 38선 너머 조선의 마을에

자본가가 이를 가는 노동자의 세계가 있느냐

그대에게도 저 너머 38선 너머 조선의 도시에

아메리카합중국이 초토화 시키고 싶은 증오의 대상들이 있느냐

그대에게도 저 너머 38선 너머 조선의 금수강산에

압제자들이 찢어죽이고 때려죽이고 싶은 사람들이 있느냐

눈이 내린다 38선의 밤에

하얗게 내린 눈은 북풍한설에 날리고

바람은 울어 바람은 울어

가시철망 분단의 벽에서 찢어진다

내 귀에 와서 내 고막에 와서 아픔으로 터진다

눈은 밤새도록 내릴 것 같은 눈은

눈은 하염없이 내리는 눈은

눈은 이제 바람이 자고 소리없이 쌓이는 눈은

병사의 철모 위에도 내리고 내 발목 위에도 내리고

병사와 나를 잇는 뜨거운 시선 위에도 내린다.

—〈병사의 밤〉 전문, 《조국은 하나다》

　분단을 고착화하기 위해 반공 논리로 민중의 통일의식을 마비시키는 상황에서 민중은 자주적이고 창조적인 줏대를 지녀야 하고 작가는 그것을 일깨워주는 선구자의 역할을 해야 한다.

　"내 나이와 함께 대한민국이란 공화국도 불혹의 나이입니다. 공화국의 시민들도 이제 좀 속도 차리고 철도 들고 줏대가 서야겠습니다. 자주적이고(대외적으로) 창조적인(대내적으로) 인간이 되었으

면 합니다. 식민지 노예근성에서, 맹목적이고 노예적인 반공주의에서 깨어났으면 합니다. 똥인지 된장인지 모르고 아무거나 주는 대로 받아먹는 그런 줏대없는 인간에서 벗어나야겠습니다"(〈시인에게 펜을〉, 《산이라면 넘어주고 강이라면 건너주고》, 125쪽)

"특히 중점을 두고 사회과학자와 시인이 해야 할 일은 미국과의 관계에 있어서 이남정권의 올바른 성격파악과 이북에 대한 이데올로기적 편견과 허위성의 불식입니다."(〈시와 혁명〉, 《시와 혁명》, 22쪽)

양심과 용기를 가진 사람들만이 이데올로기의 벽을 무너뜨릴 수 있으며 "이땅이 뉘땅인데 오고 가도 못하느냐!"라고 외치는 청년 학생들과 어깨를 나란히 할 수 있다. 김남주는 〈조국은 하나다〉라는 시에서 분단의 비극과 그것을 무너뜨려야 할 민중의 과제를 온몸으로 외치고 있다.

"조국은 하나다"
이것이 나의 슬로건이다

꿈속에서가 아니라 이제는 생시에
남 모르게가 아니라 이제는 공공연하게
"조국은 하나다"
권력의 눈앞에서
양키 점령군의 총구 앞에서
자본가 개들의 이빨 앞에서

"조국은 하나다"
이것이 나의 슬로건이다

나는 이제 쓰리라
사람들이 오가는 모든 길 위에
조국은 하나다라고
오르막길 위에도 내리막길 위에도 쓰리라
사나운 파도의 뱃길 위에도 쓰고
바위로 험한 산길 위에도 쓰리라
밤길 위에도 쓰고 새벽길 위에도 쓰고
끊어진 남과 북의 철길 위에도 쓰리라
조국은 하나다라고

나는 이제 쓰리라
인간의 눈이 닿는 모든 사물 위에
조국은 하나다라고
눈을 뜨면 아침에 맨 처음 보게 되는 천정 위에 쓰리라
만인의 입으로 들어오는 밥 위에 쓰리라
쌀밥 위에도 보리밥 위에도 쓰리라

나는 또한 쓰리라
인간이 쓰는 모든 말 위에

조국은 하나다라고

탄생의 말 응아 위에 쓰리라 갓난아기가

어머니로부터 배우는 최초의 말 위에 쓰리라

저주의 말 위선의 말 공갈협박의 말……

신과 부자들의 말 위에도 쓰리라

악마가 남긴 최후의 유언장 위에도 쓰리라

조국은 하나다라고

나는 또한 쓰리라

인간이 세워 놓은 모든 벽 위에

조국은 하나다라고

남인지 북인지 분간 못하는 바보의 벽 위에

남도 아니고 북도 아니고

좌충우돌하다가 내빼는 망명의 벽 위에

자기기만이고 자기환상일 뿐

있지도 않는 제3의 벽 위에

체념의 벽 의문의 벽 거부의 벽 위에 쓰리라

조국은 하나다라고

순사들이 순라를 돌고

도둑이 넘다 떨어져 죽은 부자들의 담 위에도 쓰리라

실바람만 불어도 넘어지는 가난의 벽 위에도 쓰리라

가난의 벽과 부의 벽 사이를 왔다 갔다 하면서

갈보질도 좀 하고 뚜쟁이질도 좀 하고

그래 돈도 좀 벌고 그래 이름 좀 팔리는 중도좌파의 벽 위에도 쓰

리라

조국은 하나다라고

나는 또한 쓰리라

노동과 투쟁의 손이 미치는 모든 연장 위에

조국은 하나다라고

목을 베기에 안성맞춤인 ㄱ자형의 낫 위에 쓰리라

등을 찍어 내리기에 안성맞춤인 곡괭이 위에 쓰리라

배를 쑤시기에 안성맞춤인 죽창 위에 쓰리라

마빡을 까기에 안성맞춤인 도끼 위에 쓰리라

아메리카 카우보이와 자본가의 국경인 삼팔선 위에도 쓰리라

조국은 하나다라고

대문짝만하게 손바닥만한 종이 위에도 쓰리라

조국은 하나다라고

오색종이 위에도 쓰리라 축복처럼

만인의 머리 위에 내리는 눈송이 위에도 쓰리라

조국은 하나다라고

바다에 가서도 쓰리라 모래 위에

파도가 와서 지워버리면 나는

산에 가서 쓰리라 바위 위에

세월이 와서 긁어버리면 나는

수를 놓으리라 가슴에 내 가슴에

아무리 사나운 자연의 폭력도

아무리 사나운 인간의 폭력도

지워버릴 수 없게 긁어버릴 수 없게

가슴에 내 가슴에 수를 놓으리라

누이의 붉은 마음의 실로

조국은 하나다라고

그리고 나는 내걸리라 마침내

지상에 깃대를 세워 하늘에 내걸리라

나의 슬로건 "조국은 하나다"를

키가 장대 같다는 양키들의 손가락 끝도

언제고 끝내는 부자들의 편이었다는 신의 입김도

감히 범접을 못하는 하늘 높이에

최후의 깃발처럼 내걸리라

자유를 사랑하고 민족의 해방을 꿈꾸는

식민지 모든 인민이 우러러 볼 수 있도록

겨레의 슬로건 "조국은 하나다"를!

—〈조국은 하나다〉 전문, 《조국은 하나다》

얼마나 피맺힌 절규인가! 김남주는 우리의 강토 위에 "조국은 하나다"를 쓰면서 일생을 바쳤고 그의 글씨가 지금도 삼천리 방방곡곡에 수놓여 있다. 그는 무엇 때문에 이러한 슬로건으로 온 가슴과 온 한반도를 가득 채우려 했는가? 돈 때문인가, 명예 때문인가? 왜 우리는 그가 절규하는 이 말을, 그가 그토록 애써 쓴 이 글을 듣지 못하고 읽지 못하는가? 보다 많은 사람이 김남주의 말에 귀 기울일 때 보다 빨리 우리 조국은 하나가 될 것이다. 꺼진 불만 다시 볼 것이 아니라 의심나면 신고만 할 것이 아니라 보다 중요한 것은 온 국민이 통일의 의지를 띠고 분단을 고착화하려는 자들의 이면을 다시 한번 의심하는 것이다. 민중의 의지가 살아나 분단의 이데올로기를 무너뜨리지 못할 때 우리 민족은 영원한 노예로 머물 것이다.

세계의 민중문학 ————————————————

김남주가 시에 관심을 두게 된 것은 박석무 선배의 영향 때문이었고 스스로 시를 써보겠다는 의욕이 든 것은 소박한 김준태의 시를 읽고 나서부터라고 고백한다. 그러나 그가 민중 시인으로 성장하는 데 결정적인 영향을 미친 것은 제국주의의 손아귀를 벗어나 해방투쟁을 전개하는 제3세계 민중의 진보적인 시들이었다. 이러한 시들은 당연히 반미·반제국주의의 성격을 지니고 있었다. 김남주에게 영향을 미친 외국 작가들은 상당히 많다. 김남주는 다행히 영어, 일본어, 독일어, 에스파냐어 등 외국어에 능통했으므로 외국문학을 주체적으로 받아들이는 데서 유리한 입장을 차지할 수 있었다. 그는 한편으로 외국 작품들을 번역하면서 다른 한편으로 이들 작품이나 작가들을 소개하면서 우리의 민중문학이 지녀야 할 시야를 넓혔지만, 우리의 민중문학이 수행해야 하는 주체적이고 창조적인 과제를 항상 핵심에 두는 입장이었다.

김남주가 작품을 번역한 외국 작가로는 독일의 시인 하이네와 브레히트, 남미의 시인 네루다, 아프리카의 작가 파농, 베트남의 정치가이며 시인인 호치민, 러시아의 시인들인 푸시킨, 릴리예프, 오도옙스키, 에스파냐의 로르카 등이 있다. 작품을 해설하거나 소개한 작가로는 체르니셰프스키, 에멜리아노프, 숄로호프, 뷔히너 등이 있다. 이들 외국 작가들에 대한 이해는 그 자체보다도 오히려 김남주의 문학을 이해하는 데 중요한 요소가 되므로 이들을 하나하나 비교적 자세하게 검토해보기로 하자.

김남주는 하이네, 브레히트, 네루다의 시를 묶어 번역한 책 《아침저녁으로 읽기 위하여》의 머리말에 "싸우는 사람들이 일상적으로 이 시들을 읽어주기 바랍니다"라고 썼다. 그리고 도망다니는 와중에 시를 번역하게 된 동기와 그 과정을 출판을 맡아준 친구 무적(최권행)에게 다음과 같이 말한다.

"이런 속에서 남모르게 빛의 일을 하고 있는 부엉이와 개똥벌레와 등불과 별들의 도움을 받아가면서 나도 어둠을 조금이라도 물리치는 데 도움이 되는 빛의 일을 해야겠다고 어느 날 생각하게 되었는데 나에게 있어서 그것은 마땅한 일로 시를 쓰는 일, 시를 번역하는 일이었네. 그래서 나는 그 동안, 꼭 일년 동안 형편 닿는 대로 시도 써보기도 하고 내가 좋아하는 시인의 시도 번역해 보았네.

여기 자네에게 보내는 것들이 바로 그것들인데 나는 이 시들을 싸구려 여인숙의 이불을 뒤집어쓰고 번역하기도 했고, 어떤 것은 처음 안내된 집의 다락방에서, 어떤 것은 폐결핵 환자들의 요양소에서, 어떤 것은 두메 산골의 굴속 같은 암자에서, 어떤 것은 갓 결혼한 신혼부부 방의 곁방에서, 어떤 것은 산동네의 수돗물도 없고 변소도 없고 부엌도 없고 마루도 없는 젊은 노동자의 자취방에서 쓰기도 하고 번역하기도 했네.”(〈서문을 대신하여〉,《아침저녁으로 읽기 위하여》, 4~5쪽)

또한 어떤 인터뷰에서 다음과 같이 말한다.

“나는 지배계급의 억압과 착취에 시달리며 비인간적인 삶을 강요당하고 있는 근로 대중들의 생활과 투쟁을 그린 문학작품을 깊은 관심을 가지고 읽어 왔다. 이런 작품을 쓴 사람들 중에서 특히 내가 동지적인 애정을 가지고 관심을 기울였던 시인들은 하이네, 브레히트, 아라공, 마야코프스키, 네루다 등이었다./ 나는 이들의 작품과 생애를 통해서 유물론적이고 계급적인 관점에서 세계와 인간관계를 문학적으로 형상화하는 창작기술을 배웠으며 전투적인 휴머니스트로서 그들의 인간적인 매력에 압도되기도 했다.”(〈나는 이렇게 쓴다〉,《시와 혁명》, 73쪽)

김남주가 가장 많은 작품을 번역했던 하인리히 하이네Heinrich Heine(1789~1856)는 우리에게 주로 자연과 사랑을 노래하는 낭만파 시인으로 알려져 있다. 그러나 하이네는 18세기 독일 및 유럽의 민중해방운동에 참여한 혁명시인이었다. 하이네의 작품을 번역하면서 김남주는 외국의 문학이나 철학 가운데서 정치적인 문제가 배제된 서정적인 작품이나 관념론적인 저술들에만 일면적으로 치중하는 부르주아 글쟁이들의 맹점을 은연중에 폭로하고 있다. 뷔히너, 하이네, 뵈르네, 구츠코브, 프라일리그라트, 헤르베크 등 이른바 '혁명전야'의 진보적인 문학가들이 독일문학사에서 차지하는 비중은 매우 크며 김남주가 뷔히너와 하이네에 눈을 돌린 것은 당연하다.[11]

하이네는 청년시절에 훌륭한 연애시를 썼다. 숙부의 지원 아래 장사에 발을 들여놓았으나 하이네는 장사보다도 사촌 여동생인 아말리를 사랑하고 시를 쓰는 데 정열을 쏟았다. 그러면서 그는 스스로의 감성세계가 돈이 지배하는 자본주의와 양립될 수 없다는 사실을 점차 깨달아간다. 부르주아 사회에 대한 비판의식이 이로부터 성장해갔다. 상업을 그만둔 그는 대학에서 법학을 공부했다. 최초의 시집 《노래의 책》에서 우리는 〈로렐라이〉 등 독일의 전설과 아름다운 사랑을 소재로 하는 주옥같은 시들을 읽게 된다. 1831년 5월에 하이네는 프랑스 파리로 간다. 당시 독일은 정치·경제적으로 유럽에서 가장 후진적인 상태에 있었다. 독일의 많은 노동자와 지식인들이 파리로 이주하여 선진 프랑스의 정치적 체험을 배우고 있었다. 파리에서 쓴 《독일 종교와 철학의 역사》에서 하이네는 봉건적인 억압과 착취가 계속되는 독일 사회와 이를 정신적으로 뒷받침하는 종교를 비판하고 칸트에서 헤겔에 이르는 독일철학에서 이성적인 사회를 건설할 수 있는 혁명적인 힘을 기대했다. 물론 하이네는 아직 유물론자나 무신론자는 아니었지만 신이 인간의 상상력이 만들어낸 창조물임을 강조하고 있다.

하이네는 파리에서 급진적인 독일 민주파 시인 뵈르네와 정치적이고 문학적인 논쟁에 휩싸인다. 뵈르네의 눈에는 하이네가 너무 부르주아적이었고 하이네의 눈에는 뵈르네가 너무 교조적이고 경색되어 있었다. 둘 사이의 논쟁을 김남주는 〈경향문학과 시의 자율성〉(《시와 혁명》, 122~135쪽)에서 잘 요약하고 있다. 결국 하이네는 '유형무형의 적들이 벌이는 대소동'을 벗어나 애인과 함께 에스파냐 근처의 피레네산맥으로 피신하게 되고 여기서 쓰인 작품이 김남주가 번역하여 단행본으로 엮어낸 정치풍자시집 《아타 트롤》이다. '아타 트롤'은 사육사에 의해서 길들여진 곰의 이름이다. 곰의 모습을 통해서 하이네는 소시민적 저항세력의 우둔함과 한계성을 풍자적으로 제시한다. 동시에 경향문학을 비판한다. 물론 김남주가 잘 지적하고 있는 것처럼 경향문학에 대한 하이네의 비판은 순수예술을 옹호하기 위한 것이 아니라 '구체적인 생활에 뿌리를 내리지 않고 특정의 이념과 사상을 공허하게 외치는'(《시와 혁명》, 134쪽) 경향성에 대한 반대였다. 그러나 하이네가 경향문학의 취약점만을 비판하고 세계를 변화시키면서 인간해방에 기여하는 긍정적 측면을 무시한 것도 사실이다.

독일을 거쳐 파리로 돌아온 하이네는 1843년 말에 청년 맑스를 만나고 이듬해에 둘 사이의 교제가 이루어졌으며 하이네는 맑스와 루게가 편집하던 《독불연감》에 글을 쓰기도 했다. 이 시기에 맑스는 〈헤겔의 법철학 비판 서설〉을 썼고 그것이 하이네의 사상변화에도 많은 영향을 미쳤다. 맑스의 저술은 첫째, 철저한 종교비판은 필연적으로 정치·사회 비판으로 넘어가며 둘째, 독일철학은 종교비판으로부터 직접 사회비판으로 넘어가야 할 시점에 도달했으며 셋째, 독일에서의 혁명은 프랑스혁명을 답습하는 정치적 혁명으로 끝나서는 안 되고 인간을 해방하는 보편적인 혁명이 되어야 하며 넷째, 이러한 혁명의 주체는 프롤레타리아트라는 내용을 담고 있었다.

맑스의 영향 아래 하이네는《독일, 겨울동화》와 사회문제를 다룬 시들을 썼다. 정치풍자시집이라고 할 수 있는《독일, 겨울동화》에서는 프로이센의 군국주의가 비판될 뿐만 아니라 새로운 세계를 건설하는 담당자로서 부르주아 계급의 무능이 언급되고 있다. 하이네의 시 가운데 37편을 번역하여 김남주는 《아침저녁으로 읽기 위하여》에 수록했는데《독일, 겨울동화》에 속하는 것도 4편이 들어 있다. 김남주가 특히 좋아했던 〈쉴레지언의 직조공〉이나 〈경향〉도 후기에 쓰였다. 전제군주, 부자, 성직자 들의 착취와 억압에 대항해서 일어났던 독일 노동자들의 투쟁이 하이네의 많은 관심을 끌었다. 김남주가 직접 번역했던 〈쉴레지언의 직조공〉을 감상해보자.

침침한 눈에는 눈물도 말랐다
그들은 베틀에 앉아 이를 간다
독일이여 우리는 너의 수의를 짠다

세 겹의 저주를 짜넣는다
덜커덩 덜커덩 우리는 짠다

하나의 저주는 신에게
추위와 굶주림에 떨면서 매달렸는데도
우리의 기대는 헛되었고 무자비하게도
신은 우리를 우롱했고 바보 취급을 했다
덜커덩 덜커덩 우리는 짠다

하나의 저주는 부자들의 왕에게
그는 우리들의 불행에는 눈 하나 깜짝 않고
마지막 한 푼마저 훔쳐갔다
그리고 개처럼 우리를 사살했다
덜커덩 덜커덩 우리는 짠다

하나의 저주는 위선의 조국에게
번창하는 것은 치욕과 모독뿐이고
꽃이라는 꽃은 피기가 무섭게 꺾이고
부패 속에서 구더기가 득실대는
덜커덩 덜커덩 우리는 짠다

북이 날으고 베틀이 삐끄덕거리고

우리는 낮도 없이 밤도 없이 짜고 또 짠다

낡은 독일이여 너의 수의를 짠다

세 겹의 저주를 짜넣는다

덜커덩 덜커덩 우리는 짠다

—〈쉴레지언의 직조공〉 전문, 《시와 혁명》

(이 시의 번역문은 《아침저녁으로 읽기 위하여》(83~84쪽)에도 수록되어 있으나 수정하기 이전의 초고인 것 같다. 더 늦게 출간된 《시와 혁명》에 수록된 것이 좀 더 나은 번역인 것 같아 이 책에서는 나중의 것을 인용했다.)

게오르그 뷔히너Georg Büchner(1813~1837)도 하이네와 비슷한 시기에 활동했던 독일의 희곡작가였다. 뷔히너는 의사 집안 출신으로 본인도 의학을 공부하다가 정치운동에 참여했고 도피 중 혁명적인 희곡 3편을 썼다. 장질부사에 걸려 24세에 이국의 도시 취리히에서 요절했다. 뷔히너의 희곡 가운데서 김남주는 《당통의 죽음》(1935) 일부를 번역하여 박광숙에게 보낸다. 그 가운데 다음과 같은 대사가 들어 있다.

"저주 있으라, 인민의 딸과 오입하는 놈들에게! 우리들의 배에서 쪼르륵 소리가 날 때 놈들의 배는 너무 처먹어서 터질 거야. 인민들은 굶어 죽어가고 있는데 놈들은 따뜻한 옷을 입고 있다구. 인민의 손에는 딱딱하게 못이 박혀 있는데 놈들의 손은 비단처럼 부드럽단 말이야. 무엇이냐 하면 우리들은 뼈 빠지게 일하고 있는데 놈들은 손가락 하나 까딱하지 않고 놀고 쳐먹고 있다는 거야./ …

그런데 말이야, 우리 인민들이 그 도둑맞은 재산에서 동전 몇 닢을 되찾기 위해서 몸을 팔아야 하고 구걸행각을 해야 하는 거야./ 한 마디로 놈들은 도적놈들인 거야. 모가지를 잘라야 할! … 자, 이제 우리가 놈들의 가죽을 벗겨 바지를 해 입읍시다, 자 이제 우리가 기름기 도는 놈들의 살을 녹여서 스프를 만들어 먹읍시다. 전진합시다! 가서 때려죽입시다. 옷에 구멍이 나지 않은 놈들을!"(〈당통의 죽음〉, 《시와 혁명》, 195~196쪽)

"광숙이, 나는 부자들(현대의 부자들은 자본가들 외 아무것도 아님)을 증오하고 저주하고 골려 주고 때려눕혀 시궁창에 쑤셔박아 넣기 위해 존재하오. 내가 이 땅에 존재할 다른 이유는 없소."(〈당통의 죽음〉, 《시와 혁명》, 196쪽)

문제나 이념의 급진성에 있어 뷔히너와 그는 매우 유사하다.

18세기 말에서 19세기 초에 이르는 독일문학은 프랑스혁명에 대한 입장 차이에 따라서 평가될 수 있다. 독일 지식인들은 처음에는 프랑스혁명을 환영했으나 민중이 혁명의 주체세력으로 등장하자 등을 돌린다. 1830년경 학생·노동자·농민 사이에서 민주운동의 기미가 나타나자 다시 프랑스혁명을 주목하기 시작했는데 그 대표적인 인물이 뷔히너였다. 혁명의 주역이었던 당통과 로베스피에르를 등장시켜 뷔히너가 부각시킨 문제는 부르주아지의 지배냐, 빈민층의 독재냐였다. 뷔히너는 단호하게 후자의 편에 서서 빈민들의 해방을 혁명의 유일한 과제로 간주한다.

20세기 독일의 가장 유명한 민중시인이었던 브레히트의 시 36편을 번역하여 김남주는 《아침저녁으로 읽기 위하여》에 수록했다. 베르톨트 브레히트Bertolt Brecht(1898~1956)는 옛 서독 지역인 아우크스부르크에서 태어나 전후에 동독으로 넘어간 정통 맑스주의 문학가이자 문학이론가였다. 그는 동독문학 특히 사회주의적 리얼리즘을 이론과 실천에서 보다 높은 차원으로 올려놓는 데 공헌했다. 표현주의 및 사실주의를 둘러 싼 루카치와의 논쟁은 유명하며 희곡에서 이른바 '소격 효과Verfremdungs effekt'를 실험적으로 도입하면서 방법적인 면에서 혁신을 꾀하기도 했다. 다시 말하면 연극을 관람하는 관객이 연극에 빠져 현실을 망각하지 않도록 때때로 현실을 일깨워주는 대목을 작가가 끼워 넣는 방법이다. 김남주는 감옥에서 브레히트의 시 〈당을 찬양한다〉를 번역하여 박광숙에게 보냈다. 그는 이 시를 매우 좋아했던 것 같다.

> 개인의 눈은 둘
> 당의 눈은 천
> 당은 일곱 개의 국가를 보고
> 개인은 하나의 도시를 본다
> 개인이 갖고 있는 것은 자기의 시간
> 그러나 당이 갖고 있는 것은 많은 시간
> 개인은 소멸되지만
> 그러나 당은 소멸되지 않는다
> 생각하라 당은 대중의 전위

그들의 투쟁을 지도한다

현실의 지식에서 흡수한

고전적 이론가의 방법으로

—〈당을 찬양한다〉 부분, 《산이라면 넘어주고 강이라면 건너주고》

조직을 벗어난 소시민적 지식인들에 대한 경고가 담긴 이 시를 김남주가 자주 인용한 것은 자연스러운 일이다. 그는 브레히트의 시들을 통해서 조직적인 투쟁의 중요성을 배웠다. 그는 일제시대의 독립운동을 예로 들어 조직적인 투쟁의 중요성을 다음과 같이 역설한다.

"요정에 모여서 만세 삼창으로 독립 운동한 사람이 있소. 종교집회에서 해학과 독설이 섞인 명강연으로 총독의 '간담을 서늘케 하는' 사람들도 있었소. 소위 평화적인 합법적인 수단으로 독립 운동을 해야 한다는 사람들이었소. 총칼이 지배하는 살벌한 정세에서 이들의 일이 나라 찾기에 최선을 다했다고 할 수 있겠소?/ 고립해서 단독으로 적의 요인을 암살하는 열혈투사가 있었소. 아나키스트적인 수법인 무분별하고 부조직적인 파괴 활동을 하는 사람도 있었소. 자유주의적인 인텔리겐차도 있었소. 그들은 생각나는 대로, 기분 내키는 대로 그때그때 깜빡깜빡했다가 이내 사그라져버리는 개똥벌레와 같은 사람들이었소./ ⋯ '독립운동가' 개개인의 주관적인 판단은 그것이 결코 '최선'을 다했다고는 볼 수 없는 것이오./ ⋯ 일제 때 민족의 해방을 위해서 최선을 다했던 사람들은 여러 가지 형태의 저항과 투쟁 중에서 무장 투쟁을 가장 우선했던 사람들이라고 생각하는 바요. 그것도 한 사람 또는 소수 정예에 의한 무장 투쟁이 아니라, 수백 수천이 한데 뭉쳐서 한 무장 투쟁이오. 다시 말해서 하나의 조직 속에서, 혁명적인 조직 속에서 말이오. 앞에서도 말했지만 나는 어떤 형태의 저항, 어떤 형태의 투쟁도 그 자체로서는 부정하지 않소. 다만 그 저항 그 투쟁이 개별적인, 고립 분산적인 것이냐 아니면 거대한 조직 속의 것이냐가 문제인 것이오. 고립 분산된 투쟁은 그것이 비록 솟아오르는 불꽃처럼 혁혁하게 보이기는 하지만 힘은 없는 것이오./ 힘없는 투쟁은 무익한 것이오. 작은 투쟁도 조직 속에서 하면 엄청난 결과를 가져오는 것이오."(〈최선을 다한 사람〉,《산이라면 넘어주고 강이라면 건너주고》, 116~118쪽)

파블로 네루다Pablo Neruda(1904~1978)는 김남주가 가장 좋아했던 시인이다. 1971년에 노벨 문학상을 받은 이 시인은 미 제국주의의 침략 아래 신음하던 남미의 칠레에서 태어났다. 제3세계의 민중 시인이라는 점에서 이들은 동지와 같았다. 김남주는 네루다의 시를 원어로 읽기 위해 감옥에서 에스파냐어까지 공부했다. 그는 네루다의 시 32편을 번역하여 《아침저녁으로 읽기 위하여》에 수록했고 그가 번역했던 〈스무 편의 사랑의 시〉가 그의 사후에 출간된 《은박지에 새긴 사랑》에 실려 있다. 또한 그는 〈사랑과 혁명의 시인 파블로 네루다〉란 글에서 네루다를 소개하고 네루다와의 관계를 자세히 밝히고 있다.

김남주가 네루다라는 이름을 처음 알게 된 것은 1969년 《창작과
비평》에 실린 아홉 편의 시를 통해서이다. 이 시들은 김수영 시인
이 영어 번역서를 한국어로 중역한 것이었다. 당시 정치적 현실에
민감했던 김남주는 '현실에 대한 인간 일반과 시인의 반응을 노래
한'(《시와 혁명》, 81쪽) 네루다의 시들이 마음에 들었다.

　네루다는 칠레 남부의 작은 마을에서 철도원의 아들로 태어났다.
기계문명에 파괴되지 않은 원시림으로 둘러싸인 이 마을이 네루다
의 어린 영혼을 풍요롭게 감싸주었다. 어머니는 네루다가 네 살 때
세상을 떠났다. 네루다의 아버지도 김남주의 아버지처럼 아들이
의사라든가 건축가라든가 기술자가 되어 출세하기를 바랐다. 그러
나 네루다는 어렸을 때부터 시를 쓰기 시작했고 나중에 칠레의 수
도 산티아고에서 불문학을 전공하는 대학생이 되었다. 네루다도
처음에 사랑을 주제로 한 시를 썼다. 〈스무 편의 사랑의 시〉가 대
표적이다. 이에 관해서 김남주는 말한다.

　"사랑을 주제로 한 네루다의 시는 소위 순수시의 옹호자들이 사
랑의 대상으로 또는 비유로 삼고 있는 자연의 현상이나 신화 속의
미남미녀 따위를 인간의 노동과 물질적인 삶에서 떼어내어 노래하
지 않는다. 네루다는 하이네가 그랬던 것처럼 궁둥이 없는 비너스,
유방 없는 천사, 관념적인 천상의 여인 등을 노래하지 않는다. 그
의 시에는 수없이 많은 꽃의 이름과 이슬, 바람, 별, 달, 태양이 등
장하나 노동의 대지와 인간의 투쟁이 없는 자연 따위는 나오지 않
는다. 한 마디로 말해서 그의 시는 정신과 육체, 물질과 의식이 때

로는 싸우고 때로는 합일하는 유물론적인 통일 속에서 하나로 용해되어 있다. 그렇다고 해서 그가 노래한 사랑에는 자본주의 사회에서 흔해빠진 경박하고 천박한 연애놀이라든가 이기심과 물질적인 이해관계에 사로잡혀 성을 상품처럼 매매하는 결혼의 시장 따위는 없다. 그의 시는 아직 파괴되지 않은 처녀림 속에서 자연의 대상과 인간의 생활이 구체적인 노동을 매개로 해서 이루어지면서 가장 순결하게 꽃을 피우고 있는 것이다."(〈사랑과 혁명의 시인 파블로 네루다〉,《시와 혁명》, 86쪽)

네루다는 1934년 마드리드 주재 영사로 부임한다. 당시 에스파냐에서는 인민의 합법적인 선거에 의하여 부르봉 왕조가 무너지고 공화정이 시작되고 있었다. 그러나 공화정에 불만을 품은 왕당파들은 군부 장성들, 가톨릭 성직자들, 대지주들, 자본가들을 규합하여 공화정을 무너뜨릴 음모를 꾸몄고 1936년 7월 푸랑코 장군을 두목으로 앞세워 에스파냐 전역에 반란을 일으켰다. 히틀러와 무솔리니가 이들을 지원했다. 네루다는 에스파냐의 민중시인들과 힘을 합쳐 파시스트들에 저항하는 운동을 펼쳤다. 이러한 체험을 통해서 네루다의 인생관과 그가 쓴 시도 변화한다. 이제 '잉크보다 피에 가까운 시인'이 된 네루다는 자기의 시를 무기로 삼아 에스파냐 인민의 자유와 평화를 지키려 했다. 그는 피카소가 그린 〈게르니카〉를 시로 표현했다. 에스파냐 공화파와 의용군 및 국제 의용군의 영웅적인 투쟁에도 불구하고 미국, 영국, 프랑스 등 서방 제국주의의 배신으로 인민전선은 패배한다. 네루다는 인민전선을 지지

했다는 이유로 본국에 소환되었다. 김남주는 말한다.

"스페인 내란이 그의 시와 인생에 큰 변화를 가져다 준 것은 사실이지만 그 변화는 철학적 사상적 변화까지 동반한 것은 아니었다. 불의와 압제에 저항하는 극히 순수한 자유주의적인 휴머니스트 이상의 변화는 아니었다. 그러나 서방세계가 스페인 인민전선을 지원하기는커녕 자국의 부르주아지 편에 서서 반동적인 정책을 펴는 것을 보고, 또 1939년 제2차 세계대전이 일어나자 히틀러의 침략에 양보를 거듭하고 약소 국가의 운명을 자국의 안전과 이익에 종속시키는 것을 보고 네루다는 자본주의 세계 질서에 회의를 갖기 시작한다. 그러던 중 소련의 적위대가 히틀러 파시즘에 영웅적으로 싸우는 것을 목도하고 소비에트만이 파시즘의 인간 말살로부터 세계를 수호하리라는 확신을 갖기에 이른다. 물론 소비에트에 대한 네루다의 신뢰는 스페인 내란에서도 경험되었다. 오직 소비에트만이 자국의 이해관계를 떠나서 인민전선을 헌신적으로 지원하는 것을 눈으로 직접 보았던 것이다."(〈사랑과 혁명의 시인 파블로 네루다〉, 《시와 혁명》, 93~94쪽)

네루다는 칠레 공산당에 가입하여 상원의원에 당선되었고 미국의 간섭 탓에 조국의 민주화가 늦어지는 사실을 목격했다. 그는 제국주의와 독재정권을 공격했고 이로 인해 도피와 망명생활을 한다. 1970년의 선거에서 민주파 아옌데가 대통령에 당선되지만 미국의 지원을 받은 피노체트파의 우익 쿠데타에 의해 사회주의 정권이 무너진다(영화 〈영혼의 집〉에 당시의 상황이 잘 묘사되어 있다). 에스파냐

전쟁에서 전투적인 휴머니스트로서 저항시인의 첫발을 내딛었던 네루다는 미 제국주의에 사주받아 피노체트 일당이 저지른 만행에 항거하다가 최후를 맞았다. 네루다의 시들은 김남주의 시들과 비슷한 과정의 발전을 겪는다. 착취에 시달리면서도 순박한 삶을 영위해가는 농촌의 묘사에서 시작하여 독재자에 대한 분노를 거쳐 자본주의와 제국주의의 공격으로 나아가는 것이다. 김남주에 앞서 네루다도 〈학살〉이란 제목의 시에서 피노체트가 저지른 살육을 고발하고 있다. 김남주가 번역한 것을 그대로 감상해보자.

그러나 그때 피는 숨겨져 있었다
(뿌리의 배후에서 흔적없이 씻어버리고 피는 흐르지 않았다고 선전되었다
그것은 그처럼 먼 과거의 일이었다)
'남부'의 비가 대지에서 피를 씻어내리고
(그것은 그처럼 먼 과거의 일이었다)
초원의 초석이 피를 삼켜버렸던 것이다
그리고 민중의 죽음은 언제나와 마찬가지였다
마치 죽은 사람은 한 사람도 없는 것처럼 되었고
마치 대지에 쓰러졌던 것은 저 돌멩이들과 같았고
물이 물 위에 떨어져 내린 것과 흡사한 것이었다

'북부'에서 '남부'에 이르기까지
그들은 사자死者들을 짓이기고

사자들을 불에 태워 어둠 속에 매장하였다

밤을 틈타 감쪽같이 해치우기도 하고

탄광의 굴속에 던져 버리기도 했다

뼈는 바다 속에 내던져 버려서

이제 아무도 아는 사람이 없는 것이다

그 사자들이 어디에 있는가를

그 사람들은 무덤도 없이

그 사람들은 조국의 뿌리에 흩어져 있다

고문으로 손가락이 구부러지고

심장은 총알로 구멍이 뚫린 채

칠레의 미소를 띠고 있는

초원의 용사들

지금은 소리도 없는 지도자들

살인자들이 시체를 어디에다 묻었는지 아무도 모른다

그러나 사자들은 대지에서 나와

흘린 피를 되찾을 것이다

민중의 부활로

범죄는 라빨라사의 한복판에서 저질러졌다

민중의 맑고 깨끗한 피를 무성한 숲도 숨기지 못했다

초원의 모래도 빨아들이지 못했다

그 누구도 이 범죄를 숨기지 못했다

범죄는 조국의 한가운데서 저질러졌던 것이다.

—〈학살〉 전문, 《아침저녁으로 읽기 위하여》

　미 제국주의자들의 침략전쟁을 격파하여 베트남의 자주와 해방을 성취한 아시아의 영웅이자 제3세계 민중의 신화적 인물인 호치민胡志明(1890~1969)을 모르는 사람은 없다. 그러나 그가 위대한 시인이었다는 사실을 아는 사람은 드물 것 같다. 김남주가 번역한 호치민의 시들이 사후에 출간된 《은박지에 새긴 사랑》에 실려 있다. 호치민의 시들은 시편1과 시편2로 나뉘어져 있고 〈옥중일기〉라는 제목이 붙은 시편1은 ①족영에서 천보까지 ②과덕에서 남영까지 ③무명에서 내빈까지로 구성되어 있다. 시편1에는 101편의 시가, 시편2에는 10편의 시가 담겨 있다. 각 시에 한문 원어를 실었다. 김남주는 이 시를 감옥에서 번역한 것 같다. 김남주의 번역시를 해설한 문학평론가 임형택에 의하면 호치민의 시들은 1962년에 베트남의 외문출판사에서 간행되었고 김남주가 번역의 대본으로 사용한 것은 1968년 일본의 신일본사에서 간행된 일본어판이었다. 호치민의 시뿐만 아니라 다른 시들도 김남주는 원어에서 직접 번역하기보다 일본어 번역을 더 많이 참조한 것 같다. 김남주에게 중요한 것은 시의 내용과 사상이었다. 우리가 배우고 받아들여야 하는 훌륭한 시나 철학이 있다면 그것이 누구에 의해서 번역되고 어떤 방식으로 번역되고 소개되는가는 별로 중요하지 않다. 그것을 따지는 부르주아적 관행을 김남주는 이미 벗어난 지 오래다. 그는 결코 번역가가 아니었으며 번역가로서 불리는 것 자체가 우스운 일이었다. 서양의 우수성을 선전하면서 우리나라의 자주·민주·통일을 직간접으로 방해하는 내용의 책이 번역된다면 번역자가 아무리 훌륭하더라도 그 표지와 장정이 아무리 화려하더라도 김남주는 비웃으며 말할 것이다.

"여기 또 하나의 지적 유희가 시작된다, 여기 또 하나의 불행이 우리 민족에게 시작된다."

호치민은 프랑스 및 일본 제국주의의 침략으로부터 중국 공산당과 힘을 합쳐 베트남 민족을 해방시키기 위해 장님으로 가장하고 중국으로 잠입했다가 1942년 8월 29일에 체포되어 약 1년간 감옥 생활을 했다. 이 시기에 그는 김남주처럼 많은 시를 썼다. 해설가 임형택의 말을 들어 보자.

"이 번역시들을 읽어 보니 자꾸 김남주의 시가 떠오른다. 호치민의 한시가 김남주조로 화한 것이다. 호치민이 당했던 신체의 부자유와 고통을 남주는 그보다 아홉 곱절이나 긴 동안 더 폐쇄된 공간에서 겪은 심신으로 읽고 옮겼기 때문이리라. … 이 시편들은 그것이 원래 지어진 시점으로부터 지금 반세기도 더 지난 것이다. 우리는 2차대전의 종결과 함께 식민지 압제로부터 벗어났으나 식민지 모국이 전승 국가였던 베트남은 그 후로도 민족해방을 위한 길고 긴 투쟁을 벌여야 했다. 마침내 베트남은 호치민의 유업으로 통일과 자주를 획득했지만 우리는 아직 분단국가로 남아 있다. 저 옥창에 뜬 달에 부쳤던 자유와 해방의 뜻이 과연 지상에서 잘 펼쳐지는

지 시원한 답변이 나오기는 어렵게 전개되는 현재지만 그 빛은 사라진 것이 아니다."(임형주, 〈김남주 조로 화한 호치민의 시〉, 《은박지에 새긴 사랑》, 335~336쪽)

시집 《은박지에 새긴 사랑》에 김남주가 번역한 호치민의 시를 감상해보자.

문 앞의 위병은
총을 들고 서 있고
하늘에는 조각구름
달과 함께 흘러가네
이는 종횡으로
탱크처럼 기어다니고
모기는 비행기처럼
모이는가 하면 또
일제히 흩어져 날아가네
저 멀리 떨어진
조국을 생각하면
꿈은 새로운 시름의
기나긴 실타래를 휘감는다
무고한 죄로 갇힌 지
벌써 1년
이 늙은이는 눈물을 흘리며

옥중시를 쓰고 있다

―〈가을밤〉 전문, 《은박지에 새긴 사랑》

호치민도 김남주처럼 조국과 민족을 위해 싸웠고 그것이 그의 죄가 되었다. 호치민이 지은 또 하나의 짧은 시가 그 분위기를 잘 드러낸다.

토지는 싸움터다

쟁기와 괭이는 무기다

농민은 싸우는 사람이다

마을과 전선에서

일제히 투쟁한다

―〈토지는 싸움터다〉 전문, 《은박지에 새긴 사랑》

프란츠 파농Frantz Fanon(1925~1961)의 《자기의 땅에서 유배당한 者들》을 김남주는 1978년 8월에 번역 출간했다. 이 시기에 김남주는 남민전 전사로 활동하다가 수배받고 있었다. 3개월이 못되어 2쇄가 나온 것을 보면 이 책이 당시 상당히 인기가 있었던 것 같다.

민중문학은 강대국에 의해서 억압받고 착취당하는 민중 속에서 탄생된다. 세계에서 가장 착취가 많이 일어나는 나라가 서구와 미국이라면 가장 착취를 많이 당하는 곳은 아시아, 남미, 아프리카다. 그러므로 이 지역에서 민중문학이 활발하게 전개된다. 김남주가 이 지역의 민중문학에 눈을 돌린 것은 당연한 일이다. 아시아의 호치민이나 남미의 네루다에 비교될 만한 아프리카 민중운동가가 파농이다. 파농은 서인도제도의 프랑스령 섬인 마르티니크에서 태어났다. 그의 조상은 아프리카에서 팔려온 흑인노예였지만 그의 양친은 프랑스 시민권을 가진 세관원으로서 어느 정도 경제적 기반이 있었다. 파농은 프랑스 리옹 대학교에 유학하여 의학을 공부했고 사르트르의 철학에 심취하기도 했다. 대학을 졸업하고 파농은 먼저 리옹 부근의 한 병원에서 정신과 조수로 근무했다. 이 시기에 쓴 책이 《자기 땅에서 유배당한 자들》(1952)이었다. 원 제목은 《검은 피부, 하얀 가면》이었으며 이 책으로 인해 파농은 프랑스의 진보적인 지식인 대열에 끼게 되었다. 그 뒤 파농은 프랑스 식민지였던 알제리의 한 정신병원 원장으로 부임한다. 의사 여섯 명이 환자 2,000여 명을 돌보아야 하는 상황에서 그는 식민지들의 비참과 흑·백인에 대한 차별대우를 목격했다. 이러한 체험은 그를 부르주아지 지식인의 입장에서 벗어나 억압받는 민중의 편에 서게 만들었다. 그는 사르트르와 마찬가지로 프랑스 극우 국수주의자들로부터 테러의 위협을 받으면서도 스스로의 신념을 차근차근 실천해갔다. 이 시기에 알제리 민중 해방전쟁이 일어났고 파농이 일하던 병원은 혁명군의 은신처가 되었다. 병원의 지하조직이 발각된 뒤 그는 이웃나라인 튀니지에서 의사로 일하며 〈알제리 저항운동〉의 편집을 맡았다. 이 시기에 그가 쓴 《대지의 저주받은 자들》(1961)은 식민지 이데올로기를 반박하는 중요한 저술로, 제3세계의 민중운동에 커다란 자극과 힘을 주었다. 백혈병 때문에 파농은 37살의 젊은 나이로 세상을 떠났다.

파농은 그의 책에서 흑인의 열등의식이란 인종적인 차이에서 오는 것이 아니라 백인의 통치를 통해서 주입된 것이라는 사실을 밝히는 데 총력을 기울인다. 다시 말하면 백인이 만든 허위 이데올로기가 흑인을 비하하고 있으며 식민 이데올로기의 본질이 파악되지 않고서는 민족해방이 실현될 수 없다는 것이다. 파농은 이 문제를 앞의 책에서는 주로 실존주의적이고 정신분석학적인 입장에서 해명하려 했고 뒤의 책에서는 맑스주의적 입장에서 해명하려 했다. 그는 정신병원에서의 체험을 토대로 원주민들의 정신병은 백인들의 억압과 차별대우로 인해 생겼다는 사실을 과학적으로 규명한다. 일반적으로 알제리인들은 범죄 성향이 강하고 이유 없이 살인을 한다는 설이 지배하고 있었는데 파농은 그것은 백인들이 만든 편견에 불과하다는 것을 밝힌다. 백인에 의한 압제와 착취가 원주민의 열등의식을 조장했다. 이러한 식민 이데올로기가 알제리에서만 주도하는 것이 아니다. 미국의 흑인이나 아시아인에 대한 인종차별은 모두 백인의 인종 우월성을 전제로 하고 있다. 미국의 실용주의 역사학자 피스크는 앵글로색슨족에 의한 세계 통치가 진화의 최고 목표라고까지 주장한다. 서구인은 우월하고 제3세계의 인종은 열등하다는 편견을 조장하는 데 서구의 문화와 종교가 커다란 역할을 한다.

파농은 문화적·경제적으로 약소국가를 지배하는 신식민주의의 본질을 파헤친다. 강대국에 문화적·경제적으로 의존하는 국가는 결코 독립을 획득할 수 없다. 파농은 특히 원주민들의 부르주아지화와 신생독립국의 자본주의화를 크게 염려한다. 그것은 신식민지가 되는 가장 위험스러운 징조이기 때문이다. 자본주의화된 신생독립국에서 나타나는 일반적 현상이 실업, 빈곤, 부패, 빈부격차의 심화 등이다. 파농은 실존주의적이고 정신분석학적인 입장에서는 개인과 사회의 문제, 곧 소외 문제를 해결할 수 없다는 사실을 깨닫고 유물론적인 사회 분석과 역사 분석으로 넘어간다. 말년에는 주관적 관념론에 빠져 있는 사르트르와도 의견 차이를 보인다.

사르트르는《대지의 저주받은 자들》책머리에서 현대 유럽 지식인들이 만들어낸 '휴머니즘'이나 '자유주의'가 식민지 침략에 알리바이를 제공하고 약탈을 정당화하며 원주민 대량학살을 방관하는 허위의식에 불과하다고 했다. 그러나 사유재산이 밑받침되는 자본주의를 공격하지는 않았다. 사르트르는 다른 실존주의자들과는 달리 내면의 결단만을 강조하지 않고 지식인의 정치 참여를 주장하지만 유물론적인 사회 분석이나 역사 분석에까지 나아가지는 못했다. 사르트르는 미국의 베트남 전쟁을 침략전쟁으로 낙인찍었지만 이 전쟁의 일으킨 미 제국주의의 본질을 규명하지 않았으며, 조국 프랑스가 당연히 알제리를 해방시켜야 한다고 주장하면서도 알제리의 자본주의화를 염려하지 않았다. 그는 지금까지 나온 철학 가운데 맑스주의를 '능가될 수 없는 철학'으로 평가하면서도 맑스주의를 실존주의로 보충하려는 시도를《변증법적 이성비판》에서 수행했다. 그러나 사회의 구조를 강조하는 맑스주의와 개인의 내면을 강조하는 실존주의는 쉽게 조화될 수 없었다.

김남주는 파농의 저술을 통해서 식민지 문화의 본질을 파악한 것 같다. 특히 한국에서처럼 양키 문화가 범람하는 약소국가에서는 이를 극복할 수 있는 민중의식이 무엇보다도 필요하다. 또한 그는 파농의 저술을 통해서 민족해방 투쟁이 폭력을 필요로 한다는 사실을 배웠다. 서구 부르주아 지식인들은 서방의 강대국이 사용하는 보이지 않는 폭력을 용인하면서도 식민지 민중이 독립과 해방을 쟁취하기 위해 사용하는 폭력을 지탄의 대상으로 삼는다. 그 대표적인 사람이 프랑스 작가 알베르 카뮈였다. 파농은《대지의 저주받은 자들》에서 이 문제를 다룬다. 식민지를 만드는 것 자체가 일종의 폭력이다. 양심 때문에 식민지를 포기하고 식민지의 독립을 허락한 강대국은 역사상 존재하지 않았다. 가진 자들이 자진해서 스스로 물러나는 경우가 없는 것과 비슷하다. 자주독립의 쟁취나 노동자가 주인이 되는 세상의 건설에서 힘이 절대적으로 필요하다는 것을, 폭력은 더 큰 폭력 앞에서만 항복한다는 사실을 파농은 먼 곳에서 김남주에게 가르쳐주었다. 물론 이들이 말하는 폭력이란 테러와 같은 개인주의적이고 무정부주의적인 폭력이 아니라 조직과 연관되는 집단적인 싸움이다.

김남주는 에스파냐의 시인 로르카의 시 한편을 번역하여《은박지에 새긴 사랑》에 실었다. 페데리코 가르시아 로르카Federico Garcia Lorca(1899~1936)는 전통적 양식과 현대적 양식을 훌륭하게 융합시킨 시인이자 극작가로서 에스파냐 내란 때 민병대 정보원들에 의해 좌익으로 몰려 총살당했다. 동지로서 함께 싸웠던 네루다는 로르카를 에스파냐의 역사상 '가장 빛나는 정치적 세대의 상징'으로 표현했다. 그의 시 〈부정不貞한 여인—리디아 카브레라와 그의 귀여운 흑인 딸에게〉를 감상해보자.

그래서 나는 그녀를 데리고 강가로 갔지

그녀를 처녀라 굳게 믿고 말이야

그런데 그녀는 남편이 있는 여자였어

마침 산티아고의 축제일 밤의 일이었는데

우리는 서로 합의한 거나 마찬가지였지

가로등은 모두 꺼지고

귀뚜라미들만이 불을 켜고 있었어

마지막으로 꺾어지는 길목에 이르렀을 때

그녀의 잠든 유방에 손을 갖다 댔는데

그 순간 말이야 히야신스의 가지처럼

그녀가 활짝 자신을 열지 않겠어

풀 먹인 그녀의 속치마는

열 개의 단검에 찢긴

한 조각의 비단처럼

나의 귓전을 울려주고 말이야

그 곳에는 은빛의 달도 비치지 않는

나무들이 무성하게 자라고 있었어

강 건너 저 멀리 지평선에는

개 짖는 소리가 들려오고

나는 산딸기와 등심초

그리고 가시나무 길을 지나

여자의 머리카락처럼 촘촘히 자란 수풀 밑에다

옴팍하게 자리를 하나 만들었지

내가 넥타이를 푸니까

그녀는 옷을 벗었어

내가 권총의 혁대를 푸니까 그녀는 네 벌의 속옷을 벗었어

감송향도 달팽이도

그처럼 부드러운 살결을 갖지 못할 거야

달빛을 받은 수정도

그처럼 요염하게 반짝이지 못할 거야

불의의 습격에 놀란 물고기처럼

그녀의 허벅지가 내 밑에서 요동을 치고 있는데

반은 화염처럼 뜨거웠고

반은 얼음처럼 차가웠어

그날 밤 나는

재갈도 없고 등자도 없는

진주모의 어린 말을 타고

더할 나위 없이 쾌적한 길을 달렸는데

그때 그녀가 나에게 뭐라고 한 줄 알아

사내자식으로서 말하고 싶지 않아

나에게도 분별의 빛은 있어

아주 신중하게 처신하게 하거든

그건 그렇고 나는 입맞춤과

모래로 불결해진 그녀를 데리고 강에서 나왔지

하늘에서는 백합의 단검들이 바람을 가르며 서로 싸우고 있더군

집시의 적자로서 나는 그에 걸맞게 행동했지

밀짚색의 공단으로 만든 커다란 반짇고리를

그녀에게 선물로 주긴 했지만

그녀에게 반해서 그런 것은 아니었어

강가로 내가 그녀를 데리고 가려고 할 때

남편이 있는 몸이면서도

처녀라고 말한 그런 여자였거든

—〈부정한 여인─리디아 카브레라와 그의 귀여운 흑인 딸에게〉 전문,

《은박지에 새긴 사랑》

육감이 넘쳐흐르는 이 시를 김남주는 주로 여성이 청강하던 한 문예아카데미를 위한 텍스트로 사용하기 위해 번역했다고 한다.

좌익으로 희생당한 작가의 작품 가운데서 가장 부드러운 시를 선택한 것 같다. 이 시에는 흐트러진 부르주아 사회의 성 윤리에 대한 비판이 담겨 있지만 김남주 특유의 반항정신이나 투쟁정신이 엿보이지는 않는다. 그러나 전사도 때로는 휴식이 필요한 것이다.

러시아 문학하면 우리는 으레 톨스토이를 생각한다. 김남주도 감옥에서 셰익스피어의 작품과 톨스토이의 작품을 부탁했고 어느 편지에 다음과 같이 썼다.

"톨스토이의 소설 《부활》에 오만가지 유형의 죄수들이 나오지요. 그중 한 늙은 죄수의 분노가 내 기억 속에서 떠나지 않습니다. 그는 다음과 같이 노여움을 터뜨렸지요. "네놈들이 먼저 도둑질하고, 살인하고, 빼앗아가고 이제 와서 무슨 있지도 않았던 법인가를 만들어서 도둑질하지 말지어다, 살인하지 말지어다, 남의 물건을 훔치지 말지어다, 그따위 황당무계한 흰소리를 씨부렁거리고 있지 않느냐.""(〈아홉번째 맞이하는 감옥 속의 봄〉, 《산이라면 넘어주고 강이라면 건너주고》, 179쪽)

반면에 그는 도스토옙스키를 싫어했다.

"도스토예프스키적 니힐리스트란 게 얼마나 무익하고 쓰잘 데 없는 사람인가를 알아야 합니다. 모든 것을 깡그리 부정해 버리고 도대체 무엇을 이루겠다는 것입니까. 이따위 소설이 많이 읽혀지고 있는 모양인데 그것은 우리 시대의 당연한 귀결입니다."(〈나는 당신 위해 전사로서 여기 있고〉, 《산이라면 넘어주고 강이라면 건너주고》, 62~63쪽)

김남주는 러시아 시인들 가운데 19세기 초반 혁명을 꿈꾸며 데카브리스트(12월 당원)에 속했던 콘드라티 표도로비치 릴레예프 Kondraty Fyodorovich Ryleyev(1795~1826), 알렉산드르 오도옙스키 Aleksandr Ivanovich Odoevskii(1802~1839) 그리고 이와 연관되는 알렉산드르 푸시킨 Aleksandr Sergejewitsch Pushkin(1799~1837)의 시들을 번역하여 《은박지에 새긴 사랑》에 싣고 있다. 왜 김남주가 이들에게 관심이 있었는가를 파악하기 위해 우리는 19세기 초반 러시아의 사회적 배경과 데카브리스트 봉기에 관해서 알아야 한다.

1812년 12월에 나폴레옹은 러시아 침공이 실패했음을 자인했다. 나폴레옹의 침공을 영웅적으로 물리친 러시아 민중은 그러나 계속 러시아의 황제인 차르의 전제정치 아래 신음했다. 아직도 농노제를 비롯한 봉건잔재가 유지되고 있었다. 나폴레옹의 침공으로 러시아에도 계몽주의와 시민혁명의 이념이 스며들었다. 개혁을 약속했던 차르는 프로이센 및 오스트리아와 신성동맹을 체결한 뒤 민주운동을 탄압했다. 이러한 상황에서 봉건절대군주를 무너뜨리고 입헌군주제 아래 보다 자유로운 사회를 건설하려 했던 귀족, 장교, 문인들이 비밀단체를 조직했는데 이들이 이른바 데카브리스트라 불렸다. 이들은 차르가 죽은 뒤 후계자 문제로 혼란한 틈을 타서 1825년 12월 14일을 거사 날로 잡았다.

그러나 조직의 미비와 배반자 때문에 이날 집결한 군인들은 3,000여 명에 불과했다. 군인들을 지휘할 책임자도 나타나지 않았다. 소시민과 농부들이 모여들었으나 원래 귀족적인 성향이 강했던 데카브리스트들은 민중혁명을 두려워한 나머지 민중과 손을 잡으려 하지 않았다. 결국 정부군의 공격을 받고 1,200여 명이 사망했으며 많은 사람이 체포되었다.

조직의 리더였던 릴리예프를 비롯하여 다섯 명이 교수형을 받았고 오도옙스키를 비롯한 120여 명이 시베리아 유형에 처해졌다. 푸시킨도 이 조직과 연관이 있었지만 농노제와 전제정치를 반대하는 시를 쓰다가 이미 1820년부터 유배생활을 하고 있었기 때문에 화를 면했다. 푸시킨은 유배생활을 마친 뒤 계속 시베리아에 머물던 데카브리스트들을 격려하는 시를 썼으며 푸시킨의 대표소설 《예브게니 오네긴》은 다음 시대에 나타나는 비판적 사실주의의 선구적 역할을 했다.

이 부분에서 우리는 김남주가 데카브리스트의 시를 번역한 동기를 곧바로 추측할 수 있다. 데카브리스트들은 김남주처럼 압제와 착취에 대항하는 시를 썼고 김남주처럼 감옥의 신세를 져야 했다. 물론 이들이 아직 자본주의의 모순을 파헤치며 민중해방을 위한 투쟁을 전개하지 않았고 다소 낭만적인 색채도 지녔지만 당시의 상황에 미루어서 이들의 투쟁은 휴머니즘적이었다고 말할 수 있다.

김남주가 번역한 이들의 시 가운데 푸시킨과 오도옙스키의 작품을 읽어보자.

시베리아의 광산 저 깊숙한 곳에서

의연히 견디어주게

참혹한 그대들의 노동도

드높은 사색의 노력도 헛되지 않을 것이네

불우하지만 지조 높은 애인도

어두운 지하에 숨어 있는 희망도

용기와 기쁨을 일깨우나니

기다리고 기다리던 날은 오게 될 것이네

사랑과 우정은 그대들이 있는 곳까지

암울한 철문을 넘어 다다를 것이네

그대들 고역의 동굴에

내 자유의 목소리가 다다르듯이

무거운 쇠사슬이 떨어지고

감옥은 무너질 것이네 그리고 자유가

기꺼이 그대들을 입구에서 맞이하고

동지들도 그대들에게 검을 돌려줄 것이네

　　　　　　　―〈시베리아에 보낸다〉 전문, 《은박지에 새긴 사랑》

정묘한 현(絃)의 열렬한 반향은

우리들의 귀에 닿았다네

검을 향해 우리들의 손은 움직였으나

더듬어 찾아갔던 것은 다만 족쇄뿐이었다네

그러나 안심하게나 시인이여 쇠사슬을

자기의 운명을 우리들은 자랑으로 여기고

감옥에 있으면서도

마음은 황제들을 비웃고 있다네

우리들의 슬픈 노고는 헛되이는 끝나지 않을 것이네

불꽃에서 화염은 타오르는 것이네

그리고 정교도인 우리나라의 백성들은

성스러운 깃발 아래로 모여들 것이네

우리들은 쇠사슬로부터 검을 단련하여

다시 자유의 불을 당기고

자유와 함께 황제에게 외칠 것이다

그러면 제민족은 기쁨의 한숨을 쉴 것이네

—〈푸슈킨의 시에 답함〉 전문, 《은박지에 새긴 사랑》

김남주는 19세기 후반의 러시아 미학자이며 소설가인 체르니셰 프스키의 《무엇을 할 것인가》와 레닌의 생애를 소설화한 까지케비 치의 《파란노트》, 숄로호프의 《고요한 돈 강》 등을 해설하기도 했다. 이 소설들은 모두 러시아의 혁명과 연관되는 내용을 담고 있다. 김남주도 네루다처럼 소비에트연방공화국(소련)을 높이 평가한 것 같다. 그는 옥중에서 보낸 편지에 때때로 스스로 호를 솔연率然 이라 썼는데 '소련'에 대한 존경심에서 붙인 것 같다.

김남주는 프랑스의 좌파시인 루이 아라공과 러시아의 혁명적 민주파 시인 네크라소프의 시들, 고리키의 소설, 셰익스피어와 하우프트만의 희곡들을 즐겨 읽었다. 또 어떤 시에서 고리키의《어머니》, 하인리히 만의《독일 노동자의 길》, 체 게바라의《제3세계 민중에게 보내는 메시지》에 관해 언급한다. 이처럼 김남주는 세계의 민중문학에 대한 넓은 안목을 지니게 되었고 한국적인 민중문학의 협소한 테두리를 벗어나게 되었다. 그렇다고 하여 그가 외국의 민중문학을 모방하거나 흉내 낸 것은 결코 아니다. 김남주의 시에는 조선 민중 특유의 감각이 물씬 풍긴다. 외국의 민중해방문학과 차원을 같이 하면서도 우리의 민중문학이 걸어야 할 독자성을 유지하는 데 위대함이 있다. 그것은 약소민족이 같은 형제와 동지로서 반제국주의의 투쟁에 동참하면서도 각 민족의 특성을 유지하는 것과 비슷하다.

욕의 미학 ————————————

《국어대사전》(이희승 편, 민중서림)에 '욕'(욕설)은 '남을 저주하는 말'
이라 설명한다. 보통 약자가 강자로부터 억울한 일을 당했을 때 욕
을 한다. 속으로 하거나 당사자가 없을 때 한다. 강자들은 약자들
에게 욕할 필요가 없다. 욕보다 명령하는 것이 강자에게 어울린다.
세상에는 욕이 없는 나라가 없고 욕이 없는 언어가 없다. 외국어를
잘하려면 욕을 먼저 배우라는 말도 있다. 욕은 보통 남녀의 성기나
성행위와 관계되는 말로 구성되어 있다. 아시아 특히 한국에서 그
러하다. 그것은 남녀의 성기나 성행위에 대한 말을 터부시하고 은
밀히 사용했던 봉건주의 도덕에서 기인한 것 같다. 보통 사용하는
말로 욕해봤자 별 효과가 없다.

서양에서는 종교적 대상(악마, 사탄 등)이나 동물(개, 돼지, 암소, 뱀, 염소 등)과 연관되는 욕이 발달했다. 모든 위대한 문학에는 욕이 등장한다. 셰익스피어나 괴테는 욕의 대가였다. 그들의 작품 곳곳에 음담패설이 등장하여 작품에 양념 역할을 한다. 욕이 없었더라면 이들의 작품은 무미건조해져 세계문학으로서의 가치를 상실했을 것이다. 위대한 세계문학 작품치고 욕이 없는 작품은 드물다. 아니 인간이 사는 곳에서는 욕이 없을 수 없다.

욕을 통해 얼마나 많은 사람이 스트레스를 해소하는가? 욕이 없었더라면 스트레스 때문에 많은 사람이 병에 걸리거나 사회가 불안정해졌을 것이다. 특히 우리나라처럼 힘 있는 자와 돈 있는 자들이 힘없는 자와 돈 없는 자들을 마음대로 주무르는 나라에서는 욕이 없어서는 안 된다. 욕이 없으면 욕을 만들어내야 한다. 1960년대에 독재의 그늘 아래 숨도 크게 못 쉬고 살던 우리 민중이 독재를 마음껏 욕하며 질타했던 김지하의 시를 보고 얼마나 통쾌해 했던가? 국가와 사회가 잘못되어 있을수록 사람들은 더 많은 욕을 필요로 한다. 현재 우리나라 사람들이 사용하는 욕의 비율을 조사해본다면 매우 흥미 있는 결과를 얻을 수 있을 것이다. 이러한 상황에서 아름다운 말들만 골라 쓰는 시인들이 오히려 위선자가 아닐까?

김남주도 이러한 상황을 잘 파악하고 있었다. 그는 이를 다음과 같이 시로 표현하고 있다.

당신은 묻습니다 나에게
웬놈의 시가 당신의 시는 땔나무꾼 장작 패듯
그렇게 우악스럽고 그렇게 사납느냐고
나는 이렇게 반문할 수밖에 없습니다.

싸움이란 게 다 그런 거 아니냐고
하다 보면 목청이 수탉처럼 높아지기도 하고
그러다 보면 차마 입에 담지 못할 욕도 나오게 되는 것이 아니냐고
저쪽에서 칼을 들고 나오는 판인데
이쪽에서는 펜으로라도 무기삼아 대들어야 하지 않겠느냐고
세상에 어디 조용하고 얌전한 싸움만 있기냐고
제기랄 시란 게 무슨 점잖은 놈들의 소일거리냐고

—〈시의 요람, 시의 무덤〉 부분, 《시와 혁명》

그의 시 제목들도 '개새끼들', '싸가지 없는 새끼', '에끼 더러운 것들', '아나 법', '똥물이 나올까봐', '시궁창에 대갈통 쳐박고', '똥 누는 폼으로', '법 좋아 하네', '똥파리와 인간', '당나귀 좆빼고 귀 빼고 나면' 등 부드럽지 않은 것이 많다.

물론 김남주의 시에도 아름다운 말과 부드러운 언어가 있다. 그러나 시의 내용에 따라 그 언어도 달라진다. 내용에 부합하는 언어와 형식이 선택된다. 그러므로 그의 시들이 대부분 내용에 부합하는 거친 언어로 구성된 것은 당연한 일이다.

텔리비젼 명사들은 오도방정에 지랄방광이지만

그야 앉았다 하면 수캐 좆자랑 하듯

있는 소리 없는 소리 할 소리 안할 소리 씨부렁거리며

제 자랑하는 것이 그들 명사의 본성이니까 어떻게 해볼 수도 없는

것이고

—〈쌀〉 부분, 《조국은 하나다》

　　TV나 라디오에 나와서 사기를 치면서 민중을 속이고 있는 사람
들을 보면 이것들을 부수고 싶은 심정을 우리는 하루에도 몇 번씩
느낀다. 이들은 수캐처럼 부끄러워할줄 모른다. 사이비 지식인은
물론 온갖 매국노가 나와서 미 제국주의 문화를 선전하고 있다. 유
물론과 관념론을 제대로 구분하지도 못하는 어설픈 철학자들이 나
와서 민중의 건전한 세계관을 마비시키고 있다. 언론은 교묘한 방
법을 동원하여 이런 사람들을 등장시키고 추켜세운다. 온갖 해괴
한 이야기를 해도 용인해주지만 한 가지 금기 사항이 있다. 자본주
의의 모순을 비판해서는 안 된다. 지엽적인 비판은 어느 정도 허용
되지만 본질적인 문제를 건드려서는 안 된다.

반공이 국시인 나라에서는

하루에도 골백 번 잡았다 놓았다

모든 것이 제 좆 꼴린대로다

—〈반공이 국시인 나라에서는〉 부분, 《조국은 하나다》

358

독재자 박정희의 흉한 모습이 생생하게 드러난다. 그에게는 민족이 없었고 조국이 없었다. 권력의 마력에 정신이 팔려 무수한 민중을 살해했다. 그에게는 역사의식도 없었고 올바른 세계관도 없었다. 참된 자유가 무엇이고 참된 행복이 무엇이며 참된 휴머니즘이 무엇인지 그는 결코 모른 채 비참한 최후를 맞았다.

> 알고 있다네 제국주의의 살인청부업자 군장성들이
> 국민 위에 군림하고 있는 한 민주주의란 개좆나발이라는 것을
> 제국주의의 군대가 이땅의 언덕에 발을 붙이고 있는 한
> 자유고 통일이고 미국놈 좆대강이나 빨아지는 것을
>
> —〈민족해방투쟁 만세〉 부분, 《조국은 하나다》

외국 군대가 우리의 땅위에 군림하고 있는 한 우리는 결국 그들의 식민지에 불과할 수밖에 없다. 해방 후 남과 북에 각각 미군과 소련군이 주둔했다.

소련군이 물러간 지 오래인데 왜 미군만 남한에 주둔하는 것일까? 이들과 미국에 붙어사는 매국적인 정치가나 지식인들이 미군의 주둔을 부추긴다. 아시아의 평화, 나아가 세계의 평화를 위해서 불가피하다는 것이다. 후안무치한 주장이다. 아시아의 평화를 위협하는 나라가 누구인가? 북한인가? 남한이 북한을 대항할 만한 군사력이 없기 때문일까? 그렇다면 그 책임은 누구에게 있는가? 위정자들과 미군에게 있는 게 아닌가? 위정자들은 권력을 계속 유

지하기 위해, 미군은 계속 남한에 머무르기 위해 일부러 남한의 군사력이 북한에 못 미치도록 조장했단 말인가? 미군이 물러가고 한반도가 평화롭게 통일되는 것이 아시아의 안보와 세계평화에 기여하겠는가, 미군이 계속 머물러 남북한이 적대관계에 머물도록 하는 것이 세계평화에 기여하겠는가? 역사의식이 조금이라도 있는 사람은 그 해답을 알고 있다.

> 잡년아 어제는
> 미친년 고쟁이로 펄럭이는 히노마루 깔고
> 쪽바리 왜바리 좆대강이 빨더니
> 아이고 무서워 아이고 무서워
> 월남이라 망국사 못읽게 하더니
> 잡년아 오늘은
> 피묻은 고쟁이로 펄럭이는 성조기 깔고
> 흰둥이 깜둥이 좆대강이 빨더니
> 아이고 무서워 아이고 무서워
> 베트남이라 해방사 못읽게 하더니
> 내일은 또 누구의 것 빨면서
> 무슨 책 못읽게 할려나 잡년아 썩을년아.
>
> ─〈전후 36년사〉 전문, 《조국은 하나다》

일제 침략 36년의 역사가 그 변형된 형태로 오늘날까지 계속되고 있다. 아름다운 우리 조국은 아직도 외세에 휘둘리고 있지만 한국이 최고인 양 떠들어대는 우물 안 개구리 같은 인간들이 이 땅에 여전히 많다.

그러나 이제 유일한 분단국인 우리 민족이 세계에서 가장 비참한 상태에 놓여 있다. 우리가 아무리 크게 떠들어댄다 해도 우리의 객관적인 처지에는 변함이 없다.

> 아이들은 아이들대로 나를 보면 골려 먹지요
> 아저씨 아저씨 군발이아저씨
> 코쟁이 좆대강이나 빨아요
> 부자들 접시밑바닥이나 핥아요
>
> —〈마각〉 부분, 《조국은 하나다》

미국을 등에 업고 쿠데타를 일으켜 나라를 망친 군인들과 광주 시민을 무차별 학살한 군인들에게는 이 말이 오히려 나약할 정도다. 우리의 군인들에게 맹목적인 애국심이 있을지 몰라도 깊은 마음에서 우러나오는 민족애가 얼마나 많겠는가? 민중에 대한 사랑의 통로가 이들에게는 차단되었고 동족을 겨냥해서 총부리를 돌리라는 기막힌 현실만이 기다리고 있다.

> 아는 것이라고는 여러분처럼
> 니기미 씨팔! 좆같은 세상밖에 모르는 그런 사람들도 있었습니다

가진 것이라고는 여러분처럼

손 달리고 발 달린 몸뚱이 하나밖에 없는 그런 사람도 있었습니다

몸 팔아 상품으로 팔아 쾌락의 도구로 팔아

배운 자들 아는 자들 존일 시켜주고

하루 세 끼 겨우 빌어 먹는 그런 사람들도 있었습니다

— 〈오월 그날이 다시 오면〉 부분, 《조국은 하나다》

혁명이 오고 세상이 바뀌어도 노동자들이나 하층 민중은 잃을 것
이 없다. 있다면 자본의 쇠사슬뿐이다. 이는 광주항쟁에 참여한 민
중의 모습을 그린 이 시에 잘 나타나 있다. 그러나 무식하고 가난
한 자들이 무시당하고 착취당하는 것은 비단 광주에서뿐만 아니
다. 자본주의 사회구조가 건재하는 한 어디에나 존재한다.

일년 삼백 예순날

어제도

오늘도

꼭두새벽부터 일하고

점심은 때우는 둥 마는 둥 일하고

한 마디로 쌔빠지게 좆빠지게 일하고

저녁이면 아니 밤이면 퇴근길에 목포집에 들러

빈속에 쐬주부터 부어 가슴에 불을 지르는 사람

그 사람의 화등잔火燈盞만한 눈을 내가 주눅 안들고

똑바로 바라볼 수 있을 때 나는 시인이다

—〈어느 날 술집을 나오면서〉 부분, 《조국은 하나다》

한국의 노동자들보다 더 굶주리며 더 많이 일하는 노동자가 많지 않을 것 같다. 그들은 값싼 술로 스스로의 비참함을 잊으려 하거나 종교에 도피하여 위로를 받을 수밖에 없다. 혁명적인 투쟁에 동참하여 스스로 역사를 만들어갈 수 있다는 확신이 아직 없다.

역시 돈이다 돈의 낯짝에는
체면이고 뭐고 양심이고 뭐고 없다

돈의 얼굴에서 인간성을 찾는 것은
갈보의 보지에서 처녀성을 찾는 것처럼 무익하다.

—〈침발라 돈을 세면서〉 부분, 《조국은 하나다》

목사고 스님이고 돈이면 사지를 못 쓰는 나라, 돈 있는 사람만이 인간 대접받고 사는 나라, 돈으로 처녀성까지 사고파는 나라, 우리나라는 좋은 나라이고 참 자유로운 나라이다!

자본주의 사랑은
남자가 여자에게 여자가 남자에게 1회용 반창고고 인스턴트 식품
이다

낮과 밤이 없이 돌아가는 포르노 영화다

개씹이고 닭씹이고 말씹이다

당나귀 좆이 여성의 우상이다.

—〈자본주의 사랑〉 부분, 《조국은 하나다》

　비단 오렌지족, 제비, 꽃뱀뿐만 아니라 자본주의 사회에서는 항상 타인이 스스로의 이익을 위한 수단이 된다. 인간을 귀중하게 여기는 휴머니즘의 정신이 점차 고갈되고 있다. 이는 남한 사람의 천성이 나빠서 그런 것이 아니라 인간이 인간에 대하여 이리가 되어야 하는 자본의 철칙 때문이다. 왜 같은 조선 사람인데 남과 북에서 여성의 역할 및 지위에 차이가 나는가? 황금이 인간성을 말살하는 자본주의의 사회구조 때문이다.

　　내 큰 누이는

　　해방된 조국의 밤골 처녀

　　고은高銀식 독설을 빌리자면

　　미팔군 군화 밑에서 짝짝 벌어진 밤송이보지

　　내 작은 누이는 근대화된 조국의 신식여성

　　뽀이식 표현을 빌리자면

　　쪽바리 엔화 밑에서 활짝 벌어진 관광보지

　　썩어 문드러져 얼마저 빠져버렸나

　　흔들어 흔들어도 깨어나지 않고

꼬집어 꼬집어도 감각이 없는

아, 반토막 내 조국

허리꺾여 36년 언제 눈뜨리

치욕의 이 긴긴 잠에서.

─〈불감증〉 전문, 《조국은 하나다》

　우리는 점차 조국의 비참한 현실을 숙명처럼 받아들이고 있다.
아예 통일의 필요성을 느끼지 못하는 젊은이가 있다. 분단이 되든,
일본의 경제식민지가 되든, 미국의 문화식민지가 되든, 나만 편안
히 살면 된다는 이기주의가 만연하다. 집단이기주의가 곳곳에서
도사리고 있어 언제 싸움과 시위가 벌어질지 예측할 수 없는 상황
이 많다. 썩어 문드러진 우리의 역사 앞에 아직 눈을 뜨지 못하고
우물 안 개구리가 된 사람이 많다는 사실이 우리를 슬프게 한다.
우리 민족의 미래에 대해 많은 걱정이 들게 한다.

　　그러나 무엇보다도 미나미 죠셍이

　　일본인 관광객들에게 매력적인 것은

　　(관광객들은 대부분 목욕탕주인, 술집주인, 이발소주인, 목수, 잡
　상인, 농부 등으로 짜여져 있다)

　　기생파티랍니다

　　한 집에서 수백 명을 부리는 기생집의 거대한 규모랍니다

　　여자 사타구니 형용의 고려인삼뿌리이고

그것을 먹었다 하면 하룻밤에도

열 탕이고 백 탕이고 탱탱 꼴린 좆으로 뛸 수 있는

구렁이탕에 물개 좆이랍니다

—〈매력〉 부분, 《솔직히 말하자》

  우리의 딸들이 돈 때문에 외국관광객들에게 팔려가는 현실을 보
고도 욕 한 마디 못하고 지나가는 시인이 있다면 그는 시인이기 이
전에 인간이 아니다. 아무리 아름다운 말로 치장하고 있다 해도 이
러한 시인들의 시는 기만과 위선을 드러낼 뿐이다. 위선의 말장난
을 집어치우고 우리의 어두운 현실에 뛰어들어 현실을 과감하게
변혁하기를 김남주는 얼마나 간곡히 호소하고 있는가?

  김남주의 욕은 항상 독재자와 자본가의 압제나 수탈을 겨냥하
고 있다. 욕이라는 무기를 통해서 김남주는 자본주의의 모순을 날
카롭게 공격한다. 김남주의 욕은 일상생활에서 나타나는 개인적
인 감정의 표시가 아니라 민중이 자본가에게 던지는 공격의 의미
를 지닌다. 다시 말하면 계급적인 성격을 띤다. 그러므로 일상생활
에서는 다소 저속하게 느껴질지도 모르는 욕이 김남주의 시에서
는 시원한 청량제 역할을 하고 있다. 많은 지식인과 시인들이 요리
조리 눈치를 보며 비껴갈 때 김남주는 때로는 비수를 들고, 때로는
욕을 하면서 몸을 사리지 않고 잘못된 역사와 잘못된 사회구조를
공격하고 있다. 인간해방의 투쟁에 도움이 될 수 있는 모든 것을
김남주는 무기로 사용하려 했다. 욕이 담긴 김남주의 시에 욕을 할

수 있는 사람은 삼팔선이나 자본주의가 무너질까봐 두려워하는 자본가와 자본가에 붙어서 연명하는 이기적인 지식인일 것이다. 결코 노동자나 민중은 아니다. 과감히 욕을 내뱉는 김남주의 시에는 말초신경만을 자극하는 음란성이 결코 느껴지지 않는다. 역사를 향한 진솔한 투쟁정신이 하찮은 음란성을 압도해버리는 것이다.

자주·민주·통일

김남주는 뚜렷한 세계관이 있는 시인이었다. 다시 말하면 그는 자연과 인간과 사회를 고립·분리시키지 않고 통일적인 연관성 속에서 바라볼 수 있는 안목이 있었다. 김남주는 투철한 역사관이 있었다. 그는 결코 역사를 벗어난 추상적인 이념 속에서 지적인 유희를 하려 하지 않았으며 역사 속에서 민중과 함께 호흡하려 했다. 그는 현상과 본질을 혼동하지 않고 항상 현상을 통해서 본질을 추구하는 사상가였다. 이러한 김남주에게 나타나는 가장 화급한 문제가 우리 민족의 자주·민주·통일이었고 그는 이것을 위해서 투쟁하고 일생을 바쳤다. 김남주는 이 문제들을 결코 고립시켜 고찰하지 않았고 이들이 항상 서로 연관되어 있다는 사실을 강조했다.

우리 민족은 36년간 일제 식민지 지배를 통해서 철저하게 억압과 수탈을 당했고 해방 후에도 식민지 잔재를 청산하지 못했다. 친일파들이 계속 득세했을 뿐만 아니라 일제 군국주의 문화가 우리 생활에 아직도 배어 있다. 일본 육사를 졸업한 박정희와 같은 자가 대통령 자리에 오르기도 했다. 해방 후에는 일본 대신에 미국이 우리를 지배하기 시작했다. 정치적으로 어느 정도 독립되어 있는 것 같으면서도 군사적·경제적으로 우리는 미국의 식민지와 다름없고 특히 문화적으로 우리는 완전히 속국이 되어 있다. 양키문화를 빼면 오늘날 우리에게 남은 것은 무엇인가? 기껏해야 케케묵은 봉건주의 문화의 찌꺼기일 것이다. 우리에게 건전한 민족문화가 부재한 셈이다. 김남주는 이 문제에 특히 많은 관심을 기울였다. 정치적·경제적으로 뿐만 아니라 종교적·문화적으로 타국에 속박된 나라는 결코 자주독립을 획득할 수 없다는 신념에서 그는 반미의 색채가 짙은 시들을 썼다.

윗것들은
밑으로부터 위협을 받으면
위협을 받아 재산의 뿌리 권력의 기둥이 흔들리면
민중들을 역적으로 몰아붙이고
외국 군대를 끌어들여 그들을 학살했다
1894년 갑오농민전쟁때 양반과 부호들이 그랬고
1950년 앞뒤에 이승만과 그 추종자들이 그랬다

이런 것쯤은 알고 있다 먹물인 나는

시인인 나는 이렇게 노래할 줄도 안다

동전과 권력의 이면에는 조국이 없다고

그러나 나는 몰랐다 인천엔가 어디에

맥아더 장군의 동상이 서 있더라는 소리를 듣고

그런 것은 미국의 식민지에는 으레 있는 것으로만 알았지

그런 것이 우리나라에만 있는 줄은 차마 몰랐다

그래서 나는 신경림 시인이 '민요기행'에다 담은

어느 농부의 노여움을 읽고 그만 화끈 얼굴이 달아올라

얼른 책을 덮어버리고 말았던 것이다

"남의 나라 군대 끌어다 제 나라 형제 쳤는데

뭣이 신난다고 외국 장수 이름을 절에까지 갖다 붙이겠소

하기야 인천 가니까 맥아더 동상이 서 있더라만

남의 나라 장수 동상이 서 있는 나라는 우리나라밖에 없다더만."

—〈남의 나라 장수 동상이 있는 나라는〉 전문, 《조국은 하나다》

　민중을 학살하고, 민중을 학살하기 위해 외국 군대의 도움을 요청하고, 같은 민족을 말살하기 위해 외국 군대의 주둔을 요청하고, 제3세계의 민중을 학살하는 제국주의 국가의 군인들을 추켜세우는 내용의 영화를 상영하고, 우리 국토에 수없는 폭탄을 퍼부은 외국 장수의 동상을 세우는 나라가 우리 말고도 또 있을까?

어머니 그 나라에서는 7년 동안

죽이고 가두는 것이 정치의 전부였답니다

코카콜라며 펩시콜라며

외국의 상품이 들어가 판을 치고 있는 나라에서는

노동자의 땀값이 피값이 죽은 개값만도 못하여서

외국의 자본이 얼씨구 좋다 들어가 있는 나라에서는

남북으로 나라가 두 동강나서

외국의 군대가 쳐들어가 있는 나라에서는

죽이고 가두는 것이 정치의 전부였답니다

총으로 쏴 죽이고 7년 동안

대검으로 찔러 죽이고 7년 동안

밧줄로 목졸라 죽이고 7년 동안

군화로 밟아 죽이고 7년 동안

불에 태워 죽이고 물에 빠뜨려 죽이고 7년 동안

갈고리로 찢어 죽이고 7년 동안

몽둥이로 때려 죽이고 7년 동안

어머니 그 나라에서는 그 나라에서는 7년 동안

코카콜라를 마실 것이냐 펩시콜라를 마실 것이냐

둘 중 하나를 선택할 자유밖에 없었답니다

야구를 할 것이냐 축구를 할 것이냐

둘 중 하나를 선택할 자유밖에 없었답니다

예수를 믿을 것이냐 석가를 믿을 것이냐

둘중 하나를 선택할 자유밖에 없었답니다

노예로 살 것이냐 노예이기를 거부하고 저항할 것이냐

둘 중 하나를 선택할 자유밖에 없었답니다.

—〈그 나라에서는 7년 동안〉 전문, 《조국은 하나다》

만약 김남주가 미국문화의 범람에 대항하여 고유한 우리문화를 지켜야 한다는 주장만 되풀이했다면 순수한 민족시인으로 남았을 것이다. 그러나 그는 사태의 본질을 파고들었다. 문화적인 범람의 배후에는 제국주의와 자본주의의 마수가 도사리고 있으며 그러므로 자본에 의한 착취가 계속되는 한 순수한 민족문화란 존속할 수 없다는 것이 그의 결론이었다. 동시에 정치적 평등만으로 참된 민주화가 이루어질 수 없으며 참된 민주화 없이는 자주화나 통일도 의미 없다는 것을 파악했다. 다시 말하면 자주·민주·통일은 어느 것이 우선적으로 해결될 성질의 것이 아니라 함께 맞물려 있다. 김남주는 미국의 경제적 침략에 대해서도 경고한다. 그 시가 바로〈달라〉(1~3)이다.

달라가 간다 어딘가로

지구 어딘가로 달라가 간다

어디로 가는가 달라는

어디로 가는가 달라는

살찐 땅에서 오히려 부황 뜬 얼굴

누런 바탕의 아시아로 간다

황금때문에 오히려 가난한 대륙

검은 태양의 아프리카로 간다

빚에 눌린 빈사의 항구

바나나 공화국 라틴아메리카로 간다

왜 그리로 가는가 달라는

왜 그리로 가는가 달라는

그곳에 빵을 기다리는 굶주린 인류가 있어서인가

그곳에 평화를 그리는 부러진 날개의 새가 있어서인가

그곳에 자유를 꿈꾸는 가위눌린 나무가 있어서인가

아니다 거기 가면 아시아에 가면

보다 넓은 시장이 있기 때문이다

아니다 거기 가면 아프리카에 가면

보다 값싼 노동력이 있기 때문이다

아니다 거기 가면 라틴아메리카에 가면

보다 높은 이윤이 있기 때문이다

달라가 간다 어딘가로

지구 어딘가로 달라가 간다

원조라는 미명으로 가고

오늘은 되로 주고 내일은 말로 받는

차관의 너울을 쓰고 가고

오늘은 빛 좋은 과일 내일은 쓰디쓴 개살구

집필의 자유가 없는 옥중에서 화장지에 쓴 육필시 〈달라 1〉.

> 협력이란 이름의 망또를 걸치고 간다
>
> —〈달라 1〉 전문, 《조국은 하나다》

김남주의 경우, 민주주의는 이미 밝힌 것처럼 민중이 똑같은 권리로 정치에 참여하고 공평하게 부를 향유할 때만 가능하다. 다시 말하면 돈이 인간의 가치를 결정하지 않아야 한다. 인간에 의한 인간의 착취가 사라져야 한다. 착취가 사라지는 사회의 실현과 연관하여 그는 다른 중요한 민족문제를 풀어나가려 했다.

김남주에게는 무엇보다도 통일이 가장 절실한 문제였다. 통일이

안 된다면 자주독립이나 민주주의가 아무런 의미도 없게 된다. 하층 민중은 통일을 염원하지만 가진 자와 자본가들이 기득권을 놓지 않기 위해 통일을 방해하거나 교묘한 수단을 사용하여 통일을 지연시키려 한다. 동시에 북한의 사회체제가 무조건 나쁘기 때문에 남한의 사회구조에 흡수되어야 하는 것처럼 선동하고 있다. 김남주는 이러한 부르주아 이데올로기의 내막을 밝혀내고 민중이 주체가 되지 않는 통일이 오히려 분단보다 더 나쁘다는 사실을 강조한다.

이쪽으로 가면 국군 초소가 있어

내 가는 길을 가로막고

저쪽으로 가면 미군 초소가 있어

내 가는 길을 가로막고

북으로 가는 길에는 어쩌자고 이렇게 검문소가 많으냐

허리 꺾인 내 조국

삼팔선 팔백리를 철조망으로 칭칭 감아놓았으면 됐지

그리고도 밤이면 가진 권력 어떻게 될까봐

안심이 안되는 사람이 있다더냐

자본과 폭력의 세계에서 주먹이 가장 쎄다는

월가의 두목들과 자리를 같이하고 있으면 됐지

그리고도 밤이면 가진 재산 어떻게 될까봐

잠 못 이루는 사람이 있다더냐

무엇이 두려워서 국군 초소는

머리카락끝에서 발가락끝까지 내 몸을 이 잡듯이 뒤지느냐

무엇이 두려워서 미군 초소는

분단의 선이 그어져 있지 않는 우리나라 지도를 압수하느냐

허름하기 짝이 없는 내 등산복 차림에서

가난의 그림자라도 읽어냈단 말이냐

핏기 없는 내 몰골 어느 구석에서

불온한 사상이라도 발견했단 말이냐

—〈북으로 가는 길에는〉 전문, 《이 좋은 세상에》

    김남주는 권력자나 재벌들은 마음대로 북한에 방문하면서 힘없는 민중이 삼팔선이라도 기웃거리면 수상하게 생각하고 반공법을 적용하는 당국의 처사를 질타하고 비웃는다. 그리고 이러한 쇼를 조종하는 것이 미국이라는 사실을 상기시킨다.

아침 저녁으로 요즘

밥상 앞에 앉아 있노라면

텔레비전을 대하고 앉아 있노라면

후세인은 천하에 죽일 놈 살릴 놈이고

미군은 평화의 십자군

자유세계의 창과 방패이다

이런 일은 어디 이란에서만 그러랴!

탄생 이래 미국은 늘 그런 나라였으니

자유와 평화의 수호자로

남의 나라에 들어가 피를 흘렸으니

사람들은 미국의 얼굴을 보면 우선

비둘기와 자유의 여신상을 떠올린다

그러나 나는 믿지 않는다 아메리카여

세기말 최후의 밤까지

노예무역으로 톡톡히 재미를 본 자유의 나라

인류 최초로 인간의 머리 위에

원폭의 세례를 내린 평화의 나라

그리고 엊그제까지만 해도

리비아에서 파나마에서 그라나다에서

수천의 인명을 살해한 인권의 나라

아메리카여 아메리카여 아메리카여

이 밤의 텔레비전 앞에서 나는 믿지 않는다

그대가 치켜든 자유의 깃발과

하늘 높이 날리는 평화의 비둘기를

나는 믿지 않는다 나는 믿을 수가 없다

사람들이 전쟁과 평화를

가진 나라 가진 자의 눈으로가 아니라

억압받는 계급의 눈으로 볼 수 있을 때까지는

제국주의와 싸우는 식민지의 모든 민중이

그대의 얼굴에서 가면을 벗기고

위선의 평화를 읽을 수 있을 때까지는

자주 민주 행복한 삶을 꿈꾸며

식민지 피압박민족이 제 목소리를 높이면

그곳이 어디건 지구 끝까지 쫓아가

안데스 산맥의 고원까지 쫓아가

아프리카 황금해안 희망봉까지 쫓아가

아시아의 곡창지대 삼각주 하구까지 쫓아가

침략과 약탈로 거재를 쌓아올린 마천루의 나라

아메리카여 아메리카여 아메리카여

—〈아메리카여 아메리카여 아메리카여〉 전문, 《사상의 거처》

　김남주는 미국에 의해서 조종되는 한국의 군사정권이 바로 통일을 가로막는 세력임을 폭로한다.

그놈이 그놈이고 그놈이 그놈이라고 한다

어떤 놈이 되어도 마찬가지일 것이라 한다

이가가 박가이고 박가가 이가이고 하나같이

미국놈 좆대강이나 빨다 제 갈 곳 갔다 한다

전가도 잘못 빨다가는 미제 군홧발에 채어 골로 갈 것이라 한다

줄줄이 사탕으로 아닌 밤중에 홍두깨로

또 다른 무슨 굉장한 성씨가 나와

새 시대 새 인물로 깝죽거릴 터이지만

그놈이 그놈이고 그놈이 그놈일 것이라 한다

제 나라 논밭에 뿌리를 내리지 않는 한은

제 백성 숨결 속에서 살아 숨쉬지 않는 한은

그렇다 반도 이남은

40년 묵은 마구간 남의 나라 땅이다

이국 병사의 발아래 밟혀 썩어 문드러진 지푸라기가 이 땅의 몸뚱

이다

똥파리, 진드기, 거머리, 쥐새끼에 쥐며느리, 모기, 빈대, 벼룩……

온갖 물것에 피범벅이 된 아수라장이 이 땅의 잠자리다

오욕으로 질컥이는 시궁창이 이 땅의 강이다

한번도 쳐낸 적이 없는 40년 묵은 마구간

쓸어버려야 한다 동해바다 거친 파도를 끌어들여

가능하면 남으로 청진강 푸른 물을 끌어내려서라도

그러나 누구랴 이 물을 끌어올 사람은

땅을 파 수로를 내고 물길을 잡아줄 사람은

마법의 혀로 청중을 사로잡는다는 웅변가의 혀끝이랴

사기와 협잡으로 제 배때기를 채우는 데 영일이 없는 정상배들의

쑥덕공론이랴

심심하면 벌려놓는 부자들의 굿거리장단이랴

아니다 아니다 천부당만부당 아니다

이 땅의 주인 농부의 곡괭이고 쇠스랑이다

땅을 파 수로를 내고 물길을 잡아줄 사람은

바위를 만난 광부의 다이너마이트이고

나른한 오후에 골짜기를 깨치는 노동의 망치 소리이고

—〈제발 좀 솔직하자〉 전문, 《나와 함께 모든 노래가 사라진다면》

김남주는 몇 편의 시에서 남북의 상황을 자기 나름대로 비교하여 묘사한다. 그는 이 작품들에서 정치적인 것보다도 오히려 인간성에 초점을 둔다. 남과 북 가운데 어느 쪽이 더 휴머니즘 실현과 가까운가의 문제를 말하는 것이다.

차에 깔려 죽고

물에 빠져 죽고

날마다 날마다 죽음이다

흉기에 찔려 죽고

총기에 맞아 죽고

날마다 날마다 죽음이다

공부 못해 죽고 대학 못가 죽고

취직 못해 죽고 장가 못가 죽고

날마다 날마다 죽음이다

아이는 단칸 셋방에 갇혀 죽고

에미는 하늘까지 치솟는 전세값에 떨어져 죽고

날마다 날마다 죽음이다

농부는 농가부채에 눌려 죽고

노동자는 가스에 납에 중독되어 죽고

날마다 날마다 죽음이다

여름이면 흙사태에 묻혀 죽고

겨울이면 눈사태에 얼어 죽고

날마다 날마다 죽음이다

낮에 죽고 밤에 죽고

아침에 죽고 저녁에 죽고

시도때도 없이 세상은 온통 죽음의 공동묘지

이 묘지에서 고개 들고 죽음의 세계에 항거한 자는

쇠파이프에 머리가 깨져 죽고

최루탄에 가슴이 터져 죽는다

—〈날마다 날마다〉 전문, 《이 좋은 세상에》

　　김남주는 세계에서 가장 산재가 많고 교통사고 사망자가 많은 남한의 현실을 외면하지 않고 고발하려 했다. 그리고 그 원인을 모순으로 가득 찬 사회구조와 연결시켰다.

들에는 개나리꽃 노랗게 만발하고

산자락에서는 진달래꽃 붉게붉게 타오르는 곳

그 마을에 가서 나는 살고 싶다

야유회다 뭐다 하이킹이다 뭐다 바캉스다 뭐다 하면

그 말이 어느 나라 말인지 알아듣지 못하고 어리둥절하다가도

들놀이 가자 산놀이 가자 바다놀이 가자 하면

어절씨구 좋아라 지화자 좋아라 얼싸안고 춤추는 곳

그 마을에 가서 나는 살고 싶다

없이 산다 해도 나는 좋다 그 마을에 가서

콩알 하나 둘로 쪼개 노나 먹을 수 있다면

자유없이 죽는다 해도 나는 좋다 그 마을에 가서

노동과 그날 그날이 고역의 하루 하루가 아니고

생활의 으뜸가는 기쁨의 강물이라면

이 밤이 다음 날 아침끼니를 걱정하는 근심의 밤이 아니고

동산에 둥근 달이 떠오르면

춤과 노래와 술이 한데 어우러져

앞 강물 뒷 강물에서 깊어 간다면

이제 나는 지쳤다 이 마을에

포만의 자유와 허기의 노동에

씨 뿌리는 사람 따로 있고 걷어가는 사람 따로 있는

이 마을이 나는 지긋지긋하다 몸서리쳐진다

남자가 여자를 여자가 남자를 돈으로 사서

쾌락의 도구로 즐기는 이 마을의 풍습에.

―〈동산에 둥근 달이〉 전문, 《조국은 하나다》

　좋은 우리말을 두고 외국말을 간간이 섞어서 사용하는 족속들을 보고 김남주는 기가 막혀 한다. 사대주의 근성에 물든 속물들이 활개 치며 유식한 체하는 것이 우리 사회의 현실이다. TV에서는 아예 마음 놓고 이런 인간들을 조작해낸다.

　김남주는 굶어 죽지 않기 위해서 억지로 일하는 것이 아니라 인간의 본질을 실현하기 위해서 즐겁게 일할 수 있는 사회를 동경한다. 세금이 없고 의식주가 해결되고 돈 없이도 자식들을 학교에 보낼 수 있고 돈 없이도 마음대로 병원에 갈 수 있고 취직이나 실직 때문에 걱정할 필요가 없고 노인들이 자식들에 의존하지 않고도 편안히 살아갈 수 있으며, 광부나 미장이들이 의사나 교수보다 더 많은 급료를 받는 사회를 그는 동경한다. 다시 말하면 김남주는 소외되지 않은 채 순박하게 살 수 있는 사회를 동경한 것이다. 그곳에 자유가 있다. 참된 자유는 객관적 조건을 수긍하고 이에 맞추어 행동하는 것이지 제멋대로 행동한다는 것이 아니기 때문이다. 우리는 우리를 이용하고 있는 미국사람을 너무나 좋게 생각하고 같은 민족인 북쪽 사람들을 너무 나쁘게 생각하도록 교육받아 왔고 강요당해왔다. 작가 황석영이 북을 방문하고 쓴 《사람이 살고 있었네》와 같은 제목으로 김남주는 다음과 같은 시를 썼다.

이북 사람하고 우리하고 싸우면

우리가 판판이 이기겠습디다

이 말은

서해바다 먼 바다 연평도에서 조기잡이하다가

납북되어 한 일 년 이북에 억류되어 살다가

대한민국 알뜰하고 살뜰한 그 자유의 품으로 돌아와

처자식 보고 싶은 남해바다 섬마을에는 살지 못하고

전라도라 어디 열 길 담장 너머에서

한 십 년 만기로 징역살이하고 있는

어느 늙은 어부의 이야기입니다

이 말을 듣고 나는 얼마나 안심했는지 모릅니다

이북 사람하고 우리가 싸우면

우리가 판판히 이기겠습디다 하며

천진난만하게 웃고 있는 아이같은 늙은 어부의 말을 듣고

그러나 나는 말하지 않겠습니다

안심의 깊이와 그 내력을

영악하기가 백 년 묵은 여우쯤으로 되어야

남한테 아니 홀리고 제것이나마 챙길 수 있다는 당신 앞에서는

뻔뻔스럽기는 천 년 묵은 잔나비 같고 그 똥구녁 같고

사나웁기는 들짐승 발톱을 닮아야 그래야

제것 남에게 아니 뺏기고 밥이라도 한 술 배차게 먹을 수 있다는

당신 앞에서는

삶의 터전이 흡사 전쟁터와도 같아

한 나라의 대통령이란 자가 제 국민을 상대로 전쟁을 선포하고

이북을 경쟁과 대결의 대상이 아니라

화해하고 협력하는 민족공동체라 선언해놓고

누가 있어 이북 사는 모양을 한마디라도 좋게 말하면

그것을 이적행위로 단죄하고 잡아가두는 당신 나라의 법률 앞에서는

—〈사람이 살고 있었네〉 전문, 《사상의 거처》

김남주는 반공 병에 걸린 우리 국민들을 안타깝게 생각한다. 길거리에 '홀로 가는 저 나그네 간첩인가 다시 보자'는 팻말이 있는가 하면 너무 친절해도 의심받고 너무 순박해도 의심받으며 조선이라는 말만 사용해도 의심받는 우리의 풍토를 원망스럽게 생각했다. 더구나 북이 빨리 개방되어야 한다고 떠들어대는 철면피한 인간들에게 한없이 증오감을 느꼈다.

농사짓고 산다 하면

총각이 시집 올 처녀를 구하지 못하는 나라

시집갈 열아홉 살 꿈을 보듬고

거울 앞에서 얼굴을 붉혀야 할 처녀가

하루 세끼의 밥과 잠자리를 위해
도시의 뒷골목에서 몸을 파는 나라

꽃에서 꽃으로 옮아다니며
그 입술로
가을의 결실을 맺어주던 벌 나비가
농약에 취해
봄의 언덕에서
떼죽음을 당하는 나라

바닷가에 가면 뻘밭에서
폐수에 질식당한 꼬막이
입을 벌린 채 숨을 헐떡거리고
강가에 가면 강물 위에
물고기가 허옇게 배를 드러내놓고
송장으로 떠다니는 나라

이런 나라에서 나 이제
북에 대고 개방 운운 안하겠다
별 하나 밤하늘에 초롱초롱 키우지 못한 주제에
어느 하늘에 대고 그따위 소리를 해
유해물질을 떠올리지 않고는

콩나물 한봉다리 안심하고 살 수 없고

참기름 한 방울 속지 않고 사먹을 수 없는 주제에

무슨 낯으로 그따위 소리를 해

밤이고 낮이고 술집에서 여관에서

제 딸년 같은 아이의 옷이나 벗기는 주제에

무슨 속으로 그따위 소리를 해

오 마지막 남은 인류의 자존심

너 백두산이여 대동강이여 금강산 일만이천봉이여

나는 절한다 그대 순결 앞에

새해 새아침 우리집 장독대에 정화수 떠놓고

허리 굽혀 절한다

무릎 꿇고 절한다

천번 만번 절한다

통일이 안되어도 좋으니

천년 만년 남남북녀로 갈라져 살아도 좋으니

겨레의 마지막 순결 너 백두산 기슭이여

자본의 유혹 앞에서 치맛자락을 걷어 올리지 말아라

너 금강산 일만이천봉 민족의 기상이여

자본의 위협 앞에서 무릎을 꿇지 말아라

—〈겨레의 마지막 순결 너 백두산 기슭이여〉 전문,

《나와 함께 모든 노래가 사라진다면》

그렇다. 아직 민족문화의 자주성이 유지되는 북한이 김남주에게는 조선 민중뿐만 아니라 아시아 민중, 아니 세계 민중의 마지막 보루이고 마지막 자존심처럼 생각되었을 것이다. 미국은 북한이 무너지고 자본주의 국가에 흡수 통일되기를 기다리고 있다. 미국 앞에 무릎을 꿇지 않는 아시아의 작은 나라가 없어진다면 그들은 다시 한 번 자신들의 패권을 확인할 수 있기 때문이다. 그와 함께 미국을 등에 업고 기생하는 자본가나 매국 지식인 들은 온갖 수단을 동원하여 북한을 개방시키려 한다. 북한이 개방되면 자본을 투입하여 '치맛자락을 걷어 올리게' 하기는 누워서 떡 먹기보다 쉬운 일이기 때문이다.

북한이 개방되면 북한도 남한처럼 세계 굴지의 산재국이 되고 자살률과 교통사고 사망률이 가장 높은 나라가 될 것이다. 대기는 오염되고 불량식품이 상점을 가득 메우게 될 것이다. 아름다운 산천이 깎여서 망가지고 그 자리에 골프장이 들어설 것이다. 공장이 철거되고 그 자리에 교회가 들어서면서 사람들은 종교 공해로 시달리게 될 것이다. 각종 범죄가 범람하고 지존파가 백두산에 살인공장을 차릴 것이다. 순진한 북한 여성들이 온갖 꾐에 빠져 술집으로 팔려가고 금강산에 러브호텔이 즐비하게 늘어설 것이다. 내로라하는 사기꾼들, 투기꾼들, 소매치기들이 제 세상을 만난 듯 북한으로 몰려들 것이다. 생각만 해도 끔찍한 일이다. 김남주는 미래를 멀리 내다본 시인이었다. 신비로운 환상 속에서 미래를 바라본 것이 아니라 과거와의 연관 속에서 가장 가능한 것을 찾아 나섰다. 그의 시에는 과거와 현재와 미래가 항상 함께 만난다.

10년 전 오늘 그대는 외쳤지

두 팔 번쩍 치켜들고 광화문 네거리에서 세 번 외쳤지

민족해방투쟁 만세! 민족해방투쟁 만세! 민족해방투쟁 만세!

그러자 당연하게도 경찰이 와서 두억시니 같이는 와서

그대를 채갔지 솔챙이가 병아리 채가듯 그렇게

그리고 당연하게도 신문과 텔리비전은 일제히 떠들어대기 시작했지

그들은 이렇게 떠들었지 미친놈 날궂이 한다고

해방된 지가 언제적인데 자다가 봉창두드리는 소리한다고

'자생적 공산주의'운운하면서 '배후에 고정간첩'이 없나 눈알을 두

리번거리는 놈도 있었지

그리고 기계적으로 검사는 그대를 보안법으로 기소했고

그리고 기계적으로 판사는 그대를 감옥으로 보냈고

그리고 세상은 그대를 멀리했고 잊어버렸지

허위가 득세하는 것에서 진실은 항용 그렇게 처리되는 것이지

그러나 들어 다오 벗이여 10년 후의 오늘을

열 길 담 넘어 철장 안에서나마 들어 다오

지금 학살과 봉기의 도시 광주에서는 수십만의 시민들이 아우성치

고 있다네

학살의 배후조종자 양키제국주의 물러가라고

살인마 XXX를 찢어죽이라고 벌떼처럼 일어나 아우성치고 있다네
침략군의 장수가 동상으로 서 있는 인천에서는
그 동안 40년 동안 조국의 하늘을 가려왔던 성조기가
끌어내려지고 짓밟혀 뭉개지고 불에 타 재로 날리고
부산에서 서울에서는 혁명적 민주학생들이
노동자와 동맹하여 미문화원 미국계 은행 등을 점거하고
공공연히 집단으로 반제민족투쟁에 나서고 있다네
그리고 농촌에서는 A·B·C는커녕
호미쥐고 물음표도 모르는 농민들조차
묏돌에 코카콜라며 마라치온 파라치온병을 까부수며
물음을 던지고 있다네 저곡가 정책과 소값폭락의 원흉은 누구냐며

벗이여 10년 전의 해방자여
이제 모든 것이 확연해졌다네 그 동안 40년 동안
우리의 눈과 귀를 가려왔던 제국주의의 가면은 벗겨지고
놈들이 이땅에서 저질러 놓은 모든 범죄가 드러났다네 청천백일하에
이제 알고 있다네 세 살 먹은 삼척동자도
누가 조국의 허리를 두 동강 냈는가를 무엇 때문에
미국은 이승만을 사주하여 이남에 꼭두각시정권을 세웠는가를
이제 알고 있다네 부엉이의 마을 한낮의 소경도
귀머거리에 입달린 벙어리도 그가 조선의 아들이고 딸이라면
제 땅에서 뿌리 뽑혀 오갈 데 없는 가난뱅이라면

알고 있다네 제국주의의 살인청부업자 군장성들이

국민 위에 군림하고 있는 한 민주주의란 개좆나발이라는 것을

제국주의 군대가 이 땅의 언덕에 발을 붙이고 있는 한

자유고 통일이고 미국놈 좆대강이나 빨아지는 것을

자유주의 환상은 깨지고 벗이여

투쟁의 새로운 지평이 열리고 있네 그것은

10년 전의 그대가 외쳤던 만세 민족해방투쟁이네

민족해방 없이는 민족의 자유, 민족의 통일이란 있을 수 없다는 민

족의 자각이네.

—〈민족해방투쟁 만세〉 전문, 《조국은 하나다》

    김남주가 세상을 떠난 지 어언 20여 년의 세월이 흘렀으며 그 사이에 이 땅에도 변화가 일어났다. 김대중, 노무현 정부에서 남북공동선언을 중심으로 남과 북의 화해의 기운이 싹트기 시작했으나 이명박, 박근혜 정부가 들어서면서 다시 대결의 정세로 변했다. 문재인 정부가 들어서면서 또다시 긍정적인 변화를 희망하고 있다. 김남주가 살아 있었더라면 무슨 말을 했을까?

    그는 말했을 것이다. 어느 한쪽이 다른 한쪽을 흡수하며 통일을 꿈꾸는 시대는 지났다. 그것은 전쟁을 전제로 하는데 남과 북이 전쟁을 한다면 우리 민족은 다 같이 공멸하고 말 것이다. 우리 민족이 살길은 민족화합의 길뿐이다. 아직도 늦지 않았다. 남북 화해

의 정신으로 되돌아가야 한다. 우리는 모두 깊은 반성을 해야 한다. 분단 50년 동안 우리가 한 일이 무엇인가? 외국이 시키는 대로 놀아난 것에 불과하지 않은가? 남한 사람들이 스스로 자본주의를 선택하여 고수하고 있는가? '서구의 기독교 문화'나 '미국의 양키문화'가 얼마나 우리의 체질에 맞고 우리의 정체성을 살렸는가? 남한에서 무고한 애국자들을 반공법으로 몰아 살해하던 1970년대에 독일에서는 브란트 서독 수상의 비서를 하다가 붙잡힌 동독의 간첩들을 동독에서 붙잡힌 서독의 간첩들과 서로 맞바꾸었는데 그때 이 일을 두고 시비하는 독일 사람은 아무도 없었다. 왜 우리 민족은 이처럼 못났으며 바보짓을 하고 있는가? 자신의 주체성을 견지하지 못하고 외국 사람들이 시키는 대로만 열심히 따라가고 있는가? 사대주의에 빠진 매국노들이 활개 치는 세상이 되어서는 안 된다. 이 땅에서도 자주화가 실현되어야 한다. 군사작전권 환수 포기, 미국의 주도에 의한 한국의 사드 배치, 한일군사정보보호협정 체결 등을 김남주가 목격했다면 또다시 날카로운 비판의 시를 썼을 것이다.

자주·민주·통일을 열망하며 온몸으로 투쟁하던 김남주의 삶은 고통스러운 것이었지만 또한 아름다운 것이었다. 그의 삶에 돌을 던질 수 있는 자는 반민족적이고 비양심적인 인간들일뿐이며 그런 인간은 아마 드물 것이다. 그러나 김남주도 인간이었다. 인간적인 약점과 모순을 지니지 않을 수 없었다. 투쟁하는 방식에서 그는 다소 낭만적인 색채를 지니고 있었다. 다시 말하면 노동자나 농민들의 조직과 깊은 연대를 갖지 못했다. 그것은 남한이라는 상황이 만들어낸 어쩔 수 없는 한계인지도 모른다. 그는 조직화된 노동자 계급을 혁명의 주체로서 인정했지만 구체적인 실천에서 그것을 실현하려 하는 대신 소수의 엘리트집단 속에 머물며 투쟁을 시도했다. '혜성대'에서의 활동이 이를 잘 보여준다. '낭만적 모험주의'라 표현해도 될 것 같다. 그는 부르주아적 지식인들이 빠지기 쉬운 관념론적 사고, 다시 말하면 정신노동과 육체노동을 구분하고 전자에 우위를 두는 사고방식을 몸부림치며 벗어나려고 했고 그에 대한 명확한 이론적 근거가 있었지만 주위 여건은 그로 하여금 노동자들과의 조직적인 투쟁의 대열에 서는 것을 가로막았다. 그러나 노동자들의 투쟁에 참여했다가도 어려움에 봉착하여 체념을 하거나 변절의 모습을 보인 시인들과 달리 끝까지 자기의 이념을 고수해간 점에서 우리는 그를 높이 평가하지 않을 수 없다.

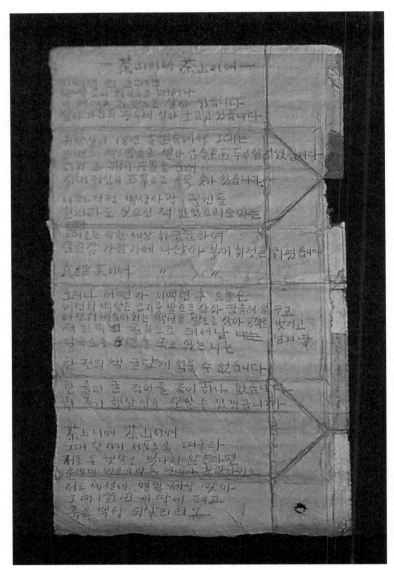

칫솔을 날카롭게 갈아 우유갑의 안쪽 면에 새긴 육필시 〈다산이여 다산이여〉.

마지막 한 사람 ─────────────────

김남주는 우리나라의 민중문학에서 커다란 위치를 차지하고 있다. 1970년대에 김지하가 있었다면, 1980년대에는 황석영이 있었고, 뒤이어 김남주가 나타났다. 권력을 손에 쥔 자들은 그 권력의 의미를 손상시키는 모든 것을 파괴하려 한다. 그러나 파괴되는 것은 권력을 남용하는 자들이다. 근세 계몽주의 유물론 철학과 함께 중세의 세계관은 무너졌고, 양심 있는 젊은이들의 노력에 의해 유신체제의 반민중성, 반민주성, 반민족성이 여지없이 드러났다. 특히 김지하는 〈오적〉, 〈비어〉 등의 담시를 통해 무지막지한 군사정권에 대항하여 목숨을 아끼지 않고 투쟁했다. 김지하의 문학은 독재정권의 산물이었다. 다시 말하면 부패한 독재정권 때문에 그의 문학이 탄생했고 부패한 독재정권 때문에 위대하게 되었다. 김지하를 압살하려 했던 박정희가 오히려 비참한 최후를 마쳤다. 감옥에서 나온 뒤 김지하의 투쟁은 다소 약해졌다. 가톨릭에 귀의했다가 나중에 증산교에 심취했다. 감옥에서 죽음의 위기를 넘긴 김지하에게 이전과 같은 투쟁을 요구한다는 것은 무리일지 모른다. 그럼에도 불구하고 우리는 일말의 안타까움과 실망을 그에게서 느낀다. 그는 유물론 철학이나 종교의 본질에 대해서 좀 더 많이 연구했어야 했다. 독재를 탄생시킨 사회구조에 대해서 더 많이 알았어야 했다. 투쟁을 유도하는 세계관의 원리가 수미일관했어야 했다. 결국 젊은 평론가 김형수는 김지하를 향하여 "우리 그것을 배신이라 부르자'라 외치지 않을 수 없었다"(《한겨레신문》, 1991년 5월 8일 자)라고 말한다. 배신자의 모습은 너무나 구차하다.

　김지하에 이어 등장한 황석영의 소설에는 민중의 삶에 대한 애착이 짙게 깔려 있다. 군사독재가 떠벌리는 경제 건설의 그늘 아래 신음하던 하층민중의 삶을 그린 《어둠의 자식들》에서 황석영은 이들의 비참한 삶을 노출시키는 데 만족하지 않고 그 원인을 짚으며 사회구조의 비판에까지 나아간다. 힘센 자가 약한 자, 있는 자가 없는 자를 착취하는 기술을 가르치는 곳이 자본주의 국가의 학교라고 어둠의 자식들은 투덜댄다. 황석영은 계속하여 〈객지〉, 〈삼포 가는 길〉 등의 단편소설에서 짓눌린 민중의 역사의식을 간접적으로 일깨우려고 노력한다. 이는 장편 역사소설 《장길산》에서 보다 구체화된다. 조선시대 말기에 노비들은 집단 항쟁을 감행하며 민

민예총 전국 순회 공연에서.

중이 중심이 되는 공평한 세상을 꿈꾼다. 그러나 이들의 항쟁은 실패하고 이제 민중은 미륵에 모든 희망을 건다. 황석영 자신도 결국 김지하처럼 종교적인 이상에 눈을 돌린다. 미륵신앙에 의해서 민중이 주인이 되는 세상을 실현하려 한다. 황석영에게도 아직 유물론적 세계관과 역사관이 결여되어 있다.

　이들과 달리 김남주는 끝까지 자신의 순결성을 유지했다. 그러므로 그의 시에는 수미일관하게 자본주의의 비판과 더불어 반미의식이 번뜩이고 있다. 그의 시와 생활에는 계급의식이 짙게 깔려 있다. 그는 유물론적 세계관으로 철저하게 무장했기 때문이다. 김남주는 노동자 시인 박노해를 지칭하며 다음과 같이 말한다.

"계급적인 관점에서 자기 세계를 보지 않으면, 노동자의 일상생활을 노래하거나 현장에서의 애환을 '묘사'하는 시들은 별 의미가 없다고 봅니다. 박노해 씨 같은 분의 시도 노동자의 구체적인 삶을 여실히 묘사는 했으나 계급적·정치적으로 보지 못한 것 같아요. 이는 우리 운동의 한계이기도 하고, 시인들의 한계이기도 한 거겠지요. 노동자들은 근로 조건이자 노동력의 가격을 흥정하는 데 그쳐 노동해방에 이르지 못하고 있습니다. 노동운동은 절대 경제주의의 울타리에 갇혀서도 안 되고 경제주의에 굴복해서도 안 되며, 정치투쟁이 절대로 중요하다고 봅니다. 아직은 경제투쟁의 단계라고 주장하는 건 기회주의자들입니다."(〈시인은 사회변혁의 주체〉,《시와 혁명》, 233~234쪽)

김남주는 왜 작가나 사인들의 세계관이 중요한지 시와 실천을 통해 보여주었다. 그는 우리의 민중문학을 사수하며 결코 흔들리지 않았던 마지막 한 사람이었다.

맺음말

김남주는 비평가들을 위해서 시를 쓰는 것이 아니라 독자들을 위해서 시를 쓴다고 말한 적이 있다. 이 말은 그의 시가 비평이나 해설을 필요로 하지 않는다는 의미로 이해될 수 있다. 그의 시 속에 이미 해설이 포함되어 있기 때문이다. 그는 빙빙 돌리거나 귀신 씨나락 까먹는 소리를 하지 않으며 직설적이고 화끈하게 표현한다. 그러므로 지금까지 필자는 김남주의 시를 해설한 것이 아니라 조금 정리했을 뿐이다. 다시 말하면 김남주가 열심히 판소리를 열창하고 필자는 고수를 맡았을 뿐이다. 김남주의 시를 많이 인용한 것도 이러한 이유 때문이다. 그러나 고수가 때로는 훌륭한 열창을 그르칠 수도 있다. 필자의 서술이 훌륭한 김남주의 시와 정신을 그르치지 않았기를 바란다. 다만 필자는 이 책을 남한의 제한된 독자들을 겨냥해서가 아니라 북녘 동포, 아시아 그리고 세계의 진보적인 민중들을 염두에 두고 썼다는 것을 강조하고 싶다. 그것이 바로 김남주의 정신에 어긋나지 않는다고 생각하기 때문이다. 주위의 눈치를 살피며 김남주의 뒤를 따라가는 평론가나 전기 작가가 있다면 그는 김남주와 자신을 다 같이 망가뜨리는 수고를 할 뿐이다.

김남주는 그의 시와 투쟁을 통해서 수미일관한 세계관과 역사관을 지니는 것이 시인뿐만 아니라 우리 모두에게 얼마나 중요한가를 생생하게 가르쳐주고 있다. 이런 의미에서 그를 '20세기의 가장 순결한 한국인' 혹은 '한국의 네루다'라 불러도 될 것 같다. 그는 남미의 혁명시인 네루다처럼 명쾌한 의식과 철저한 원칙을 지니고 억압받는 민중의 해방을 위해 투쟁했다. 인간에 의한 인간의 착취가 사라지는 세상을 염원하고 실현하려 했다. 그가 염원하던 해방의 날이 올 때까지, 우리 모두 밝은 미소를 띠고 자연과 인간과 사회의 아름다움을 노래할 수 있는 날이 올 때까지, 다시 말하면 이 땅에 자주·민주·통일이 실현될 때까지 우리는 항상 그의 이름을 되새기며 깨어 있어야 한다.

미주

제1부

1 한국현대사연구회 엮음, 《알기 쉬운 한국현대정치사》, 공동체, 1988, 43쪽.

2 같은 곳.

3 박세길, 《다시 쓰는 한국현대사 1》, 돌베개, 1988, 17쪽.

4 같은 곳.

5 박세길, 《다시 쓰는 한국현대사 1》, 돌베개, 20쪽.

6 한국현대사연구회 엮음, 《알기 쉬운 한국현대정치사》, 공동체, 1988, 51쪽.

7 위의 책, 56쪽.

8 이에 관한 설명이 제2부에 나옴. 더 자세한 것은 필자의 저서, 《새로운 역사철학》 (한길사, 1991) 참조.

9 호르스트 디레 외 지음, 김정환 옮김, 《세계사 수첩 - 하》, 민맥, 1990, 418쪽.

10 김형수, 〈절정―김남주의 청년시절〉, 《실천문학》 1994년 여름호, 354쪽.

11 한국현대사연구회 엮음, 《한국현대정치사》, 공동체, 226쪽.

12 이에 관해 더 자세한 것은 필자의 저서 《현대철학의 이해》(한길사, 1991) 참조.

13 이성광, 《민중의 역사 2》, 열사람, 1989, 209~210쪽.

14 김준태·이강 외, 《김남주論》, 광주, 1988, 124쪽.

15 위의 책, 157쪽. 괄호는 지은이가 추가.

16 위의 책, 124쪽.

17 위의 책, 125쪽.

18 위의 책, 125~126쪽.

19 위의 책, 126쪽.

20 위의 책, 154쪽.

21 위의 책, 157쪽.

22 위의 책, 130쪽.

23 위의 책, 131쪽.

24 같은 곳.

25 위의 책, 132쪽.

26 시와사회사 편집부, 《피여 꽃이여 이름이여》, 시와사회사, 1994, 390쪽.

27 세계 편집부, 《공안사건기록》, 세계, 1986, 103쪽.

28 위의 책, 114쪽.

29 위의 책, 123쪽.

30 위의 책, 109~110쪽.

31 위의 책, 192쪽.

32 김준태·이강 외, 《김남주論》, 광주, 1988, 234쪽.

33 이성광, 《민중의 역사 2》, 열사람, 1989, 244쪽.

34 한국현대사연구회 엮음, 《한국현대정치사》, 공동체, 1988, 325~26쪽.

35 이성광, 《민중의 역사 2》, 열사람, 1989, 255~256쪽.

36 〈한겨레신문〉, 1988년 12월 22일 자.

37 〈한겨레신문〉, 1995년 2월 8일 자.

38 〈한겨레신문〉, 1993년 12월 23일 자.

39 〈한겨레신문〉, 1994년 2월 13일 자.

40 〈한겨레신문〉, 1994년 2월 14일 자.

제2부

1 거름 편집부, 《철학사비판》, 거름, 1983, 51쪽.

2 보다 자세한 것은 필자의 저서 《서양근세철학》(서광사, 1985) 참조.

3 H. J. Strich, *Kleine Weltgeschichte der Philosophie*, Stuttgart, 1961, p.258.

4 위의 책, 259쪽.

5 보다 자세한 것은 필자의 저서 《유물론과 휴머니즘》(이론과 실천, 1991) 참조.

6 필자의 저서 《왜 유물론인가?》(중원문화, 2012) 참조.

7 김남주 외, 《창작이란 무엇인가》, 정민, 1990, 275쪽.

8 교육출판기획실, 《교과서와 친일문학》, 동녘, 1988, 참조.

9 김남주 시집, 《이 좋은 세상에》, 한길사, 1992, 153쪽.

10 친일파 청산과 관련해 김남주의 판단에 동의하지 않는 독자들은 다음 자료를 참조
   하기 바란다. 〈역대 고위직 일제경력자 명단〉(《한겨레신문》, 1995년 2월 25일 자). 이
   자료에 따르면 해방 후 고위직에 종사한 사람 가운데 대통령 2명, 부통령 2명, 국
   무총리 8명, 서울시 경찰국장 6명, 내무부장관 20명, 재무부장관 6명, 법무부장관
   13명, 국방부장관 12명, 치안국장 7명, 문교부장관 7명, 상공부장관 10명, 건설부
   장관 3명, 부흥부장관 4명, 보건사회부장관 5명, 교통부장관 3명, 체신부장관 9명,
   무임소장관 7명, 검찰총장 6명, 시·도지사 25명, 대법원장 3명, 대법관 15명, 합참
   의장 12명, 육군참모총장 18명, 공군참모총장 8명 등이 일제의 경력을 지녔다.

11 보다 자세한 것은 필자가 번역한 《독일근대사》(한길사, 1994) 참조.

이 책에 인용된 김남주 저작 목록

김남주 첫 시집《진혼가》, 청사, 1984, 1994(개정판).

김남주 시집《나의 칼 나의 피》, 인동, 1987, 1988(4판).

김남주 시집《조국은 하나다》, 남풍, 1988.

김남주 신작시집《솔직히 말하자》, 풀빛, 1989.

김남주 시선집《사랑의 무기》, 창작과비평사, 1989, 1993(6쇄).

김남주 시집《학살》, 한마당, 1990.

김남주 시집《사상의 거처》, 창작과비평사, 1991.

김남주 시집《함께 가자 우리 이 길을》, 미래사, 1991.

김남주 시집《이 좋은 세상에》, 한길사, 1992.

김남주 유고시집《나와 함께 모든 노래가 사라진다면》, 창작과비평사, 1995.

프란츠 파농 지음, 김남주 옮김,《자기의 땅에서 유배당한 者들》, 청사, 1978.

하이네, 브레히트, 네루다 지음, 김남주 옮김,《아침저녁으로 읽기 위하여》, 남풍 1988.

하이네 지음, 김남주 옮김,《아타 트롤》, 창작과비평사, 1991.

김남주 아포리즘,《길 떠난 길 위에서》, 제3세대, 1992.

호치민, 네루다, 푸시킨, 릴리예프, 오도옙스키, 로르카 지음, 김남주 옮김,《은박지에 새긴 사랑》, 푸른숲, 1995.

옥중언서《산이라면 넘어주고 강이라면 건너주고》, 삼천리, 1989, 1992(7판).

김남주 산문집《시와 혁명》, 나루, 1991.

김남주 문학에세이《불씨 하나가 광야를 태우리라》, 시와사회사, 1994.